Workbook / Laboratory Manual
to accompany

Avanti!
Beginning Italian
Third Edition

Janice Aski
The Ohio State University

Diane Musumeci
University of Illinois at Urbana-Champaign

and

Justin R. Ehrenberg

Carla Onorato-Wysokinski

Zoé Robles

Daryl Rodgers

Amy Rowden

McGraw Hill

Connect
Learn
Succeed™

Workbook / Laboratory Manual to accompany AVANTI! BEGINNING ITALIAN, THIRD EDITION
Published by McGraw-Hill, a business unit of The McGraw-Hill Companies, Inc., 1221 Avenue of the Americas, New York, NY, 10020. Copyright © 2014 by The McGraw-Hill Companies, Inc. All rights reserved. Printed in the United States of America. Previous editions © 2010 and 2007. No part of this publication may be reproduced or distributed in any form or by any means, or stored in a database or retrieval system, without the prior written consent of The McGraw-Hill Companies, Inc., including, but not limited to, in any network or other electronic storage or transmission, or broadcast for distance learning.

Some ancillaries, including electronic and print components, may not be available to customers outside the United States.

This book is printed on acid-free paper.

1 2 3 4 5 6 7 8 9 0 QDB/QDB 1 0 9 8 7 6 5 4 3

ISBN   978-0-07-759566-1
MHID   0-07-759566-1

Senior Vice President, Products & Markets: *Kurt L. Strand*
Vice President, General Manager: *Michael Ryan*
Vice President, Content Production & Technology Services: *Kimberly Meriwether David*
Managing Director: *Katie Stevens*
Brand Manager: *Kimberley Sallee*
Senior Director of Development: *Scott Tinetti*
Director of Digital Content Development: *Janet Banhidi*
Managing Development Editor: *Susan Blatty*
Development Editor: *Silvia Kunitz*
Executive Marketing Manager: *Craig Gill*
Faculty Development Manager: *Jorge Arbujas*
Director of Market Development: *Helen Greenlea*

Director, Content Production: *Terri Schiesl*
Lead Project Manager: *Jane Mohr*
Production Service: *Chris Schabow, The Left Coast Group*
Manuscript Editor: *Deborah Bruce-Hostler*
Buyer: *Susan K. Culbertson*
Cover Image: Cyclist: © Robert Laberge/Getty Images; Coliseum: © Martin Child/Digital Vision/Getty Images RF
Photo Researcher: *Jennifer Blankenship*
Media Producers: *Sarah B. Hill and Robin Reed*
Media Project Manager: *Ron Nelms*
Typeface: *10/12 Palatino*
Compositor: *Aptara®, Inc.*
Printer: *Quad/Graphics*

Photo Credits
Culture icons: Leggiamo!: © iStockphoto.com, Andrzej Tokarski; Scriviamo!: © iStockphoto.com, malerapaso; *Page 17 (guitar):* © The McGraw-Hill Companies; *(books):* © Image Source/Getty Images RF; *(joystick):* © The McGraw-Hill Companies; *(water):* Copyright © Foodcollection; *(brain):* © Don Farrall/Getty Images RF; *(computer):* © The McGraw-Hill Companies, Inc./John Flournoy, photographer; *(sleep):* © Purestock/SuperStock RF; *(chocolate):* © BananaStock/PunchStock RF; *(yogurt):* Copyright © Foodcollection; *(fields):* © Author's Image/PunchStock RF; *(pencil):* © Ingram Publishing; *37:* © Ingram Publishing/ageFotostock RF; *39:* © Ingram Publishing/SuperStock RF; *91:* Patrick Clenet, Wikimedia Commons; *197 (top):* Courtesy of Arrigo Carlan; *197 (bottom):* © Don Farrall/Getty Images RF; *236:* Courtesy of Arrigo Carlan; *242:* © Author's Image/PunchStock RF; *249:* © Brand X Pictures/PunchStock RF.

Realia and Text Credits
Page 59: Image by Patrizio Croci, Copyright © 2002, Freelances.it Image Agency. Reprinted by permission; *59:* FOCUS, July 2002. Copyright © Gruner + Jahr/Mondadori S.p.A-P.IVA 09440000157. Reprinted by permission; *124 (text):* Wanda Cusero, *La Repubblica; 124 (Source of data):* centimetri.it; *162:* Image from http://www.cioccola-to.it/2012/home.php, Copyright © 2012 Cioccola-to.it. Reprinted by permission; *182 (text):* From Swiss website www.berufsberatung.ch; *197 (top):* Mineracqua Copyright © 2010—All rights reserved; *197 (bottom):* La Repubblica.it/ Ambiente, April 21, 2011. Copyright © Gruner + Jahr/Mondadori S.p.A-P.IVA 09440000157. Reprinted by permission; *198:* http://www.coopambiente.it/guest?action=visualizza_articolo&id=1391, Copyright © 2012 Coop Italia; *273:* FOCUS Junior, March 2, 2012. Copyright © Gruner + Jahr/Mondadori S.p.A-P.IVA 09440000157; *291:* FOCUS, June 2005, Copyright © Gruner + Jahr/Mondadori S.p.A-P.IVA 09440000157; *311:* Corriere della Sera, "Nel tempio americano di Harvard: l'Italia è ancora un sogno." Copyright 2012 © RCS Mediagroup S.p.a; *314:* Synopsis and review of the film "Mid-August Lunch," written by Diego Uberti, September 18, 2008, http://filmedvd.dvd.it/commedia/pranzo-di-ferragosto/.

The Internet addresses listed in the text were accurate at the time of publication. The inclusion of a website does not indicate an endorsement by the authors or McGraw-Hill, and McGraw-Hill does not guarantee the accuracy of the information presented at these sites.

www.mhhe.com

Contents

Preface

GENERAL DESCRIPTION

The *Workbook / Laboratory Manual* provides more conventional practice of the **Strategie di comunicazione,** **Lessico,** and **Strutture** material presented in the textbook using a variety of written and audio activities. In addition, each chapter includes a **Pronuncia** section, in which students focus on and practice the sounds of Italian, and a **Cultura** section that expands upon the cultural themes of the chapter through additional listening activities (**Ascoltiamo!**), a new culture reading, new reading strategy instruction (**Leggiamo!**), and a process-writing activity with an editorial checklist (**Scriviamo!**). The **In Italia, Culture a confronto, Un po' di cultura e Regioni d'Italia** feature reviews the cultural material presented in the **In Italia** boxes and those activities marked with **◐** throughout the chapter.

Each chapter is organized as follows:

- **Strategie di comunicazione**
- **Pronuncia**
- **Lessico**
- **Strutture**
- **Cultura (Ascoltiamo!, Leggiamo!, Scriviamo!)**
- **In Italia, Culture a confronto, Un po' di cultura e Regioni d'Italia**

The **Per saperne di più** practice activities for all chapters follow Chapter 16. These activities are intended for those instructors who wish to cover more grammar in their curriculum.

The answers to all written activities appear after the **Per saperne di più** practice activities. The correct responses for the audio activities are given on the audio program unless otherwise indicated by a note following the activity.

AUDIO PROGRAM

The *Audio Program,* which coordinates with the *Workbook / Laboratory Manual,* is unique in that it includes many activities that focus on students' comprehension of the text they hear—the number of drill and transformation activities is limited. For example, students listen to short texts and answer comprehension questions, match text to illustrations, transcribe and respond to personal questions, and provide parallel constructions for the structures that they hear. In addition, the end-of-chapter-vocabulary for each chapter of the textbook is also included on a separate audio CD as part of the complete *Audio Program.*

The *Audio Program,* provided free of charge to adopting institutions, is available for student purchase on audio CDs. It is also posted on the **Connect Italian** website (www.connectitalian.com).

ACKNOWLEDGMENTS

A small community of scholar-teachers who have examined issues in second language acquisition and their impact on foreign language teaching, and whose extensive teaching experience has made them aware of the types of practice that learners need, is responsible for this *Workbook / Laboratory Manual.* We wish to thank Zoé Robles and Amy Rowden who wrote the **Strategie di comunicazione** and the **Ascoltiamo!** and **Leggiamo! (Cultura)** sections for the first edition. We also greatly appreciate the work of three colleagues, who collaborated with us on the first and second editions: Carla Onorato-Wysokinski, who wrote the **Pronuncia** and **Lessico** sections and revised the **Strategie di comunicazione** activities for the second edition; Justin Ehrenberg, who wrote and revised the **Strutture** and **Per saperne di più** sections; and Daryl Rodgers, who wrote the **Scriviamo!** and **In Italia** activities for the first edition and revised the **Leggiamo!** section for the second edition. His editorial comments on the new readings and new process-writing section of the third edition were invaluable. These authors worked tirelessly to provide activities that focus students' attention on the material to be learned in creative and engaging ways. We are grateful for the imagination and originality that they brought to the project. A special note of thanks is due Silvia Kunitz who checked the Answer Key for the second edition and served as our editor and native reader for the third edition. We also wish to thank our managing director Katie Stevens, our brand manager Kimberley Sallee, our managing editor Susan Blatty, and Silvia Kunitz for their guidance and direction during the editing process. A special thanks as well to the entire production team, especially Jane Mohr, Sue Culbertson, and Chris Schabow of The Left Coast Group.

Capitolo

1

Per cominciare

Strategie di comunicazione

A. Saluti! For each situation choose the most appropriate greeting. **Attenzione!** Some situations may have more than one answer.

      a. Buon giorno b. Buona sera c. Ciao

1. _____ you see your mailman in the morning

2. _____ you see your best friend at school before classes start for the day

3. _____ you see your mother at breakfast

4. _____ you see your neighbor, **il signor Franchi,** after dinner

5. _____ you see your professor at school before classes start for the day

6. _____ you see your neighbor's baby

B. Mario, ti piace? Your new friend Mario likes some aspects of American culture, but not others. Read the list of the things he likes and doesn't like, then decide what he would say based on his list.

    MARIO: Mi piace il fast food. Mi piace la musica rock, ma (*but*) non mi piace la musica country. Mi piace Lebron James. Non mi piace il cinema dell'orrore (*horror*).

1. Mi piace / Non mi piace Burger King.
2. Mi piace / Non mi piace Dave Matthews.
3. Mi piace / Non mi piace Adele.
4. Mi piace / Non mi piace il basket.
5. Mi piace / Non mi piace *Texas Chainsaw Massacre.*

C. Cosa dici? You will hear four different expressions. After each one, decide which person would have said it. You will hear each expression twice.

    ESEMPIO: *You hear:*   Ciao!
                 You choose: a. A student is greeting a professor.
                             (b.) A student is greeting a friend.

1. a. A professor is greeting a guest lecturer.
   b. A son is greeting his father.

(continued)

2. a. A young woman is asking an elderly gentleman where he is from.
   b. A young woman is asking a classmate where he is from.

3. a. A student is asking the professor what his name is.
   b. A student is asking another student what her name is.

4. a. A professor is telling students good-bye.
   b. A student is telling the professor good-bye.

Pronuncia

L'alfabeto e la pronuncia   The alphabet

L'alfabeto.

The Italian alphabet has twenty-one letters. There are five extra letters in the English alphabet, which in Italian are considered **lettere straniere** (*foreign*): j, k, w, x, y.

Ascolta: L'alfabeto.

Parte prima. Listen and repeat each letter of the alphabet.

a b c d e f g h i l m n o p q r s t u v z

Lettere straniere.

j k w x y

Parte seconda. You will hear two letters. Put a ✓ beside the letter you do *not* hear.

1. __ b   __ d   __ t
2. __ c   __ g   __ v
3. __ s   __ r   __ l
4. __ l   __ n   __ m
5. __ f   __ s   __ n
6. __ i   __ j   __ e
7. __ w   __ v   __ u

Parte terza. You will hear a series of letters. Write the letters you hear. You will hear each letter twice.

1. _____   4. _____   7. _____   10. _____   13. _____
2. _____   5. _____   8. _____   11. _____   14. _____
3. _____   6. _____   9. _____   12. _____   15. _____

▶ *Check your answers to this activity in the Answer Key at the back of the workbook.*

Lessico

A come amore, B come buon giorno   Alphabet and pronunciation

🎧 **A. Come comincia la parola?** Listen to each word and write the first letter. You will hear each word twice.

1. __rimavera   3. __arzo   5. __ono   7. __ome

2. __ove   4. __ettembre 6. __iologia 8. __enti

🎧 **B. Dettato.** Write each word that you hear. You will hear each word twice.

1. _____   5. _____   9. _____

2. _____   6. _____   10. _____

3. _____   7. _____

4. _____   8. _____

🎧 **C. Che cos'è?** Listen to the following words and write each one beside its corresponding picture. You will hear each word twice.

1. _____   2. _____   3. _____   4. _____

5. _____   6. _____   7. _____   8. _____

9. _____   10. _____   11. _____   12. _____

(continued)

13. _____ 14. _____ 15. _____ 16. _____ 17. _____

18. _____ 19. _____ 20. _____ 21. _____

D. Lettere doppie o no? Each of the following pairs of words differs by a double or single consonant. Listen and circle the word you hear. You will hear each word twice.

1. pala   palla   5. serra   sera
2. nonno   nono   6. sonno   sono
3. dita   ditta   7. ala   alla
4. cassa   casa   8. cappelli   capelli

E. Combinazioni speciali: c o ch? Listen to the following words and write the missing consonants. You will hear each word twice.

1. per___é   3. s___iare   5. ___uoca   7. ___ina
2. s___eriffo   4. s___iena   6. cal___io   8. ___ena

F. Combinazioni speciali: g o gh? Listen to the following words and write the missing consonants. You will hear each word twice.

1. ___elato   3. ___iaccio   5. ___iacca   7. ma___i
2. spa___etti   4. ___iovane   6. ___iro   8. ma___i

G. Le città italiane.

Parte prima. Write the names of the Italian cities you hear. You will hear each name twice.

1. _____   4. _____   7. _____
2. _____   5. _____   8. _____
3. _____   6. _____   9. _____

▶ *Check your answers to Activities A–G in the Answer Key at the back of the workbook.*

Parte seconda. Write the number of each city from the **Parte prima** in its correct location on the map.

Le città d'Italia

I mesi e le stagioni Months and seasons

A. I mesi e le stagioni. Write the name of the season that corresponds to each illustration. Then write the names of three months associated with each season.

1. _____ 2. _____

   _____   _____

   _____   _____

   _____   _____

3. _____ 4. _____

   _____   _____

   _____   _____

   _____   _____

B. Che mese o che stagione è? Write the name of the month or season that corresponds to each description.

1. Il mese dopo (*after*) giugno. _____

2. La stagione prima (*before*) dell'estate. _____

3. Il mese prima di aprile. _____

4. Il mese di San Valentino. _____

5. La stagione dopo l'autunno. _____

6. Comincia (*It begins*) il 21 giugno. _____

7. Il mese dopo agosto. _____

8. Il mese prima di febbraio. _____

9. La stagione dopo la primavera. _____

I numeri da 0 a 9.999   Numbers from 0 to 9,999

A. Che numero è? You will hear a series of numbers. Listen and circle the number you hear. You will hear each number twice.

1.	a. 4	b. 14	c. 44
2.	a. 5	b. 15	c. 50
3.	a. 102	b. 120	c. 202
4.	a. 459	b. 495	c. 549
5.	a. 676	b. 776	c. 667
6.	a. 890	b. 819	c. 809
7.	a. 1.001	b. 1.011	c. 1.111
8.	a. 3.033	b. 3.003	c. 3.013

B. I numeri.

Parte prima. You will hear a series of numbers. Write the numbers (in digits) that you hear. You will hear each number twice.

1. _____   3. _____   5. _____   7. _____   9. _____

2. _____   4. _____   6. _____   8. _____   10. _____

Parte seconda. Write out the following numbers in words.

1. 37 _____

2. 49 _____

3. 176 _____

4. 225 _____

5. 564 _____

6. 730 _____

7. 1.118 _____

8. 2.513 _____

9. 4.816 _____

10. 9.999 _____

▶ *Check your answers to Activities A and B in the Answer Key at the back of the workbook.*

C. La data. Write the date for each of the following holidays and days. Spell out all numbers.

> ESEMPIO: Qual (*What*) è la data della Festa dell'Indipendenza (*Independence*) americana?
>
> Il quattro luglio.

1. Quando (*When*) è Natale (*Christmas*)? _____.

2. Quando è il giorno di San Valentino? _____.

3. Qual è il primo giorno (*day*) dell'anno? _____.

4. Quando è Halloween? _____.

5. Qual è l'ultimo (*last*) giorno di settembre? _____.

6. Qual è l'ultimo giorno dell'anno? _____.

7. Qual è il giorno di San Patrizio (*St. Patrick's Day*)? _____.

D. Tocca a te! (*It's your turn!*) Answer the following question. Write out all numbers in words. Quando è il tuo compleanno (*birthday*)? Scrivi (*write*) il giorno, il mese e l'anno.

_____

Strutture

1.1 Maschile o femminile?   Gender

A. Il genere. Decide if each of the following words is **maschile** (*masculine*) or **femminile** (*feminine*). **Attenzione!** You may need to consult the glossary at the back of your textbook for nouns ending in **-e**.

		maschile	femminile
1.	pasta	☐	☐
2.	telefono	☐	☐
3.	tè	☐	☐
4.	bibita	☐	☐
5.	lezione	☐	☐
6.	comunità	☐	☐
7.	treno	☐	☐
8.	Internet	☐	☐
9.	esame	☐	☐
10.	dottore	☐	☐

B. È maschile o femminile? Listen and write each word you hear, then decide if it is **maschile** or **femminile**. You will hear each word twice. After a brief pause, you will hear the correct answer.

	maschile	femminile
1. _____	☐	☐
2. _____	☐	☐
3. _____	☐	☐
4. _____	☐	☐
5. _____	☐	☐
6. _____	☐	☐
7. _____	☐	☐
8. _____	☐	☐

▶ *Check your answers to this activity in the Answer Key at the back of the workbook.*

1.2 Un cappuccino, per favore   Indefinite articles

A. Un, uno, una o un'? Write each word in the appropriate category according to its gender and spelling: **un, uno, una, un'**.

aereo   amica   animale   cane   voto

dizionario   festa   materia   religione   sport

studente   università   zaino

un	uno	una	un'
1. _____	1. _____	1. _____	1. _____
2. _____	2. _____	2. _____	2. _____
3. _____	3. _____	3. _____	
4. _____			
5. _____			

B. Una decisione! Circle the appropriate indefinite article for each word you hear. You will hear each word twice. Repeat the response.

1. un   uno   una   un'
2. un   uno   una   un'
3. un   uno   una   un'
4. un   uno   una   un'
5. un   uno   una   un'
6. un   uno   una   un'
7. un   uno   una   un'
8. un   uno   una   un'

C. Quale articolo va bene? Write the appropriate indefinite article for each of the following words.

1. _____ bicicletta
2. _____ esame
3. _____ giorno
4. _____ lezione
5. _____ acqua

6. _____ corso
7. _____ panino
8. _____ studente
9. _____ amica
10. _____ pasta

1.3 Due cappuccini, per favore   Number

A. Singolare o plurale? Decide if each word is **singolare** (*singular*) or **plurale** (*plural*). Check both if a word could be either singular or plural.

	singolare	plurale
1. feste	☐	☐
2. hamburger	☐	☐
3. gatto	☐	☐
4. cappuccini	☐	☐
5. acqua	☐	☐
6. macchine	☐	☐
7. anno	☐	☐
8. tè	☐	☐

B. Uno o due? Write the plural form of each of the following words.

1. una regione   due _____
2. una città   quattro _____
3. una fotografia   tre _____
4. un gelato   otto _____
5. un mese   cinque _____
6. una piazza   due _____
7. un giorno   sette _____
8. un pub   dieci _____

C. Tre, due, uno... Write the singular form of each of the following words. Be sure to include the correct form of the indefinite article.

       ESEMPIO: quattro piatti → un piatto

1. tre cappuccini   _____
2. quattro film   _____
3. cinque esami   _____
4. due porte   _____

5. sette anni   _____
6. quattro aerei   _____
7. due lezioni   _____
8. tre università   _____

D. Il plurale. Write the plural form of the words you hear. You will hear each word twice. After a brief pause, you will hear the correct answer.

1. _____
2. _____
3. _____
4. _____

5. _____
6. _____
7. _____
8. _____

▶ *Check your answers to this activity in the Answer Key at the back of the workbook.*

E. Il ritorno a scuola. (*Back to school.*) It's back to school time and Alessandra has to buy some supplies. Look at the illustration and write five things that she needs to buy. Be sure to use the indefinite article or a number and the singular or plural form of the words as needed.

1. _____
2. _____
3. _____
4. _____
5. _____

1.4 L'università è fantastica! Definite articles

🎧 **A. L'articolo giusto.** Write each word you hear, then choose the correct definite article. You will hear each word twice. Repeat the response.

1.	il	lo	l'	la	i	gli	le	_____
2.	il	lo	l'	la	i	gli	le	_____
3.	il	lo	l'	la	i	gli	le	_____
4.	il	lo	l'	la	i	gli	le	_____
5.	il	lo	l'	la	i	gli	le	_____
6.	il	lo	l'	la	i	gli	le	_____
7.	il	lo	l'	la	i	gli	le	_____
8.	il	lo	l'	la	i	gli	le	_____

▶ *Check your answers to this activity in the Answer Key at the back of the workbook.*

B. Quale articolo? Write the appropriate definite article for each of the following words.

1. _____ corso
2. _____ studentesse
3. _____ bottiglia
4. _____ italiano
5. _____ amici

6. _____ ragazzi
7. _____ cinema
8. _____ lezione
9. _____ hamburger
10. _____ zaino

C. Il plurale. Write the appropriate plural form for each of the following words.

ESEMPIO: il cane → i cani

1. l'informazione _____
2. il bambino _____
3. l'ora _____
4. il bar _____

5. lo zaino _____
6. la casa _____
7. il giorno _____
8. la città _____

🎧 **D. Il singolare.** Write the singular form of each of the plural nouns you hear. You will hear each word twice.

ESEMPIO: *You hear:* gli anni
You write: l'anno

1. _____
2. _____
3. _____
4. _____

5. _____
6. _____
7. _____
8. _____

▶ *Check your answers to this activity in the Answer Key at the back of the workbook.*

1.5 Mi piace l'italiano! The verb **piacere**

A. Piace o piacciono? Circle the form of **piacere** that correctly completes each statement, then decide if the statement is **vero** (*true*) or **falso** (*false*) for you.

		vero	falso
1.	Non mi <u>piace / piacciono</u> la birra.	☐	☐
2.	Mi <u>piace / piacciono</u> le lezioni d'italiano.	☐	☐
3.	Mi <u>piace / piacciono</u> gli hamburger.	☐	☐
4.	Mi <u>piace / piacciono</u> il professore d'italiano.	☐	☐
5.	Mi <u>piace / piacciono</u> i gatti.	☐	☐
6.	Non mi <u>piace / piacciono</u> la letteratura inglese.	☐	☐
7.	Mi <u>piace / piacciono</u> il caffè.	☐	☐
8.	Mi <u>piace / piacciono</u> gli spaghetti.	☐	☐

B. Formale o informale? Listen to each of the following questions and decide if it is **formale** or **informale**. After a brief pause, you will hear the correct answer.

ESEMPI: You hear: Le piace l'italiano?
You check: **formale** **informale**
☑ ☐

You hear: Ti piace l'italiano?
You check: **formale** **informale**
☐ ☑

	formale	informale
1.	☐	☐
2.	☐	☐
3.	☐	☐
4.	☐	☐
5.	☐	☐
6.	☐	☐

C. Singolare o plurale? For each word you hear, decide if you would say **mi piace** or **mi piacciono**. You will hear each word twice. Repeat the response.

ESEMPIO: You hear: il cappuccino
You check: mi piace
You say: Mi piace il cappuccino.

	mi piace	mi piacciono
1.	☐	☐
2.	☐	☐
3.	☐	☐
4.	☐	☐
5.	☐	☐
6.	☐	☐

D. Ti piace o non ti piace? Listen to the questions and say whether or not you like the things mentioned. You will hear each question twice.

> ESEMPIO: *You hear:* Ti piace la matematica?
> *You say:* Sì, mi piace. *or*
> No, non mi piace.

1. ... 2. ... 3. ... 4. ... 5. ... 6. ...

E. Tocca a te! Che cosa ti piace? Look at the illustrations below and write three sentences stating which things you like and three sentences stating which things you don't like.

1. _____

2. _____

3. _____

4. _____

5. _____

6. _____

Ascoltiamo!

I gesti italiani

A. I gesti degli italiani. Remember the **gesti** you learned from the Ascoltiamo! presentation? Match each gesture with its meaning.

a. Call me!

b. Got a cigarette?

c. Yum!

d. Quiet!

1. _____   2. _____

3. _____   4. _____

B. Quale gesto? For each situation choose the sentence that best corresponds to the gesture being described.

1. Earlier you called your friend Simona and told her about a problem you do not know how to solve. The next time you see her she puts her index finger on her head. Simona means:
    a. I've got an idea!
    b. I have no clue!

2. It is already 9 p.m., and your little brother Fabio looks at you while pressing his hands together and resting his head on them. Fabio means:
    a. Call me!
    b. I'm sleepy.

3. Marta is expecting a phone call from her boyfriend, but her little sister has misplaced her phone. When Marta finally finds it, she looks at her sister while biting the side of her index finger. Marta means:
    a. I'm furious!
    b. Let's eat!

(continued)

4. You and Claudio are buying tickets to a concert, but you don't have enough money. Claudio buys both tickets with the promise that you will repay him. The day of the concert arrives, and before giving you the ticket, Claudio starts rubbing his thumb and index finger together. Claudio means:
   a. Money.
   b. What do you want?

C. Il problema di Marco. Marco needs help solving a problem and asks his buddies for help. For each situation choose the appropriate gesture. **Attenzione!** There are five gestures. Only four are used.

a.　　　　　　　b.　　　　　　　c.

d.　　　　　　　e.

1. Marco wants help solving a problem. He gestures to his friend Pietro: _____

2. Pietro does not know how to solve Marco's problem. He gestures back: _____

3. His friend Gino offers an outrageous solution. Everyone laughs and Paolo gestures: _____

4. Everyone is now hungry. Davide gestures to Marco: _____

Leggiamo!

Strategie di lettura

Parole simili. You can quickly increase your comprehension in Italian by using cognates (**parole simili**), words that have similar spellings and meanings in Italian and English. You can also increase your vocabulary by using **parole simili** when you speak and write.

Italian also has a long tradition of borrowing words from other languages, including English, especially recently and in particular fields (technology, business, mass media).

In the following reading you will use your knowledge of **parole simili,** borrowings, and images to recreate a news story on increasing your brainpower.

Lettura

Piccoli gesti per aiutare la mente°

°*Small gestures to help the mind*

A. Parole simili. Use **parole simili** to match the following suggestions to the appropriate numbers in the image. **Attenzione!** Don't give up too soon! Use what you know to figure out what you don't.

a. bere molta acqua
b. mangiare cioccolato fondente (*dark*)
c. mangiare yogurt
d. suonare uno strumento
e. trascorrere (*to spend*) tempo fuori (*outside*) città
f. giocare a videogiochi

B. Cosa significa? Now, use the combination of **parole simili** and images to match the following verbs to their equivalents in English.

1. bere   a. *to eat*
2. mangiare   b. *to play (a musical instrument)*
3. suonare   c. *to drink*

C. Le regole per essere brillanti. (*Rules for being brilliant.*) Match the following text (a.–g.) to the appropriate categories (1.–7.). Don't worry if you don't understand all the words. Your knowledge of **parole simili,** borrowings, and newly acquired vocabulary from **Capitolo 1** will help you.

1. _____ Tavola (*Table*)

2. _____ Cultura

3. _____ Giochi

4. _____ Hobby

5. _____ Viaggi

6. _____ Movimento

7. _____ Tecnologia

a. **Cruciverba** (*Crossword puzzles*): diminuiscono la probabilità di Alzheimer. **Tedtalks:** gli esperti raccontano le ultime sulla ricerca. **Videogiochi:** aumentano i riflessi.

b. **Suonare strumenti** aumenta l'intelligenza. **Scrivere a mano** aiuta la memoria.

c. **Cioccolato fondente:** favorisce la memoria. **Yogurt:** ripara le cellule cerebrali. **Acqua:** fa bene al cervello.

d. **Facebook:** non usare Internet favorisce la produttività. **iTunesU:** seguire corsi interessanti. **Supermemo:** favorisce la memoria.

e. **Sport:** aumentare la frequenza cardiaca e la coordinazione con attività come il volley o il basket.

f. **Weekend:** scappare (*escape*) dalla città; il contatto con la natura diminuisce lo stress e favorisce la memoria.

g. **Libri:** conoscere nuovi autori favorisce la creatività. **Lingua:** imparare nuove lingue aiuta la mente.

◖ In Italia, Culture a confronto, Un po' di cultura e Regioni d'Italia

Using the information from the **In Italia** feature in the textbook and from the activities marked with the ◖, decide if the following statements are **vero** or **falso**. If the statement is false, change the word in bold to make it true.

	vero	falso
ESEMPIO: Italians use **ciao** with everyone.	☐	☑
Italians use *buon giorno* with everyone.		

1. In Italy, the time of day when you begin to use *buona sera* is **earlier** if you live in the South.   ☐   ☐

   _____

2. Rome is in *Italia* **meridionale.**   ☐   ☐

   _____

3. In numerals, Italians would write two thousand four hundred and fifteen euros with a **comma** separating the two and the four.   ☐   ☐

   _____

4. Unlike in the United States, Italians always put the street name **first**, followed by the house number, e.g., *Via Regina Bianca, 29.*   ☐   ☐

   _____

5. As you know, bars in the United States mainly serve alcoholic drinks and are frequented only by adults; *il bar* in Italy is quite **similar.**   ☐   ☐

   _____

6. When giving your date of birth in **Italian,** you say the *giorno/mese/anno.*   ☐   ☐

   _____

Scriviamo!

Strategie di scrittura

Keep it simple: Use the Italian you know to avoid translation. Writing in a foreign language is easier than you might think. Instead of translating from your native language, try writing directly in Italian. Begin by using words and expressions introduced in your textbook or in class. Sticking to simple Italian phrases that are familiar to you will provide a basis for developing your writing skills, and will help you avoid using English idioms and slang that do not necessarily translate word-for-word into Italian. To find key words and phrases that you can use to express yourself, scan the **Capitolo 1** vocabulary list in your textbook.

Genere: E-mail

Tema: Presentiamoci! On a separate sheet of paper, write an e-mail message (50 words) introducing yourself to an Italian-speaking exchange student who will soon be arriving on your campus.

1. Begin with a simple greeting.
2. Then, introduce yourself, indicating your name and where you are a student.
3. Say what you study and find out what he or she studies: **Io studio la letteratura inglese. E tu?**
4. Say where you're from and where you live. Ask where he or she is from and lives: **Sono di Nashville in Tennessee, ma abito a Gainesville in Florida. E tu, di dove sei? Dove abiti?**
5. Say at least three things that you like and/or don't like, including your favorite season, and ask what he or she likes: **Mi piace lo sport. Non mi piacciono i film dell'orrore. Mi piace la primavera. A te cosa piace?**
6. Wish the student a pleasant trip. **Buon viaggio!**
7. Sign your e-mail!

When you have finished your e-mail, check your work by using the **Facciamo la verifica!** checklist.

Facciamo la verifica!

I have used:

- ❏ the **Strategia di scrittura** for this activity;
- ❏ relevant vocabulary and expressions from **Capitolo 1** of the textbook.

I have proofread my writing and checked:

- ❏ my spelling, including apostrophes and accent marks;
- ❏ that all articles (indefinite and definite) agree in gender and number with the nouns;
- ❏ that I have used the correct forms of the indefinite and definite articles;
- ❏ that I have used **piace** and **piacciono** correctly;
- ❏ that I have described myself accurately and shown an interest in the Italian student.

Capitolo 2

Com'è?

Strategie di comunicazione

A. Salve! Match each greeting with its appropriate answer. **Attenzione!** All questions except one have more than one answer.

_____ 1. Di dove sei?

_____ 2. Come va?

_____ 3. Come ti chiami?

_____ 4. Come sta?

_____ 5. Di dov'è?

a. Non c'è male. E Lei?

b. Sono Marco. E tu?

c. Sono di Milano.

d. Benissimo, grazie! E tu?

e. Sono australiano.

B. Di dov'è? You spent two days at a hostel in Verona. Today, your friend joins you. He feels lost and, in order to get acquainted with the other people, he asks you about their nationalities. Choose the correct answer to his questions according to the audio and written cues.

ESEMPIO: _You hear:_ —Di dov'è?
—Mariana è nata in Spagna.

You see: Mariana è _____.
You choose: spagnola

1. Johnny è _____.
   a. americano   b. inglese   c. tedesco

2. Pablo è _____.
   a. spagnolo   b. messicana   c. messicano

3. Amélie è _____.
   a. francese   b. inglese   c. americana

4. Walter è _____.
   a. tedesca   b. britannico   c. tedesco

5. Luisa è _____.
   a. cubano   b. cubana   c. messicana

6. Yoko è _____.
   a. svedese   b. giavanese   c. giapponese

▶ _Check your answers to this activity in the Answer Key at the back of the workbook._

C. Con chi parli? You will hear four different questions. Choose the option that best fits the question you hear.

1. a. Bene, grazie. E tu?
    b. Ho 18 anni.

2. a. Sono Maria Cristina Verdello.
    b. Sono di Firenze.

3. a. Sono studente.
    b. Ho vent'anni.

4. a. Insomma.
    b. Abito in Via Crispi, 13.

Pronuncia

Le vocali   Vowels

Le vocali.

There are seven vowel sounds in the Italian alphabet.

*   The vowels **a, i,** and **u** are pronounced as follows:

    a as in *father*
    i as in *marine*
    u as in *rude*

*   The vowels **o** and **e** have two pronunciations but are spelled the same:

    closed **e** as in *bait* and open **e** as in *quest*
    closed **o** as in *cozy* and open **o** as in *cost*

A. Ascolta: Le vocali.

Parte prima. Listen to the following vowels and repeat each one. You will hear each vowel twice.

a   e   i   o   u

Parte seconda. Now, listen to the following vowels and words and repeat each one. You will hear each word twice.

a	casa	sala	ama
e	se	seta	come
	Vera	cena	c'è
i	Italia	India	Pisa
o	voto	sono	dove
	porta	cosa	rosa
u	uno	lupo	su

B. Tocca a te!

Parte prima. Listen and write the vowels you hear. You will hear each vowel twice.

1. ____   2. ____   3. ____   4. ____   5. ____

Parte seconda. Listen and write the words you hear. You will hear each word twice.

1. _____   6. _____   11. _____

2. _____   7. _____   12. _____

3. _____   8. _____   13. _____

4. _____   9. _____   14. _____

5. _____   10. _____   15. _____

▶ *Check your answers to this activity in the Answer Key at the back of the workbook.*

Lessico

Sono allegro!   Describing people, places, and things

A. Dove va il colore (*does the color go*)?

Parte prima. Listen and write the colors you hear. You will hear each color twice.

1. _____   4. _____   7. _____

2. _____   5. _____   8. _____

3. _____   6. _____   9. _____

▶ *Check your answers to this activity in the Answer Key at the back of the workbook.*

Parte seconda. Now, write the number of the color from the **Parte prima** in the appropriate place in the illustration.

B. I colori. Complete the following sentences with the names of the colors. When you have finished, the letters in the boxes will spell out the color of the objects in the illustration below.

_____

1. La bandiera italiana è rossa, bianca e... ☐ _ _ _ _

2. L'elefante è... _ _ ☐ _ _ _

3. Il cielo sereno è... _ _ _ _ _ _ ☐

4. Il sole (*sun*) è... _ _ _ ☐ _ _

5. Il contrario di nero è... _ _ ☐ _ _ _

C. L'intruso. (*Odd man out.*) Circle the adjective that does not belong in each group.

    ESEMPIO: lento, debole, (veloce)

1. simpatico, cattivo, arrabbiato
2. tranquillo, nervoso, stressato
3. anziano, giovane, vecchio
4. attivo, pigro, stanco
5. magro, grande, grasso
6. divertente, impegnato, spiritoso

D. Qual è il contrario?

Parte prima. Complete each sentence with an adjective that is *opposite* in meaning to the one given.

1. Carlo non è magro, è _____.

2. Marco non è forte, è _____.

3. Giulio non è alto, è _____.

4. L'autobus non è veloce, è _____.

5. Umberto non è buono, è _____.

6. Il film non è bello, è _____.

7. Lorenzo non è noioso, è _____.

8. Il professore non è giovane, è _____.

Parte seconda. You will hear a series of sentences. Complete each one with an adjective that is *opposite* in meaning to the one given. You will hear each sentence twice. Repeat the response.

    1. ... 2. ... 3. ... 4. ... 5. ... 6. ... 7. ... 8. ...

E. Come stanno e come sono?

Parte prima. Choose the appropriate adjectives to complete the dialogues.

Dialogo 1

PAOLA: Ciao Paolo! Come stai?
PAOLO: Sto bene perché sono <u>spiritoso / contento / ammalato</u>. E tu?
PAOLA: Io no. Non sto bene perché sono <u>allegra / veloce / arrabbiata</u>.
PAOLO: Perché?
PAOLA: Perché l'esame di matematica era (*was*) <u>difficile / pigro / triste</u>.

Dialogo 2

PAOLA: Ciao Gianna! Come stai?
GIANNA: Sto così così perché sono <u>ricca / cattiva / stanca</u>. E tu?
PAOLA: Io sto benissimo perché sono <u>vecchia / innamorata / brutta</u> di Paolo!

Dialogo 3

MANUELA: Ciao Sofia! Come stai?
SOFIA: Sto benissimo perché ho (*I have*) una <u>nuova / lenta / estroversa</u> Ferrari!
MANUELA: Che bello! Mi piacciono le Ferrari!

F. Adesso tocca a te! Answer the following question with a complete sentence. Come stai e perché?

Strutture

2.1 L'italiano è divertente! Adjectives

A. Quale forma è corretta? You will hear a series of nouns. Choose the adjective that best describes each noun. You will hear each noun twice. Repeat the response.

ESEMPIO: *You hear:* lo studente
You see: a. simpatica b. simpatico c. simpatici
You choose: b. simpatico
You say: lo studente simpatico
You hear: lo studente simpatico

1. a. italiano   b. italiana   c. italiane
2. a. alto   b. alti   c. alta
3. a. rosso   b. rossa   c. rosse
4. a. bassa   b. basse   c. bassi
5. a. americani   b. americano   c. americane
6. a. nera   b. neri   c. nere

B. L'accordo.

Parte prima. Write the appropriate ending for each adjective.

1. una ragazza spagnol_____
2. tre amici giovan_____
3. un cane nervos_____
4. molt_____ biciclette verd_____
5. gli studenti liber_____
6. molt_____ pasta buon_____
7. la professoressa impegnat_____
8. molt_____ gatti ner_____
9. il quaderno verd_____
10. le studentesse canades_____

Parte seconda. Write the plural form of each of the following phrases.

1. il ragazzo intelligente _____
2. la macchina viola _____
3. la signora sincera _____
4. il bambino stanco _____
5. molto gelato italiano _____

Parte terza. Write the singular form of each of the following phrases.

1. gli studenti pigri _____
2. tre zaini verdi _____
3. le studentesse impegnate _____
4. i telefonini piccoli _____
5. due città grandi _____

C. *Questo o quello?* Choose the correct form of **questo** or **quello**.

1. quella / quei / quegli libri
2. quest' / questo / questi università
3. quell' / quel / quello corso
4. questo / questa / queste lezione
5. quella / quei / quelle macchine
6. quest' / queste / questa orologio
7. questa / queste / questi penne
8. quella / quelle / quell' amica
9. questo / questa / quest' professoressa
10. quei / quegli / quelle zaini

D. Ti piace questo o quello?

Parte prima. Simone and Sandro are at a store as Simone tells Sandro which items he likes on each of the tables. Listen and put a ✓ next to each item that Simone says he likes, paying close attention to the use of **questo** or **quello.** You will hear each statement twice.

Parte seconda. Now, listen again and write the appropriate form of **questo** or **quello** for each of the following nouns.

1. _____ computer

2. _____ zaino nero

3. _____ occhiali

4. _____ penne

5. _____ orologio

▶ *Check your answers to this activity in the Answer Key at the back of the workbook.*

E. Ancora *questo e quello.* Write the appropriate form of **questo** or **quello** for each of the following nouns according to the cues.

	vicino		lontano	
1.	*questa*	materia	*quella*	materia
2.		esame		esame
3.		bottiglie		bottiglie
4.		voto		voto
5.		cellulari		cellulari
6.		anno		anno
7.		amici		amici
8.		festa		festa

F. Moltissimo!

Parte prima. Listen to the descriptions of people and objects with **molto/tanto** + adjective, then write the equivalent form of the adjective with **-issimo/a/i/e.** You will hear each description twice. Repeat the response.

> ESEMPIO: *You hear:* un ragazzo molto magro
> *You write:* un ragazzo ___magrissimo___
> *You hear:* un ragazzo magrissimo

1. un gatto _____
2. una ragazza _____
3. un gelato _____

4. un cane _____
5. una casa _____
6. una macchina _____

▶ *Check your answers to the* **Parte prima** *in the Answer Key at the back of the workbook before doing the* **Parte seconda.**

Parte seconda. Now, write the opposite of each phrase from the **Parte prima.**

> ESEMPIO: un ragazzo ___magrissimo___ → un ragazzo ___grassissimo___

1. _____
2. _____
3. _____

4. _____
5. _____
6. _____

G. *Molto o poco?* Look at the illustrations and write the appropriate form of **molto** or **poco** for each noun.

1.

_____ amici

2.

_____ birra

3.

_____ gelato

4.

_____ libri

5.

_____ studentesse

6.

_____ bottiglie

2.2 Quanti anni hai? The verbs **essere** (*to be*) and **avere** (*to have*)

A. Chi?

Parte prima. Match each subject with the appropriate subject pronoun.

1. Laura
2. Tu e Michele
3. Io e Luisa
4. Paolo
5. Eleonora e Teresa

a. noi
b. lei
c. loro
d. lui
e. voi

Parte seconda. Match each subject to the appropriate sentence.

1. Laura
2. Tu e Michele
3. Io e Luisa
4. Paolo
5. Eleonora e Teresa

a. è studente all'università.
b. abbiamo le orecchie grandi e il naso piccolo.
c. sono basse.
d. avete fame?
e. è alta e ha gli occhi verdi.

 B. Quale verbo è? Listen to each sentence and decide whether you hear the verb **avere** or the verb **essere.** You will hear each sentence twice.

ESEMPIO: *You hear:* Marco è stanco e stressato.
You choose: essere

	essere	avere
1.	☐	☐
2.	☐	☐
3.	☐	☐
4.	☐	☐
5.	☐	☐
6.	☐	☐

C. *Essere o avere?* Circle the appropriate verb.

1. Patrizio è / ha giovane e forte.
2. Io sono / ho una bicicletta verde.
3. Gli studenti non sono / hanno lezione oggi.
4. Tu e Sandra siete / avete belle!
5. Il cane è / ha piccolo e tranquillo.
6. Anna è / ha gli occhi azzurri e le lenti a contatto.
7. Tu sei / hai una bella macchina!
8. Io e Mario siamo / abbiamo ventitré anni.
9. Cinzia è / ha mal di pancia.
10. Ahmed e Milena sono / hanno sonno.

D. Chi è? Choose the appropriate illustration for each sentence you hear. You will hear each sentence twice.

a.
b.
c.

d.
e.
f.

1. _____ 2. _____ 3. _____ 4. _____ 5. _____ 6. _____

E. Il verbo giusto. Complete each of the following sentences with the appropriate forms of **essere** or **avere.**

1. Marta _____ molto cattiva e non _____ amici.

2. (*io*) _____ studente e _____ una macchina vecchia.

3. Il corso di chimica _____ molto difficile!

4. Questa settimana Stefano e Giulio _____ tre esami e _____ stressati.

5. Tu e Rita _____ bionde e _____ gli occhi blu.

6. Due panini, per favore. Io e Fabio _____ fame.

7. L'università _____ grande e i professori _____ molto impegnati.

8. Stefano non _____ a lezione oggi perché _____ mal di gola.

9. (*tu*) _____ allegro/a perché non _____ compiti (*homework*) stasera?

10. La mamma _____ sempre (*always*) ragione e io _____ sempre torto!

F. Chi è? Listen to the following questions and decide if the person being interviewed is **Cinzia** or **la signora Tozzi.** After a brief pause, you will hear the correct answer.

	Cinzia	la signora Tozzi
1.	☐	☐
2.	☐	☐
3.	☐	☐
4.	☐	☐
5.	☐	☐
6.	☐	☐
7.	☐	☐
8.	☐	☐

G. Tocca a te! Come sei? Describe yourself using the verbs and vocabulary you have learned so far. Write at least five complete sentences.

_____

_____

_____

_____

2.3 Cosa c'è nello zaino?   There is / There are

A. Cosa c'è in aula (*classroom*)? Choose **c'è** or **ci sono** in order to describe what you might find in your Italian classroom.

	C'è...	Ci sono...	
1.	☐	☐	quindici studenti.
2.	☐	☐	una professoressa.
3.	☐	☐	un dizionario d'italiano.
4.	☐	☐	nove zaini.
5.	☐	☐	cinque bottiglie d'acqua minerale.
6.	☐	☐	un computer.
7.	☐	☐	venti libri.
8.	☐	☐	una porta.

B. Chi c'è a casa? Mario's mother calls home to see who is there. Look at the illustration and say if the people indicated by Mario's mother are there or not by stating **Sì, c'è. (Sì, ci sono.)** or **No, non c'è. (No, non ci sono.).** Each question will be repeated twice. Repeat the response.

ESEMPIO: *You hear:*   C'è lo zio Alberto?
           You say: No, non c'è.

Parole utili: lo zio (*uncle*), la zia (*aunt*)

la zia Anna

Cesare e Pietro

lo zio Paolo

Luca

1. ...   2. ...   3. ...   4. ...   5. ...   6. ...

C. Cosa c'è nella macchina di Guido? Look at the illustration and list what is in Guido's car using **c'è** or **ci sono.**

1. _____
2. _____
3. _____
4. _____
5. _____
6. _____

D. Tocca a te! Nella mia camera (*room*). Write at least five sentences describing what is (and is not) in your room. Use the expressions **c'è** and **ci sono** and the vocabulary you've learned so far.

_____

_____

_____

_____

2.4 I miei corsi sono interessanti! Possessive adjectives

A. Il possessivo giusto. Complete each statement with the appropriate article + possessive adjective.

ESEMPIO: Ho una penna nuova. ___*La mia*___ penna è rossa.

(La loro)　(I miei)　(Il nostro)　(La sua)　(Il suo)　(I suoi)　(I tuoi)　(La vostra)

1. Sono studente all'università. _____ professori sono molto intelligenti.

2. Daniele e Maria hanno una casa. _____ casa è grande e bella.

3. Alberto ha una bicicletta. _____ bicicletta è veloce.

4. Tu e Marta avete molti CD. _____ musica preferita è il jazz.

5. Alessandra ha uno zaino rosso. _____ zaino è pesantissimo (*very heavy*)!

6. Tu hai due cani. _____ cani sono belli.

7. Paola ha tre libri di filosofia a casa. _____ libri sono nuovi.

8. Io e Marco abbiamo un amico molto serio. _____ amico si chiama Federico.

B. Qual è? Listen to the following statements about Matteo or about both Matteo and his friend, Vittorio. Choose the article + possessive adjective that best complete each sentence based on what you heard. You will hear each sentence twice. Repeat the response.

ESEMPIO: *You hear:*　Ha molti CD.

You see:　___*I suoi / I loro*___ CD sono nuovi.

You choose:　I suoi

You say:　I suoi CD sono nuovi.

1. Le sue / Le loro lezioni sono interessanti.

2. Il suo / Il loro computer è veloce!

3. La sua / La loro città è la capitale d'Italia ed è grandissima.

4. I suoi / I loro esami sono sempre difficili.

5. Il suo / Il loro orologio è molto prezioso.

6. La sua / La loro professoressa è di Milano.

C. Scrivi il possessivo. Complete the following dialogues with the appropriate forms of the possessive adjective.

1. ENRICO: Ho una ragazza (*girlfriend*)!

    SILVIO: Com'è _____ ragazza?

    ENRICO: È bassa, ha gli occhi castani, i capelli ricci e le labbra rosse.

2. FILIPPO: Stefano ha molte amiche canadesi.

    MAURO: Di dove sono _____ amiche?

    FILIPPO: Sono di Toronto.

3. LAURA: Alice e Rita hanno due quaderni.

    ANNA: Di che colore sono?

    LAURA: _____ quaderni sono rosa.

4. ROBERTO: Tu hai due pesciolini (*goldfish*)?

    MARCELLA: Sì. _____ pesciolini si chiamano Ugo e Pino.

5. MARIA: Io e Chiara abbiamo un appartamento.

    DIEGO: Ah sì? Dov'è?

    MARIA: _____ appartamento è a Chicago.

6. GIORGIA: Ho tre lezioni domani.

    FABIO: Come sono?

    GIORGIA: _____ lezioni sono sempre interessanti.

D. Un'intervista. You have just won the Student of the Year Award at your school and are being interviewed by the school newspaper. Listen and answer the following questions using a possessive adjective. You will hear each question twice.

ESEMPIO: *You hear:* Di che colore è la tua penna preferita?
            You say: La mia penna preferita è rossa.

1. ... 2. ... 3. ... 4. ... 5. ... 6. ...

E. Tocca a te! Che cos'hanno? Look at the illustrations and describe each of the people.
Attenzione! Write at least five complete sentences using adjectives.

1.

2.

3.

4.

5.

1. _____
2. _____
3. _____
4. _____
5. _____

Ascoltiamo!

I cognomi degli italiani

A. Qual è l'origine? You learned about the origins of some Italian family names from the **Ascoltiamo!** presentation. Match each name with its appropriate origin. **Attenzione!** There are five choices. Only four are used.

1. _____ Del Monte
2. _____ Alti
3. _____ Vecchio
4. _____ Romano
5. _____ Grassi
6. _____ Allegro
7. _____ Neri

a. la qualità fisica
b. un colore
c. il carattere / la personalità
d. l'origine geografica
e. il nome del padre

 B. I cognomi. You will hear six Italian names. You will hear each name twice. Choose the most appropriate origin of the name.

a. il nome del padre   c. un colore
b. l'origine geografica   d. la qualità fisica

1. _____   3. _____   5. _____
2. _____   4. _____   6. _____

 C. Vero o falso? You will hear four different statements about the origins of family names. You will hear each statement twice. Decide if it is **vero** or **falso**.

	vero	falso
1.	☐	☐
2.	☐	☐
3.	☐	☐
4.	☐	☐

Leggiamo!

Strategie di lettura

Recognizing cultural conventions. We rely on our expectations of how and where information typically appears to help us understand what we are reading. When we read in another language, what is "typical" may be different. Look carefully at the information below about the **Museo Nazionale della Scienza e della Tecnologia.** It may look a little different from what you expect.

Lettura

**Museo Nazionale
della Scienza e della Tecnologia**

Via S. Vittore 21
20123 Milano - Italy
Tel. +390248555445
Fax. +390248010016
E-mail info@museoscienza.it

A. In Italia si scrive così. Choose the correct answer.

1. How does an Italian street address differ from a street address written in English? **Attenzione!** The abbreviation **S.** stands for **Santo** (*Saint*).
   a. the number appears after the name of the street
   b. the number appears before the name of the street
   c. the street is named after a saint

2. The number 20123 is the **codice postale** for the city of Milan. What is the equivalent number called in English?
   a. area code
   b. district
   c. zip code

3. How is a telephone number different in Italian? **Attenzione!** The number **39** is the country code for Italy. The **prefisso** (*city area code*) for Milano is **02**.
   a. phone numbers are written without hyphens
   b. phone numbers can have more than seven digits
   c. both a and b

B. Un biglietto da visita. (*Business card.*) Using **il Museo Nazionale della Scienza e della Tecnologia** as a model and the information below, recreate **il biglietto da visita** of **l'hotel Il Delfino.**

Il DELFINO
Baia • Napoli • Italia

ildelfino@ildelfinohotel.com
80070 Baia–Napoli–Italia
+39 0848287865
Via G. Temporini 97

In Italia, Culture a confronto, Un po' di cultura e Regioni d'Italia

Using the information from the **In Italia** feature in the textbook and from the activities marked with the ◖, decide if the following statements are **vero** or **falso**. If the statement is false, change the word in bold to make it true.

	vero	falso

1. I **Verdi** is the name of an Italian political party that supports ecological initiatives. ☐ ☐

   _____

2. During the World Cup, Italians watch their national team, gli **Arancioni,** on TV. ☐ ☐

   _____

3. Those who are not interested in soccer may read a detective story (un **nero**) instead. ☐ ☐

   _____

4. When Italians make a toll-free call, they use the appropriate numero **rosa.** ☐ ☐

   _____

5. The most common last name in Italy is **Bianchi.** ☐ ☐

   _____

6. La croce **rossa** is the symbol for emergency medical assistance in Italy. ☐ ☐

   _____

Scriviamo!

Strategie di scrittura

Semantic mapping. Semantic mapping is a strategy used for graphically representing concepts. This technique makes writing easier by clustering semantically related words, thus expanding your vocabulary. To create a semantic map for this activity, use a piece of paper. In the middle of the paper, write your first name and circle it. Above and to the sides of your name write the words **carattere, aspetto fisico, interessi,** then circle and connect them to your name with a straight line. For each of these categories, think of as many Italian words as possible that describe you, connecting them to the appropriate category. Scan the vocabulary lists from **Capitoli 1** and **2** for additional inspiration. Be prepared to show your semantic map to your instructor.

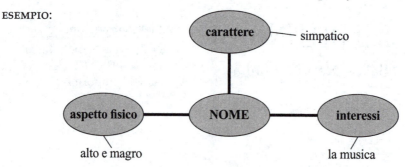

ESEMPIO:

Genere: Profile for social networking website

Tema: Hoping to interact with additional Italian speakers, you've decided to join one of the following social networking websites: it-it.facebook.com, Badoo, Twitter. Before joining, you read the following description online.

Username: **Alessia**
Profilo
Contattami (*Contact me*)
Foto
Amici

Ciao! Come stai? Sono italiana, di Roma, ma abito a Cerveteri, una piccola città vicino a Roma. Ho vent'anni. Sono piccola e magra con gli occhi castani. Ho la carnagione scura (*dark skin tone*). Sono una persona molto estroversa. Mi piacciono tutti gli sport e amo correre (*to run*): mi piacciono moltissimo le maratone! Ho amici in tutto il mondo. L'italiano è la mia lingua materna ma parlo spagnolo, francese e un po' di inglese (poco!). Studio management all'Università di Roma. Il mio corso preferito è «Energia, materie prime e innovazione». A presto!

Now, on a separate sheet of paper, complete your own online profile using the words you listed in your semantic map and the model provided above. Choose a username that reflects your interests or personality. Then, write a short description of yourself that includes the following information.

1. a simple greeting; ask the reader how he or she is
2. your nationality and the region or city you are from, and where you currently live
3. your age
4. your personality and appearance
5. the languages you speak
6. where you are a student and what you are studying
7. your favorite class

When you have finished your online profile, check your work by using the **Facciamo la verifica!** checklist.

Facciamo la verifica!

I have used:
- ❏ the **Strategia di scrittura** for this activity;
- ❏ relevant vocabulary and expressions from **Capitoli 1** and **2** of the textbook.

I have proofread my writing and checked:
- ❏ for spelling errors, including apostrophes and accent marks;
- ❏ that I've been careful to distinguish between **essere** and **avere** in describing myself and that I have used the corrects form(s) of each;
- ❏ that all adjectives agree in gender and number with the nouns that they modify;
- ❏ that my message is interesting and will capture the attention of my intended audience.

Capitolo

Cosa ti piace fare?

3

Strategie di comunicazione

A. Cosa dici? Choose the phrase that best completes each question.

1. You are at the train station and would like to know when the next train departs. You ask:

    «_____ parte il treno?»

    a.   A che ora
    b.   Che ora

2. You recently purchased a watch. To set it, you ask: «_____ sono?»

    a.   A che ora
    b.   Che ore

3. You have a job interview but you don't remember at what time. You call the secretary and ask:

    «_____ è il colloquio?»

    a.   A che ora
    b.   Che ora

4. A friend has invited you to a concert tonight and you would like to know what time it starts.

    You ask: «_____ è il concerto»?

    a.   A che ora
    b.   Che ora

5. You are at a restaurant waiting for a friend to arrive, but he/she might be running late. You

    ask the waiter: «Senta, scusi, _____ sono?»

    a.   che ora
    b.   che ore

B. Che ora è? You will hear a series of people tell you what time it is. Match each clock with the time you hear. You will hear each time twice.

a.   b.   c.   d.

e.   f.   g.   h.

1. ____   2. ____   3. ____   4. ____   5. ____   6. ____   7. ____   8. ____

C. Un viaggio in Italia! You are talking on the phone with Daniele planning a trip through Italy. He is asking you what time the trains leave for the following cities. Answer his questions, according to the audio and written cues. You will hear each question twice. Repeat the response.

ESEMPIO: *You hear:* A che ora parte il treno per Venezia?
            You say: Alle 8.00

PARTENZE			
07.35	Pisa	13.20	Firenze
08.00	Venezia	16.05	Palermo
10.40	Milano	17.10	Bologna
11.15	Napoli	21.43	Torino

Pronuncia

Intonazione   Intonation

Intonazione.

In Italian the same sentence can be a statement of fact (**un'affermazione**), a question (**una domanda**), or an exclamation of surprise, shock, astonishment, or marvel (**un'esclamazione**). There is no equivalent to the English *do/does* when forming questions. In spoken Italian, rising intonation indicates a question. Listen to the following examples:

Sono le nove. (affermazione)
Sono le nove! (esclamazione)
Sono le nove? ↗ (domanda)

🎧 **Ascolta: L'intonazione.** You will hear a series of sentences. Decide if each one is **un'affermazione, una domanda,** or **un'esclamazione.** After a brief pause, you will hear the correct answer.

	un'affermazione	una domanda	un'esclamazione
1.	☐	☐	☐
2.	☐	☐	☐
3.	☐	☐	☐
4.	☐	☐	☐
5.	☐	☐	☐
6.	☐	☐	☐
7.	☐	☐	☐
8.	☐	☐	☐

Lessico

Che fai di bello? Talking about your daily activities

A. Che faccio? Match each statement in Column A with its logical completion in Column B.

A

1. Stasera sono stanco, quindi (*therefore*) _____.
2. Studio molto perché _____.
3. Mi piace andare al cinema, ma _____.
4. Ballo tutta la sera quando _____.
5. Oggi pulisco la casa e _____.
6. Mi piace Andrea Bocelli e spesso _____.
7. Suono il pianoforte e _____.
8. Prendo un caffè ogni volta che _____.

B

a. ascolto la sua musica
b. vado al bar
c. vado in discoteca
d. lavo i piatti
e. non mi piacciono i film di Al Pacino
f. non esco
g. ascolto spesso Beethoven
h. frequento l'università

🎧 **B. Gli amici di Salvatore.** Listen as Salvatore's friends describe themselves. Then, choose the *two* statements that each person would likely make about his/her lifestyle. You will hear each description twice.

1. a. Ascolto Miles Davis e Chopin.
   b. Non ho un cane.
   c. Vado sempre in discoteca.
   d. Vado spesso al cinema.

2. a. Sono una studentessa.
   b. Guardo molti film.
   c. Mi piace fare shopping.
   d. Mangio la pizza la domenica.

3. a. Non studio molto.
   b. Mi piace guardare la TV.
   c. Ho due cani.
   d. Non vado a dormire molto tardi.

C. Il verbo nascosto (*hidden*). Write the answer to each of the following questions. When you have finished, the letters in the squares will form the verb missing from Laura's statement.

Qual è...

1. il giorno dopo (*after*) domenica? □ _ _ _ _ _

2. il giorno prima (*before*) di lunedì? _ _ _ _ _ _ _ □

3. il giorno prima di sabato? □ _ _ _ _ _ _

4. il giorno di Thanksgiving? _ _ □ _ _ _ _

5. il giorno prima di mercoledì? _ _ □ _ _ _ _

6. il giorno dopo venerdì? _ _ _ _ _ □

LAURA: Oh no!!! Questo sabato sera □ □ □ □ □ □, ma io voglio andare a ballare con i miei amici!

D. La settimana di Salvatore.

Parte prima. Listen as Salvatore describes his week. Complete his agenda with the missing information. You will hear the passage twice.

	lunedì	martedì	mercoledì	giovedì	venerdì
9.00			università		
11.00			↓		
13.00	pranzo	pranzo	pranzo	pranzo	pranzo
15.00		lezione di chitarra	biblioteca		
17.00					
19.00					uscire con Sandro
21.00					

▶ *Check your answers to the **Parte prima** in the Answer Key at the back of the workbook before doing the* ***Parte seconda.***

Parte seconda. Now, listen to Salvatore again and decide if his statements are **vero** or **falso** according to his agenda. Each statement will be read twice.

	vero	falso
1.	□	□
2.	□	□
3.	□	□
4.	□	□
5.	□	□
6.	□	□
7.	□	□

E. La vita di Luisa.

Parte prima. Complete the paragraph using each of the following verbs. Each verb is used once.

ballo   faccio   frequento   gioco   guardo

lavoro   leggo   prendo   studio   suono

Ciao, sono Luisa. Sono una ragazza italiana e _____[1] medicina all'Università

di Milano. Studio molto perché l'università è difficile, ma faccio anche molte altre cose durante la

settimana. Il lunedì e il mercoledì _____[2] le lezioni di medicina tutta la mattina.

La sera alle venti _____[3] a carte con le mie amiche e poi _____[4] la

TV per due ore. Il martedì studio tutto il giorno, _____[5] molti libri, lavo i vestiti

e non ho tempo per uscire. Il mercoledì e il giovedì _____[6] in un negozio (store)

del centro dalle quattordici alle diciannove, perché ho bisogno di (I need) soldi per l'università.

_____[7] sempre l'autobus per andare al lavoro. Il venerdì studio tutta la mattina, ma

la sera esco con le mie amiche Anna e Sofia e _____[8] in discoteca tutta la sera. Mi

piace molto andare a ballare con loro, sono simpatiche e divertenti. Il sabato _____[9]

la chitarra con gli amici, a casa mia o a casa di uno di loro e la domenica _____[10]

sempre colazione a casa dei miei genitori.

▶ *Check your answers to the **Parte prima** in the Answer Key at the back of the workbook before doing the **Parte seconda**.*

Parte seconda. You will hear Luisa make a series of statements about her life. Listen to each pair of statements and decide which one is true based on what you know about her from the **Parte prima**. You will hear each statement twice.

1. ____ 2. ____ 3. ____ 4. ____ 5. ____ 6. ____ 7. ____

F. Le attività di Marco. Marco is away at college and is writing an e-mail to his parents explaining what he does in a typical day. Look at the illustrations and write the activities he is thinking of.

ESEMPIO: Studio l'italiano.

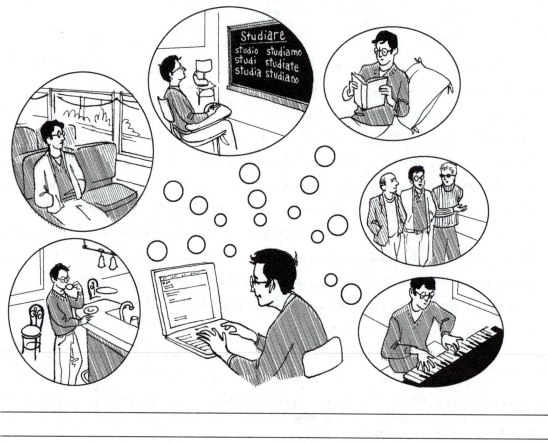

1. _____

2. _____

3. _____

4. _____

5. _____

Strutture

3.1 Mi piace studiare l'italiano! The infinitive of the verb

A. Che verbo è? Listen to the following verbs in the **io** form and say the corresponding infinitive. You will hear each verb twice. Repeat the response.

ESEMPIO: *You hear:* parlo
          You say: parlare

1. … 2. … 3. … 4. … 5. … 6. … 7. … 8. …

B. Non mi va. Read the following sentences and match each statement in Column A with the appropriate response in Column B. The first one is done for you.

<table>
<tr><td colspan="2" align="center">**A**</td><td align="center">**B**</td></tr>
<tr><td>1.</td><td>_*d*_ Ho molte bottiglie di coca-cola.</td><td>a. Mi va di mangiare un panino.</td></tr>
<tr><td>2.</td><td>_____ Ho un CD di Pavarotti.</td><td>b. Non mi va di lavare la macchina.</td></tr>
<tr><td>3.</td><td>_____ Non ho soldi (*money*)!</td><td>c. Non mi va di pulire.</td></tr>
<tr><td>4.</td><td>_____ Sono una brava studentessa.</td><td>d. Preferisco le bibite (*carbonated*).</td></tr>
<tr><td>5.</td><td>_____ La casa è in disordine (*a mess*)!</td><td>e. Non mi piace lavorare.</td></tr>
<tr><td>6.</td><td>_____ La mia macchina è sporca (*dirty*)!</td><td>f. Mi piace ascoltare la musica.</td></tr>
<tr><td>7.</td><td>_____ Ho molta fame!</td><td>g. Mi piace studiare.</td></tr>
</table>

C. Esco stasera. Paolo has made plans for this evening with his friend Emiliano, but when Paolo tells his mother what he is doing he doesn't tell the whole truth. Listen to Paolo and Emiliano's conversation, then read the following statements that Paolo makes to his mother. Decide if each statement is **vero** or **falso** based on their conversation. You will hear the conversation twice.

		vero	falso
1.	Vado a ballare con Emiliano, Cinzia e Alice.	☐	☐
2.	Bevo qualcosa al bar prima.	☐	☐
3.	Vado in autobus.	☐	☐
4.	Mangio la pizza con Emiliano.	☐	☐
5.	Arrivo da Emiliano (*at Emiliano's house*) alle 9.30.	☐	☐

D. Che cosa ti piace fare? Complete the sentences with one of the following infinitives.

(ballare)   (giocare)   (leggere)   (mangiare)   (studiare)

ESEMPIO: Sono pigro e sempre stanco. Mi piace ____*dormire*____.

1. Ho molti libri di Stephen King. Mi piace _____.

2. Ho sempre fame. Mi piace _____.

3. Sono sempre in discoteca il sabato sera. Mi piace _____.

4. Sono uno studente serio e faccio molti esami difficili. Mi piace _____.

5. Sono sportivo. Mi piace _____ a calcio.

3.2 Studio l'italiano   The present indicative of regular verbs

A. I verbi regolari. Write the missing meanings of the verbs, then complete the chart.

	lavorare _____	suonare _____	chiudere _____	scrivere _____	aprire *to open* _____
io	lavoro				apro
tu			chiudi		
lui, lei; Lei					
noi		suoniamo		scriviamo	
voi					
loro					

B. Chi fa che cosa? Match the following statements with the appropriate subject pronouns. The first one is done for you.

a. Tu e Fabrizio   b. Monica   c. Luca e Angela   d. Io e Martina   e. Tu

1. __*b*__ legge un libro interessante.

2. _____ ascoltano la musica in macchina.

3. _____ pranzi a casa di Francesca.

4. _____ siamo stanchi e stressati.

5. _____ oggi giocate a tennis.

6. _____ parli bene l'italiano.

7. _____ dormono fino a mezzogiorno.

8. _____ il sabato lavano il cane.

9. _____ ha un amico spagnolo.

10. _____ torniamo a casa presto.

C. Che cosa gli piace fare? Paolo, Laura, Giacomo, Mario, and Francesca like what they do. Answer the questions about them, using either **gli piace** or **le piace**. Each question will be read twice. Repeat the response.

ESEMPIO: *You hear:* Paolo guarda spesso il calcio alla televisione?
          You say: Sì, gli piace guardare il calcio alla televisione.

1. ...   2. ...   3. ...   4. ...   5. ...

D. La giornata di Eleonora.

Parte prima. Complete the following paragraph by inserting the appropriate verb endings.

ESEMPIO: Franco lavor<u>a</u> al bar ogni weekend.

Ogni giorno Eleonora frequent_____[1] le lezioni all'università dalle otto e mezzo di mattina fino alle

tre e mezzo del pomeriggio. Alle otto ordin_____[2] un cappuccino e una brioche al bar dove legge

(*she reads*) il giornale. Eleonora studi_____[3] molto e, quando è a lezione, ascolt_____[4]

sempre i professori. A mezzogiorno pranz_____[5] alla mensa con i compagni e parl_____[6] con

loro delle lezioni. Dopo pranzo Eleonora e i compagni studi_____[7] in biblioteca per un'ora e poi

hanno un'altra lezione dalle due fino alle tre e mezzo. Eleonora torn_____[8] a casa stanca, allora

guard_____[9] un po' la televisione e dorm_____[10] per mezz'ora. La sera Eleonora e gli amici non

mangiano alla mensa, preferisce mangiare insieme (*together*) al ristorante.

▶ *Check your answers to the* **Parte prima** *in the Answer Key at the back of the workbook before doing the* **Parte seconda.**

Parte seconda. You will now hear a series of statements about Eleonora's day. Decide if the statements are **vero** or **falso** based on the information given in the **Parte prima.** Each statement will be read twice.

	vero	falso
1.	☐	☐
2.	☐	☐
3.	☐	☐
4.	☐	☐
5.	☐	☐

E. Che cosa fanno Gianni e Massimo il sabato?

Parte prima. What are Gianni and Massimo doing today? Listen to the passage and number the activities in the order that you hear them. You will hear the passage twice. The first one is done for you. **Attenzione!** Read all the options before listening to the passage.

_____ lavare i piatti   _____ tornare al bar   _____ leggere il giornale

_____ mangiare   _____ ballare in discoteca   __1__ lavorare al bar

_____ tornare a casa   _____ dormire per due ore   _____ guardare il calcio

Parte seconda. Now, listen to the passage again and write the answers to the following questions.

1. Dove pranzano Gianni e Massimo? _____

2. Che cosa leggono? _____

3. A che ora tornano al bar? _____

4. Perché dormono per due ore? _____

5. Con chi (*With whom*) vanno in discoteca la sera? _____

▶ *Check your answers to Activity E in the Answer Key at the back of the workbook.*

F. Cosa fate di bello oggi? What are you and your friends doing today? Complete the sentences below with your activities for each part of the day.

ESEMPIO: Di mattina... _frequentiamo la lezione di storia_.

Di mattina... _____

A mezzogiorno... _____

La sera... _____

3.3 Capisco l'italiano   Verbs with spelling and/or pronunciation changes

A. I verbi. Write the missing translations of the verbs, then complete the chart.

	spedire _____	dormire _____	scaricare _____	spiegare _____	iniziare to begin
io	spedisco				
tu					
lui, lei; Lei			scarica		
noi					
voi					iniziate
loro				spiegano	

B. La pronuncia.

Parte prima. Listen carefully and select the word you hear. You will hear each word twice.

1. a. cerco   b. cerchio
2. a. leggo   b. leggio
3. a. agi   b. aghi
4. a. pratici   b. pratichi
5. a. pregi   b. preghi
6. a. carici   b. carichi

Parte seconda. Listen and write the ending of each verb you hear. You will hear each verb twice.

1. scaric_____   5. pag_____

2. capi_____   6. cerc_____

3. legg_____   7. fini_____

4. mang_____   8. stud_____

▶ *Check the answers to this activity in the Answer Key at the back of the workbook.*

C. È brava Sabrina? Listen to seven statements that describe Sabrina's experiences at school. Put a ✓ beside the courses in which she probably excels. You will hear each statement twice.

_____ le scienze   _____ la letteratura

_____ la storia italiana   _____ la matematica

_____ la danza

D. Cosa facciamo? (*What do we do?*)

Parte prima. Complete each statement with the **noi** form of the verb in parentheses.

1. _____ (giocare) a calcio.

2. _____ (prendere) il sole.

3. _____ (scaricare) informazioni da Internet.

4. _____ (pulire) tutta la casa.

5. _____ (studiare) in biblioteca fino a tardi.

6. _____ (prendere) un caffè.

Parte seconda. Now match the answers from the **Parte prima** with the appropriate questions in the **Parte seconda.** Write the number of the answer next to the question.

1. Cosa fate (*do you do*) prima di un esame di chimica? _____

2. Cosa fate al bar? _____

3. Che attività fisica fate? _____

4. Cosa fate al mare? _____

5. Come fate per organizzare una festa con amici? _____

6. Cosa fate prima di scrivere un tema per il corso di storia? _____

E. Le preferenze.

Parte prima. Put a ✓ beside all the verbs that are conjugated like **spedire.**

1. _____ dormire   5. _____ aprire

2. _____ chiudere   6. _____ servire

3. _____ preferire   7. _____ pulire

4. _____ arrivare   8. _____ finire

Parte seconda. Decide what these people would prefer to do in the following situations. Use the correct form of **preferire,** a verb from A, and an element from B.

A	B
andare	alla mensa
guardare pranzare	a letto presto con i miei amici
prendere spedire	il basket il sassofono
suonare uscire	un caffè un'email

ESEMPIO: A Sergio piace molto guardare il calcio, ma non gli piace il basket. Marianna, invece, _preferisce guardare il basket_.

1. Ad Antonella piace scrivere lettere lunghe e dettagliate (*detailed*). Mara, invece,...

    _____.

2. Stasera i nostri amici pensano di uscire e fare le ore piccole. Noi, invece,...

    _____.

3. A Giancarlo piace stare a casa il venerdì sera. Io, invece,...

    _____.

4. A me piace molto il violino. Tu, invece,...

    _____.

5. A me e Mohamed piace pranzare a casa. Voi, invece,...

    _____.

F. Tocca a te!

Parte prima. Write questions using the **tu** form of the verbs in parentheses.

1. (dimenticare) _____

2. (spedire) _____

3. (capire) _____

4. (pagare) _____

5. (giocare) _____

Parte seconda. Now, answer the questions you created in the **Parte prima.**

1. _____

2. _____

3. _____

4. _____

5. _____

3.4 Dove vai?   Irregular verbs

A. Che cosa fanno? You will hear a series of statements about what people enjoy doing on Saturdays. Choose the subject pronoun that corresponds to each statement. You will hear each statement twice.

> ESEMPIO: *You hear:* Faccio sport con i miei amici.
> *You check:* ☑ io

	io	tu	lei / lui	noi	voi	loro
1.	☐	☐	☐	☐	☐	☐
2.	☐	☐	☐	☐	☐	☐
3.	☐	☐	☐	☐	☐	☐
4.	☐	☐	☐	☐	☐	☐
5.	☐	☐	☐	☐	☐	☐
6.	☐	☐	☐	☐	☐	☐
7.	☐	☐	☐	☐	☐	☐
8.	☐	☐	☐	☐	☐	☐

B. Dove andiamo? Answer the questions using the verb **andare** and one of the following places. **Attenzione!** Some questions have more than one possible answer.

(a casa)   (al bar)   (al cinema)   (alla mensa)   (all'università)   (in pizzeria)

> ESEMPIO: FILIPPO: Dove vai a studiare?
> LUIGI: _Vado in biblioteca_ .

1. ELISABETTA: Dove andiamo a fare colazione?

   MARILENA: _____

2. SARA: Dove andate questa sera?

   GIULIANO E MARINO: _____

3. TOMMASO: Dove va Silvia a mangiare?

   MARCO: _____

4. FRANCESCO: Dove vai a dormire?

   GIULIO: _____

5. GIORGIA: Dove andate a mangiare la pizza?

   ALESSIO E GESSICA: _____

6. PIERO: Dove andiamo a studiare oggi?

   GIANNI: _____

C. Le espressioni con *fare*. Look at the following illustrations and complete the sentences with an idiomatic expression with **fare**.

1.

Che tempo fa? Fa _____.

Laura fa _____ al parco con la sua

amica Cinzia.

Francesco fa _____.

2.

Fa molto _____ in palestra (*gym*).

Mara e Elisabetta fanno _____.

3.

Le studentesse fanno _____ e lo

studente fa _____.

4.

Sono stanchissima e mi fanno male

_____ e _____!

D. La nostra giornata.

Parte prima. Marina is a university student and her roommate Stefania works at a clothing store. Complete the passage about their typical day with the appropriate forms of the following verbs. **Attenzione!** Some verbs may be used more than once.

(andare)   (arrivare)   (avere)   (fare)   (lavorare)   (prendere)   (uscire)

Ogni giorno io e Stefania _____[1] colazione a casa alle 7.15. Stefania

_____[2] di casa alle 7.45 perché _____[3] in un negozio (*store*).

Io _____[4] di casa alle 9.00 perché _____[5] una lezione all'università

alle 9.30. Arrivo presto a lezione, ma i miei compagni[a] _____[6] sempre in ritardo

(*late*). Alle 11.00 io e i miei amici _____[7] al bar durante la pausa (*break*) e

_____[8] un caffè, poi _____[9] lezione fino (*until*) all'una.

Stefania alle 10.30 fa una breve pausa, _____[10] al bar dove _____[11]

un cappuccino. Alle 13.30 Stefania finisce di lavorare al negozio e noi due _____[12]

a casa a mangiare. La sera (noi) _____[13] con gli amici o guardiamo la TV a casa.

[a]i... *my classmates*

▶ Check your answers to the **Parte prima** in the Answer Key at the back of the workbook before doing the **Parte seconda**.

Parte seconda. Now, based on the information in the **Parte prima,** decide whether each statement refers to Marina, Stefania, or **tutte e due** (*both of them*).

	Marina	Stefania	tutte e due
1. Fa colazione a casa.	☐	☐	☐
2. Esce di casa alle 7.45.	☐	☐	☐
3. Ha lezione alle 9.30.	☐	☐	☐
4. Va al bar alle 11.00 con i suoi amici.	☐	☐	☐
5. Prende un cappuccino al bar alle 10.30.	☐	☐	☐
6. Esce con gli amici la sera.	☐	☐	☐

E. A che ora... ? You will hear a series of questions. Answer each question with the time provided. You will hear each question twice. Repeat the response.

ESEMPIO: *You hear:* A che ora vai a scuola?
            You see: 8.30
            You say: Vado a scuola alle otto e mezzo.

1.	8.00	3.	11.35	5.	1.30
2.	7.45	4.	10.15	6.	4.10

F. Una famiglia impegnata.

Parte prima. You will hear five questions about the Moretti family. Answer each question based on the illustrations. Each question will be repeated twice. Repeat the response.

ESEMPIO: *You hear:*   Chi fa una foto?
           You say: Paolo fa una foto.

1. ...   2. ...   3. ...   4. ...   5. ...

Parte seconda. Now, answer the following questions based on the illustrations in the **Parte prima.**

1. Chi guarda Marco e Filippo? _____

2. Che cosa mangia Argo? _____

3. Che cosa fa il nonno? _____

G. Ti piace il weekend? Answer the following questions about your weekend activities. Use complete sentences.

1. Che cosa ti piace fare nel weekend?

   _____

2. Quando esci con i tuoi amici, dove andate di solito (*usually*)?

   _____

3. Cosa fate tu e i tuoi amici quando fa brutto tempo?

   _____

4. Studi nel weekend? Quando?

   _____

5. A che ora vai a letto nel weekend?

   _____

Cultura

Ascoltiamo!

L'orario degli italiani

A. Cosa fa? Listen to Paolo's description of his typical workday. For each of the following statements, check **vero** if the activity is part of Paolo's day, or **falso** if it is not. You will hear the passage twice.

ESEMPIO: *You hear:* Mangia con la famiglia.
You check: ☑ **vero** ☐ **falso**

		vero	falso
1.	Va a lavorare presto la mattina.	☐	☐
2.	Prende un caffè la mattina.	☐	☐
3.	Mangia a casa a mezzogiorno.	☐	☐
4.	Prende un caffè nel pomeriggio.	☐	☐
5.	Torna a casa alle 21.00.	☐	☐

B. L'orario tipico italiano o americano? Robert, an American from New York, is visiting his Uncle Marco in Rome. You will hear five statements describing typical American or Italian daily activities. Each statement will be repeated twice. Decide whether the statement refers to what Robert does in the United States or if it refers to what **zio Marco** does in Italy.

	Robert	zio Marco
1.	☐	☐
2.	☐	☐
3.	☐	☐
4.	☐	☐
5.	☐	☐

C. L'orario italiano. How much do you remember about the typical Italian workday from the **Ascoltiamo!** presentation? Based on what you learned in class, choose the correct completion for the following sentences.

1. Gli italiani vanno al bar per uno spuntino _____.
   a. alle 11.00 e alle 17.00
   b. alle 10.00 e alle 18.00

2. La mattina molti negozi aprono _____.
   a. alle 8.30
   b. alle 11.30

3. I bambini spesso non vanno a letto prima delle _____.
   a. 22.00
   b. 24.00

4. Gli italiani del Sud mangiano _____ degli italiani del Nord.
   a. più tardi
   b. prima

Leggiamo!

Strategie di lettura

Using visuals. When we read we rely on words and also on the photos and illustrations accompanying the reading. This combination helps when we encounter new words and difficult expressions. The following article appeared in the popular culture/science magazine *Focus*. In it, you will find out more about a popular Italian habit.

A. Prima di leggere. Look at the title and illustration and answer the following question. The idiomatic expression *schiacciare un pisolino* has a meaning similar to the word *riposo* which appears in the reading. From looking at the picture, can you guess the meaning of these two terms?

  a. look at a map
  b. eat a snack
  c. take a nap

B. Vero o falso? Read the text and look at the map of Italy to decide if the following sentences are **vero** or **falso**.

	vero	falso
1. More than half of Italians take a nap.	☐	☐
2. Italians usually nap in the afternoon.	☐	☐
3. Most Italians who nap do so once or twice a week.	☐	☐
4. People in Northern Italy nap more than in Southern Italy.	☐	☐

C. Parole nuove. Now, scan the text again and see if you can find the Italian equivalents of the following words.

  1. distribution _____
  2. percentage _____
  3. week _____
  4. rest _____

Lettura

Ti piace schiacciare un pisolino?

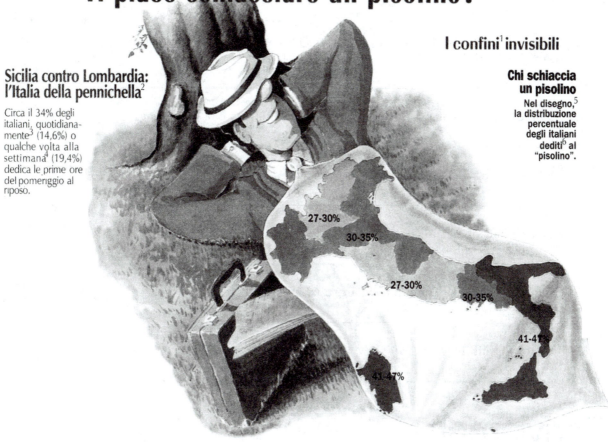

I confini[1] invisibili

Sicilia contro Lombardia: l'Italia della pennichella[2]

Circa il 34% degli italiani, quotidiana-mente[3] (14,6%) o qualche volta alla settimana[4] (19,4%) dedica le prime ore del pomeriggio al riposo.

Chi schiaccia un pisolino

Nel disegno,[5] la distribuzione percentuale degli italiani dediti[6] al "pisolino".

27-30%

30-35%

27-30%

30-35%

41-47%

41-47%

[1]*borders* [2]*nap* [3]*daily* [4]qualche... *a few times a week* [5]*drawing* [6]*devoted*

In Italia, Culture a confronto, Un po' di cultura e Regioni d'Italia

Using the information from the **In Italia** feature in the book and from the activities marked with the ◖, decide whether the following statements are **vero** or **falso**. If the statement is false, change the word in bold to make it true.

	vero	falso
1. In Italia per gli orari dei treni, i programmi TV e gli orari dei negozi si usano i numeri da 0 a **24**.	☐	☐
2. Su un calendario italiano **l'ultimo** giorno della settimana è la domenica.	☐	☐
3. Molti studenti italiani vanno a concerti di musica **classica**.	☐	☐
4. I ragazzi italiani amano andare al **cinema**.	☐	☐
5. In Italia ci sono **88** milioni di cellulari su 60 milioni di abitanti.	☐	☐
6. In Italia è **proibito** (*forbidden*) usare il cellulare durante gli esami nazionali.	☐	☐

Scriviamo!

Strategie di scrittura

Brainstorming. Brainstorming is a widely used tool to stimulate creative thinking. The primary "rule" for brainstorming is that all ideas are welcome; this is not the time for negative judgments! For this activity, use a separate sheet of paper and begin your brainstorming session by listing activities that might appeal to each of three personality types: **un secchione / una secchiona, uno sportivo / una sportiva, un fannullone / una fannullona** (*couch potato*). To get started, think of people you know (actors, politicians, musicians, TV characters, or your friends). Use vocabulary from the **Capitolo 3** vocabulary list in the textbook as a point of departure. Next, for each personality type, draw a horizontal line to create a timeline with **mattina** to the far left, **pomeriggio** in the middle, and **sera** to the far right. Distribute each person's activities as evenly as possible across each timeline. Finally, select your favorite among these personality types and use this information in the following activity. Be prepared to hand in your brainstorming activity.

Genere: Narrating a daily schedule

Tema: On a separate sheet of paper, describe the typical weekday and weekend of your favorite person from your brainstorming session, who belongs to one of the personality types listed above. Organize relevant supporting details into two paragraphs, as follows:

1. Introduce your favorite person by giving his/her first name and his/her personality type. Then describe his/her personality and general lifestyle: **Il mio amico (La mia amica) si chiama… . Studia giorno e notte: è un secchione (una secchiona).**

2. Now describe one or two activities your person typically does on a weekday morning, afternoon, and evening, in that order. Then add several weekend activities that he/she enjoys. Elaborate on your description by including specific times of day (e.g., **Alle nove di mattina…**) and weather expressions (**Quando fa caldo…**). End your paragraph by mentioning one to two activities that this person does *not* enjoy.

When you have finished your description, check your work by using the **Facciamo la verifica!** checklist.

Facciamo la verifica!

I have used:

❑ the **Strategia di scrittura** for this activity;

❑ relevant vocabulary and expressions from **Capitoli 1, 2,** and **3** of the textbook.

I have proofread my writing and checked:

❑ for spelling errors, including apostrophes and accent marks;

❑ that I have used time and weather expressions correctly;

❑ that the endings for regular **-are, -ere,** and **-ire** verbs are correct;

❑ that the forms for irregular verbs are correct;

❑ that I used **gli piace** or **le piace** correctly;

❑ that all adjectives agree in gender and number with the nouns that they modify;

❑ that I have described my favorite person in such a way that the reader will be able to easily figure out why I characterized him/her as this personality type.

Capitolo

4

Che bella famiglia!

Strategie di comunicazione

A. Ripasso. You have been invited to a party by one of your Italian friends. In order to meet people, you need to ask questions. Complete each mini-dialogue with the appropriate question from the list below.

| Come stai? | Come ti chiami? | Che cosa fai? | Di dove sei? | Quanti anni hai? |

1. —Ciao, _____

   —Non c'è male, grazie.

2. —_____

   —Gianpiero.

3. —_____

   —Di Rimini, vicino a Bologna.

4. —_____

   —Ventuno.

5. —_____

   —Studio l'italiano.

B. Che bello! Comment on situations and things you like and don't like. Match each item from Column A with one of the expressions with **che** in Column B. **Attenzione!** Adjectives must agree with the noun.

A	B
1. _____ un documentario lungo e noioso	a. Che divertenti!
2. _____ la casa è molto sporca (*dirty*)	b. Che buoni!
3. _____ i gelati del Bar Vivoli a Firenze	c. Che mattone!
4. _____ i film di Roberto Benigni	d. Che città meravigliosa!
5. _____ Roma	e. Che schifo!

C. Domande. You will hear a series of four statements. Each one will be read twice. The second time, write the letter of the statement that best matches each question.

1. _____ Che fai?   3. _____ Chi è?

2. _____ Che tempo fa?   4. _____ Cos'è?

Pronuncia

La lettera c   Pronunciation of the letter c

> ### La lettera c.
> - Before **a, o,** and **u** the consonant **c** has a hard sound, as in *cup.*
> - Before **e** or **i** the consonant **c** has a soft sound, as in *cheap.*
> - The combination **ch** only appears before **e** or **i** and has a hard sound.
>
>   Listen and repeat the following words. Note the difference between the hard and soft sounds.
>
> | Hard c: | casa | cantare | conto | culla | Cuba |
> |---|---|---|---|---|---|
> | Soft c: | ci | c'è | docente | cibo | Cina |
> | Hard c: | che | chi | Chianti | maschi | chiodo |

Dettato.

Parte prima. You will hear each of the following words twice. Complete each word with **c** or **ch.**

1. Mar____ella   5. Mar____e

2. gio____i   6. ____ena

3. bar____a   7. for____etta

4. re____uperare   8. arriveder____i

Parte seconda. Now write the words you hear. You will hear each word twice.

1. _____   4. _____   7. _____

2. _____   5. _____   8. _____

3. _____   6. _____   9. _____

▶ *Check your answers to this activity in the Answer Key at the back of the workbook.*

Lessico

Che bella famiglia! Talking about your family

A. I parenti. Match the family members in Column A with the corresponding definition in Column B.

A	B
1. ___ il cugino	a. la sorella della madre o del padre
2. ___ la zia	b. è sposata (*married*) con il marito
3. ___ la moglie	c. la madre della madre o del padre
4. ___ il nonno	d. il marito della nonna
5. ___ lo zio	e. il figlio di una sorella o di un fratello
6. ___ i nonni	f. il fratello del padre o della madre
7. ___ la nonna	g. il figlio di uno zio
8. ___ il nipote	h. i genitori del padre o della madre

B. La famiglia di Dina. Look at the picture of Dina and her family and decide whether the statements that she makes are **vero** or **falso.**

(*continued*)

	vero	falso
1. Ho quattro figli.	☐	☐
2. Non ho un marito.	☐	☐
3. Non ho figlie.	☐	☐
4. I miei genitori non sono nella fotografia.	☐	☐
5. Non abbiamo animali in casa.	☐	☐
6. Ci sono solo due fratelli nella foto.	☐	☐
7. La mia famiglia è formata da cinque persone.	☐	☐

C. La famiglia di Sandra. Complete the description of Sandra's family with the following words. Each word is used once.

(cugino)　(famiglia)　(figlia)　(figlio)　(genitori)　(marito)　(nipote)　(nipoti)

Ciao! Sono Sandra Martini. Sono insegnante d'italiano all'Università di Bologna. Mi piace insegnare l'italiano: è una bellissima lingua. Lavoro molto, ma mi piace anche passare (*pass*) molto tempo con la mia _____[1].

Siamo in quattro: io, mio _____[2] Antonio, mio _____[3] Giuliano e mia _____[4] Patrizia. Io e Antonio siamo sposati (*married*) da quattro anni. Anche lui è insegnante come me, insegna inglese nella mia stessa (*same*) università.

Giuliano ha due anni ed è molto simpatico. Patrizia è più grande, ha tre anni. A loro piace giocare con il _____[5] Massimiliano, il figlio di mia sorella Valentina.

Mio _____[6] Massimiliano viene spesso (*often*) a casa nostra e qualche volta (*sometimes*) dorme da noi, soprattutto (*most of all*) durante il weekend.

I miei _____[7] sono anziani, ma vengono spesso a trovarci (*visit us*) perché gli piace stare con i loro _____[8]: giocano con loro e fanno insieme lunghe passeggiate nel parco.

🎧 **D. L'albero genealogico (*family tree*) di Martina.**

Parte prima. Listen to Martina describe her family and fill in the missing names in the family tree. You will hear the passage twice.

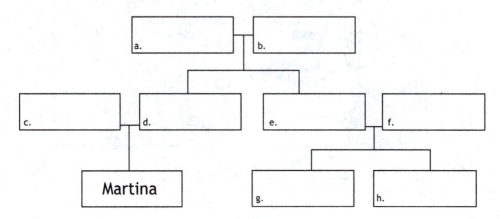

Parte seconda. Listen to Martina's description of her family again and choose the correct answer.

1. Martina ha ____.   a. 12 anni   b. 14 anni   c. 13 anni

2. I suoi nonni abitano a ____.   a. Palermo   b. Termoli   c. Salerno

3. Martina vede i nonni ____.   a. ogni estate   b. ogni mese   c. questo mese

4. Sua zia Giulia ha ____.   a. tre figlie   b. due figlie   c. due figli

5. Le sue cugine sono più ____ di lei.   a. grandi   b. alte   c. piccole

6. La madre di Martina insegna ____.   a. ingegneria   b. storia   c. italiano

7. I suoi genitori ____ molto.   a. studiano   b. lavano   c. lavorano

E. La casa di Bianca.

Parte prima. Listen to Bianca describe the members of her family. Write the names of the four people in the house.

1. _____   2. _____

3. _____

4. _____

Mara   Caterina   Marco   Roberto   Luisa   Fabio   Adriano

Bianca

Parte seconda. Listen to Bianca's description of her family again and fill in the missing information in the chart.

	Che cosa fa?	Quanti anni ha?
Mara		
Caterina		
Luisa		
Roberto		
Fabio		

F. Un incontro fra amici d'infanzia. Pino and Veronica are childhood friends but they have not seen each other for a long time. Listen to their conversation and then choose the correct response to each question. You will hear their conversation twice. **Attenzione!** Improve your comprehension by reading the questions before listening to the conversation.

1. Dove abita Pino adesso?
   a. a Firenze
   b. a Napoli
   c. a Pisa

2. Chi è Gianni?
   a. un cugino di Pino
   b. il fratello di Pino
   c. il fratello di Veronica

3. Dove lavora Laura?
   a. in un negozio
   b. in un ufficio
   c. all'università

4. Secondo (*According to*) Veronica, perché Gianni non ha una ragazza?
   a. non vuole (*doesn't want*) una ragazza
   b. studia molto
   c. lavora molto

5. Adesso dove abita Gianni?
   a. con Veronica
   b. da solo (*alone*)
   c. con gli amici

6. Quanti anni ha Gianni?
   a. 24
   b. 35
   c. 28

G. Tocca a te! Complete only the statements that pertain to your family.

1. Mia madre si chiama _____.

2. La mia mamma ha _____ anni.

3. Mia madre fa _____.

4. Mio padre si chiama _____.

5. Il mio papà ha _____ anni.

6. Mio nonno si chiama _____.

7. Mia nonna si chiama _____.

8. Mio fratello si chiama _____.

9. I miei fratelli si chiamano _____.

10. Mia sorella si chiama _____.

11. Le mie sorelle si chiamano _____.

12. Il mio cane si chiama _____.

13. Il mio gatto si chiama _____.

Strutture

4.1 Com'è tua madre?   Possessives with family members

A. Come si scrive? Complete each phrase with the appropriate definite article, if necessary.

1. _____ mia figlia
2. _____ nostra famiglia
3. _____ vostri parenti
4. _____ tuo cugino
5. _____ loro amiche

6. _____ tua macchina
7. _____ suo nonno
8. _____ miei occhiali
9. _____ loro zie
10. _____ mia madre

B. La famiglia di Alessandra.

Parte prima. Alessandra is describing her family. Complete her description with the correct form of the possessive adjective (**mio, mia, miei, mie**) and the definite article, when necessary.

_____[1] famiglia è molto numerosa (*big*). _____[2] genitori si chiamano Giuliano e Giuseppina. Ho un fratello e due sorelle. _____[3] padre è architetto e ha 52 anni; _____[4] mamma è casalinga e ha 50 anni. _____[5] fratello si chiama Gianluca, ha 17 anni e studia al liceo (*high school*). _____[6] sorelle si chiamano Simona e Fabiana, hanno tutte e due 8 anni perché sono gemelle. Io ho 21 anni e studio medicina all'università. _____[7] nonni abitano con noi, ma loro non lavorano perché sono in pensione (*retired*). _____[8] cane si chiama Max ed è molto pigro, ma bravo.

Zio Franco e zia Gianna abitano vicino a (*nearby*) noi e hanno una figlia che si chiama Isabella.

La domenica mangiamo sempre a casa loro perché zia Gianna cucina molto bene!

▶ *Check your answers to the **Parte prima** in the Answer Key at the back of the workbook before doing the **Parte seconda.***

Parte seconda. Now reread the passage from the **Parte prima** and decide whether the statements about Alessandra are **vero** or **falso**.

		vero	falso
1.	La madre di Alessandra ha 52 anni.	☐	☐
2.	Alessandra ha due sorelle e un fratello.	☐	☐
3.	Le sue sorelle studiano al liceo.	☐	☐
4.	Suo nonno lavora, ma sua nonna è in pensione.	☐	☐
5.	Il cane di Alessandra si chiama Max.	☐	☐
6.	Alessandra ha una cugina.	☐	☐

C. Le cose che faccio... Complete the statements with a possessive adjective and a definite article, if necessary, then decide if the statements are **vero** or **falso** according to your personal habits.

		vero	falso
ESEMPIO: Mangio spesso con _la mia_ famiglia.		☑	☐
1. Studio sempre con _____ amici.		☐	☐
2. Parlo spesso al telefono con _____ genitori.		☐	☐
3. Vado spesso a casa di _____ nonna.		☐	☐
4. Conosco bene _____ cugini.		☐	☐
5. Parlo molto con _____ fratello.		☐	☐
6. Prendo spesso il caffè con _____ professoressa d'italiano.		☐	☐

D. Quale possessivo? Complete each of the following statements with the appropriate possessive adjective and a definite article, if necessary.

1. Gianna ha due zie a Milano. _____ zie sono modelle (*models*); sono molto belle.

2. Ho una macchina piccola. _____ macchina è rossa e blu e corre veloce.

3. Tu e Giulia avete un cugino italiano. _____ cugino abita a Napoli.

4. Io e Marcella abbiamo due figli gemelli. _____ figli hanno quattro anni.

5. Marco ha un gatto a casa sua. _____ gatto è grasso e vecchio.

6. Tu sei sposato e hai un figlio. _____ moglie è professoressa all'università.

7. Io non conosco bene i miei parenti italiani. _____ nonno vive a Torino e ha settantacinque anni.

8. Fabrizio e Giada parlano italiano, francese e inglese. _____ amici parlano solo (*only*) italiano.

E. Com'è la sua famiglia? You will hear a series of statements about Gianni's family. Listen to each one, then choose the possessive adjective that best completes the statement. You will hear each statement twice. Repeat the response.

ESEMPIO: *You hear:* Gianni ha una sorella.
You see: _____ sorella è alta e bionda.
a. Mia b. Sua c. La loro

You choose: b. Sua
You say: Sua sorella è alta e bionda.

1. _____ fratello è pigro e tranquillo.
   a. Tuo b. Vostro c. Mio

2. _____ nonni sono anziani e allegri.
   a. I nostri b. I loro c. I miei

3. _____ cugino è magro e ha la carnagione chiara.
   a. Nostro b. Tuo c. Suo

4. _____ sorella è stressata e nervosa.
   a. La loro   b. Sua   c. Nostra

5. _____ zii sono impegnati e stressati.
   a. I vostri   b. I tuoi   c. I suoi

6. _____ genitori sono giovani e innamorati.
   a. I suoi   b. I vostri   c. I loro

F. La tua famiglia. You will hear a series of questions. Answer them according to how each person would be related to you. Use a possessive adjective in your answer. You will hear each question twice. After a brief pause, you will hear the correct answer.

> ESEMPIO: *You hear:* Chi è la sorella di tua madre?
> *You say:* È mia zia.
> *You hear:* È mia zia.

1. ...   2. ...   3. ...   4. ...   5. ...   6. ...   7. ...

4.2 Quanti anni hai?   The interrogatives **quanto** (*how much*) and **quale** (*which*)

A. Qual è?

Parte prima. Choose the response in Column B that best corresponds to each question word in Column A.

	A		B
1.	_____ Quando... ?	a.	Prendo un caffè.
2.	_____ Con chi... ?	b.	€ 350.
3.	_____ Perché... ?	c.	Esco con Mario e Matteo.
4.	_____ Dove... ?	d.	Partiamo alle 7.35 domani mattina.
5.	_____ Che cosa... ?	e.	Preferisco i film di Fellini.
6.	_____ Quali... ?	f.	Andiamo al cinema.
7.	_____ Quanto... ?	g.	Studio l'italiano perché mi piace l'Italia.

▶ *Check your answers to the Parte prima in the Answer Key at the back of the workbook before doing the Parte seconda.*

Parte seconda. Now write the correct question for each answer in the **Parte prima.** The first one has been done for you.

1. *Quando partite? (d. Partiamo alle 7.35 domani mattina.)* _____

2. _____

3. _____

4. _____

5. _____

6. _____

7. _____

B. Qual è la parola giusta? Choose the interrogative expression that best completes each of the following questions.

1. Dove / Quanto andiamo a mangiare, al ristorante o in pizzeria?
2. Perché / Che cosa facciamo stasera?
3. Quando / Quale escono Luca e Andrea?
4. Con chi / Quanto vai in montagna in agosto?
5. Quanta / Quanti pasta mangi, un piatto o due piatti?
6. Quali / Quale libro è più difficile, il libro d'italiano o il libro di chimica?
7. Quante / Quanto costa un appartamento a Milano?
8. Qual è / Quale il tuo animale preferito?

C. Qual è la risposta giusta? You will hear a series of questions. For each question, choose the best answer from the following list.

a. Psicologia, matematica e italiano.   d. Sette.

b. Dodici.   e. Il rosso.

c. € 20.000.   f. I ravioli.

1. _____ 2. _____ 3. _____ 4. _____ 5. _____ 6. _____

D. Le domande. Complete each of the following questions with the appropriate form of **quanto** or **quale**, then answer the question.

1. _____ materia preferisci, la storia o la matematica?

   _____

2. _____ costa un viaggio (*trip*) in Italia?

   _____

3. _____ sorelle ha tua madre?

   _____

4. _____ programma preferisci alla TV?

   _____

5. _____ studenti ci sono nella (*in*) tua classe d'italiano?

   _____

6. _____ giornale (*newspaper*) leggi, USA Today o The New York Times?

   _____

7. _____ libri hai nello zaino? È pesante (*heavy*)!

   _____

8. _____ è il tuo film preferito?

   _____

E. Un nuovo semestre.

Parte prima. Listen to Gabriella and Elena as they talk about their new semester at the university. Complete their conversation with the appropriate interrogative expressions. You will hear their conversation twice.

GABRIELLA: Allora Elena, _____[1] corsi segui questo semestre?

ELENA: Seguo filosofia, storia dell'arte e letteratura inglese. E tu, _____[2] corsi segui?

GABRIELLA: Quattro e anch'io seguo storia dell'arte. _____[3] hai lezione di arte?

ELENA: Alle 10.30.

GABRIELLA: In _____[4] giorni?

ELENA: Il lunedì, il mercoledì e il giovedì.

GABRIELLA: _____[5] è il tuo professore?

ELENA: Il professor Bianchi. Anche tu hai lo stesso professore?

GABRIELLA: Sì! Che bello!

▶ *Check your answers to this activity in the Answer Key at the back of the workbook.*

Parte seconda. Based on the conversation in the **Parte prima,** choose the best answer to each of the following questions.

1. Quanti corsi segue Elena questo semestre?
   a. tre   b. quattro   c. due

2. Quale lezione hanno in comune (*in common*) le due ragazze?
   a. filosofia   b. storia dell'arte   c. letteratura inglese

3. Quanti giorni alla settimana hanno lezione insieme?
   a. due   b. cinque   c. tre

4. Quando hanno lezione insieme?
   a. di mattina   b. di pomeriggio   c. di sera

5. Com'è Gabriella alla fine (*end*) della conversazione?
   a. arrabbiata   b. contenta   c. nervosa

F. Scrivi la domanda! Formulate a question for each of the following answers.

1. _____

   —Andiamo al ristorante alle otto.

2. _____

   —Mia sorella abita a Milano.

3. _____

   —Usciamo con Teresa e Natalia.

4. _____

   —Ho cinque libri nello zaino.

(continued)

5. _____

—Vanno a studiare in biblioteca.

6. _____

—Il mio sport preferito è il calcio.

4.3 Sai sciare? More irregular verbs

A. Tanti verbi irregolari!

Parte prima. Complete the following paragraph about Nicola and Gianpiero's family by choosing the appropriate verb for each sentence.

Nicola e Gianpiero <u>sono / fanno</u>[1] fratelli e amano[a] studiare. Il loro padre è medico[b] e la loro madre è casalinga. Il loro fratellino si chiama Gabriele, <u>ha / è</u>[2] sette anni e <u>sta / sa</u>[3] giocare bene a calcio, ma non è molto bravo a scuola. Ogni venerdì i loro genitori <u>danno / escono</u>[4] perché amano andare a teatro o al cinema. Il venerdì sera Nicola e Gianpiero <u>stanno / hanno</u>[5] a casa con Gabriele e <u>hanno / fanno</u>[6] i compiti insieme. La domenica i tre ragazzi <u>vanno / hanno</u>[7] a casa della nonna e la nonna <u>dà / fa</u>[8] un po' di[c] soldi ai suoi nipoti.

[a]love [b]doctor [c]un... some

▶ *Check your answers to the **Parte prima** in the Answer Key at the back of the workbook before doing the* **Parte seconda.**

Parte seconda. Now, based on the paragraph in the **Parte prima,** decide whether the following statements are **vero** or **falso.** If a statement is false, rewrite it.

		vero	falso
1.	Gabriele ama nuotare in piscina.	☐	☐
	_____		
2.	Ogni venerdì i genitori vanno al cinema o a teatro.	☐	☐
	_____		
3.	Il venerdì sera Nicola e Gianpiero escono con gli amici.	☐	☐
	_____		
4.	La domenica i ragazzi vanno a casa della nonna.	☐	☐
	_____		
5.	La nonna dà il gelato ai ragazzi.	☐	☐
	_____		

B. Conoscere o sapere? Choose the appropriate verb for each question, then answer each question.

1. Conosci / Sai bene Roma?

   _____

2. Conosci / Sai nuotare bene?

   _____

3. Tua madre conosce / sa i tuoi amici?

   _____

4. Conosci / Sai leggere il cinese (*Chinese*)?

   _____

5. Conosci / Sai chi è il presidente degli Stati Uniti?

   _____

6. Il tuo migliore amico (*best friend*) / La tua migliore amica conosce / sa i tuoi zii?

   _____

7. I tuoi nonni conoscono / sanno i Musei Vaticani (*Vatican Museums*)?

   _____

8. Conosci / Sai a che ora parte il treno per Milano?

   _____

C. Un weekend a Parigi. Complete the following paragraph about Mara and Patrizia's weekend in Paris with the appropriate forms of **conoscere** or **sapere**.

Io e la mia amica Patrizia andiamo a Parigi questo weekend. Patrizia _____[1] bene

la città perché sua madre è francese e a Parigi ha molti parenti. Io non _____[2] nessuno

(*anyone*) a Parigi e non _____[3] parlare francese, ma Patrizia _____[4]

parlare bene il francese e tutti i suoi parenti _____[5] l'italiano. Patrizia

_____[6] molti ragazzi carini e loro _____[7] dove ci sono tutte le

discoteche più (*most*) famose della città. Fortunatamente io _____[8] ballare bene!

D. Cosa facciamo oggi? You will hear a brief phone conversation between Alberto and Cristina. After their conversation you will hear a series of statements. Decide whether each statement is **vero** or **falso.** You will hear the conversation and the questions twice.

Vocabolario utile: la gelateria (*ice cream store*)

	vero	falso		vero	falso
1.	☐	☐	4.	☐	☐
2.	☐	☐	5.	☐	☐
3.	☐	☐	6.	☐	☐

E. Cosa sai fare?

Parte prima. You will hear a series of statements about Marcella's family and friends and their activities. Match each statement you hear with the corresponding illustration. You will hear each statement twice.

a.

b.

c.

d.

e.

1. _____ 2. _____ 3. _____ 4. _____ 5. _____

Parte seconda. Now, listen again and write the sentence you hear for each illustration.

1. La nonna _____

2. (io) _____

3. Mio marito ed io _____

4. Gaia _____

5. (tu) _____

▶ *Check your answers to this activity in the Answer Key at the back of the workbook.*

4.4 L'italiano è più bello di... The comparative

A. Quale aggettivo? Complete each sentence with one of the following adjectives. **Attenzione!** Be sure to make the adjective agree with the subject! Use each adjective only once.

(facile) (forte) (grande)

(lento) (vecchio) (veloce)

1. Una villa è più _____ di un appartamento.

2. Una nonna è più _____ di una nipote.

3. Una tartaruga (*turtle*) è più _____ di un coniglio (*rabbit*).

4. Un caffè americano è meno _____ di un espresso.

5. Una macchina è più _____ di una bicicletta.

6. Un esame di calcolo (*calculus*) è meno _____ di un esame di algebra.

B. Più o meno? Compare each of the following, using **più** or **meno** and the adjective in parentheses.

ESEMPIO: una bambina di 5 anni / una donna di 35 anni (piccolo)
Una bambina di 5 anni _*è più piccola di*_ una donna di 35 anni.

1. un viaggio in Africa / un viaggio in Europa   (esotico)

   _____

2. un corso di francese / un corso di arabo (*Arabic*)   (difficile)

   _____

3. un padre / un figlio   (vecchio)

   _____

4. una festa / una lezione di matematica   (divertente)

   _____

5. un cane / un elefante   (grande)

   _____

6. un film comico / un documentario   (noioso)

   _____

7. due studentesse che non fanno i compiti / due studentesse che studiano molto   (serio)

   _____

C. Chi è più alto? Read the statements, then answer the question with a sentence comparing the two people mentioned.

> ESEMPIO: Antonella lavora dieci ore al giorno. Fausto lavora cinque ore al giorno.
> Chi è più stanco?
>
> _____Antonella è più stanca di Fausto_____.

1. Elisa guarda la TV. Sandra gioca a tennis. Chi è più pigra, Elisa o Sandra?

   _____

2. Gino ha 55 anni. Marco ha 33 anni. Chi è più giovane?

   _____

3. Patrizia non lavora e segue un corso all'università. Anna Maria ha due lavori (*jobs*) e segue tre corsi all'università. Chi è più impegnata, Patrizia o Anna Maria?

   _____

4. Michele è sempre nervoso e non dorme. Fabiana è tranquilla e dorme bene. Chi è meno stressato?

   _____

5. Alberto arriva a scuola in dieci minuti. Guido arriva a scuola in quindici minuti. Chi è più lento?

   _____

6. Valentina ha quattro figli. Silvia ha solo una figlia. Chi è più libera, Valentina o Silvia?

   _____

7. Stefano sta sempre a casa. Beatrice va in palestra tutti i giorni. Chi è meno attivo?

   _____

D. Chi è più... ? You will hear a series of statements comparing two people. Answer the question that follows each statement by choosing the appropriate name. Repeat the response.

> ESEMPIO: *You see:* Diego   Marcello
> *You hear:* Diego ascolta sempre i genitori, ma Marcello non ascolta mai i genitori. Chi è più disubbidiente (*disobedient*)?
>
> *You choose:* Marcello
> *You say:* Marcello è più disubbidiente.

1. Valeria   Stefania

2. Enrico   Mario

3. Carlo   Anna

4. Anna   Michele

5. Gessica   Valentina

6. Stefano   Antonio

E. Vediamo! Compare the person on the left in each illustration to the person on the right using the appropriate adjective.

allegro   alto ✓   anziano   nervoso   stanco   veloce

ESEMPIO:

Antonella   **Maria**

Antonella *è meno alta di* Maria.

1.

Marcello   **Pietro**

_____

2.

Vanessa   **Luigi**

_____

(continued)

3.

Gigi   Riccardo

_____

4.

Susanna   Roberto

_____

5.

Sofia   Amanda

_____

_____

Ascoltiamo! 🎧

La famiglia italiana oggi

A. Com'è la famiglia? The following statements are based on information you learned from the **Ascoltiamo!** presentation about the Italian family. Decide if each statement is **vero** or **falso**.

		vero	falso
1.	La famiglia moderna è piccola.	☐	☐
2.	Nelle famiglie italiane oggi ci sono pochi bambini.	☐	☐
3.	In genere gli immigrati hanno famiglie numerose.	☐	☐
4.	Poche donne italiane oggi lavorano fuori casa.	☐	☐

B. Una famiglia moderna o tradizionale? The following statements describe Italian families. Decide if the family being described is **moderna** (*modern*) or **tradizionale** (*traditional*).

		moderna	tradizionale
1.	Nella mia famiglia siamo in sei.	☐	☐
2.	Mia nonna abita con noi.	☐	☐
3.	Mio fratello abita lontano, a Milano.	☐	☐
4.	Io sono figlio unico.	☐	☐
5.	Mio padre è del Senegal e mia madre è di Milano.	☐	☐

🎧 **C. Qual è la differenza?** Listen to Maria's conversation with her American friend Barbara who is living in Italy. You will hear their conversation twice. The first time, just listen. The second time, complete the following sentences by writing **M** if the statement describes Maria's family or **B** if the statement describes Barbara's family.

1. _____ ha un fratello.

2. _____ non ha tanti parenti.

3. I genitori di _____ sono divorziati.

4. _____ ha molti cugini.

5. _____ è figlia unica.

Leggiamo!

Strategie di lettura

A. Recognizing cognates. In this **Leggiamo!** you will practice using all of the reading strategies you've encountered so far in order to learn about a family that played a significant role in Italy's cultural history, the Medici. Scan the first paragraph of the reading to find the **parole simili** for the following English phrases. Then, write the Italian equivalents of the italicized words.

1. *Florentine* family = famiglia _____

2. *financial* activities = attività _____

3. *merchants* = _____

4. *principal* European capitals = _____ capitali europee

B. False cognates. Here are some words that may look like **parole simili,** but in fact have a slightly different meaning. See if you can match them with their correct meanings.

1. _____ corte   a. work of art, literature (not operas)

2. _____ improvvisamente b. old, ancient (but not antique)

3. _____ antica   c. royal court (not municipal court)

4. _____ opera   d. suddenly (not improvisationally)

Lettura

Read the following passage about the Medici family and complete the activities.

La famiglia de' Medici

La famiglia de' Medici è importantissima nella storia italiana del Rinascimento. È un'antica famiglia fiorentina, di origine popolare, che poi diventa ricca[1] grazie alle sue attività finanziarie. È una famiglia di mercanti e di uomini d'affari.[2] Aprono banche in tutte le principali capitali europee.

Lorenzo, nipote di Cosimo il Vecchio con cui ha inizio la Signoria de' Medici,[3] nasce a Firenze nel 1449. A soli[4] vent'anni Lorenzo prende in mano[5] il governo della città dopo la morte del padre, Piero il Gottoso.[6]

Lorenzo (il «Magnifico») è un astuto diplomatico e uomo politico. Favorisce le arti e dà un grande impulso alla vita culturale fiorentina. Invita alla sua corte artisti e filosofi ed è anche lui autore di numerose opere in poesia e in prosa.

Lorenzo muore[7] improvvisamente nel 1492. Lascia un grande vuoto[8] nel mondo politico e artistico del Quattrocento.[9]

[1]che... *that then becomes rich* [2]uomini... *businessmen* [3]con... *with whom the de' Medici dynasty begins* [4]A... *In only* [5]prende... *takes over* [6]il... *the Gouty, a nickname* [7]*dies* [8]Lascia... *He leaves a huge void* [9]*1400s*

A. Skimming. Skim the reading to complete sentences 1 and 2 about the Medici family. Then, use what you've learned to complete sentences 3 and 4.

figlio   nipote   nonno   padre

1. Lorenzo è il _____ di Cosimo.

2. Lorenzo è il _____ di Piero.

3. Cosimo è il _____ di Lorenzo.

4. Cosimo è il _____ di Piero.

B. Scanning. Scan the reading to find the following dates, then choose the correct answer.

1. 1449 _____
   a. Lorenzo nasce.
   b. Inizia la Signoria de' Medici.

2. 1492 _____
   a. Lorenzo invita molti artisti a corte.
   b. Lorenzo muore.

C. Understanding cultural conventions. Write the following dates in Italian.

ESEMPIO: 2005 duemilacinque

1. 1449 _____

2. 1492 _____

D. Dopo la lettura. Based on the information presented in the reading, which of the following adjectives describe Lorenzo de' Medici? Choose up to five.

_____ attivo   _____ giovane   _____ lento

_____ creativo   _____ grande   _____ pigro

_____ debole   _____ intelligente   _____ ricco

◖ In Italia, Culture a confronto, Un po' di cultura e Regioni d'Italia

Using the information from the **In Italia** feature in the textbook and from the activities marked with the ◖, decide whether the following statements are **vero** or **falso**. If the statement is false, change the word in bold to make it true.

	vero	falso
1. Molte delle grandi **imprese** (*businesses*) italiane sono controllate da famiglie.	☐	☐
2. La famiglia Benetton viene dal **Piemonte.**	☐	☐
3. «Il **mammismo**» è il nome per il rapporto molto forte ed esagerato tra madre e figlio.	☐	☐
4. Il **basket** è lo sport più popolare d'Italia.	☐	☐
5. Ogni città italiana—piccola o grande—ha almeno una squadra di **calcio.**	☐	☐
6. In Italia ci sono **ventuno** regioni.	☐	☐

Scriviamo!

Strategie di scrittura

Synthesis. This is your opportunity to reuse some of the writing strategies that are already familiar to you. In this activity you will be writing a letter to the host family that you will be staying with during an upcoming year abroad. You might, for example, use semantic mapping and brainstorming to create a list of questions on different topics to ask your host family or to describe each member of your own family in more detail for your host family. By drawing on the vocabulary and structures introduced thus far, you will also solidify your existing knowledge of Italian and avoid translating overly complex concepts from your native language. Be prepared to show evidence that you used at least two of the strategies you've learned so far; e.g., brainstorming notes or the semantic map.

Genere: Letter of introduction

Tema: Choose the city in Italy that you would most like to visit. Then, on a separate sheet of paper, write a letter to your host family, introducing yourself.

1. Open with **Buon giorno!** Say why you are excited about visiting Italy or the city where your host family lives (e.g., **Sono contento/a di venire in Italia (a Genova…) a passare l'anno da voi perché… . Che bel paese! / Che bella città!**).
2. Describe yourself and your family in detail, using vocabulary from **Capitoli 1** through **4.**
3. End your letter by asking your host family questions about their pets (**animali domestici**), their leisure activities, where they go on the weekend, and the weather.
4. Close with **Non vedo l'ora di arrivare a** (name of city). **A presto!** Then sign your letter.

When you have finished your description, check your work by using the **Facciamo la verifica!** checklist.

Facciamo la verifica!

I have used:

❑ the **Strategie di scrittura** introduced in **Capitoli 1, 2,** and **3;**
❑ relevant expressions and vocabulary from **Capitoli 1–4.**

I have proofread my writing and checked:

❑ for spelling errors, including apostrophes and accent marks;
❑ that each possessive adjective agrees in gender and number with the noun it precedes (e.g., **la mia famiglia**);
❑ that I have used the definite article with possessive adjectives except with singular, unmodified members of the family (e.g., **il mio amico,** but **mio padre**);
❑ for subject verb agreement with all verbs, and the correct forms of the irregular verbs **avere, essere, fare, dare, sapere, stare, dire, uscire;**
❑ that I have used the correct interrogative expressions: **chi, cosa, dove, quando, perché, quanto, quale,** and so on;
❑ that, after reading my letter, my host family will have learned a lot about why I'm interested in Italy and about my family, but also that I'm very interested in them.

Capitolo

5

A tavola!

Strategie di comunicazione

A. Grazie, ma non posso. Marco dice sempre di no agli inviti. Completa ogni frase con l'espressione giusta. Usa ogni espressione *una sola volta*.

    a. Non posso b. Forse c. Devo d. Ho un impegno

      ESEMPIO: —Marco, ti va di andare al cinema oggi?
                —No grazie, oggi ___*non posso*___. Va bene domani?

  1. —Ciao, Marco! Ti piacerebbe mangiare un gelato più tardi?

      —_____ domani, non ho tempo oggi.

  2. —Buona sera, Marco! Ti va di fare una passeggiata adesso?

      —Adesso? _____ perché vado a mangiare.

  3. —Come stai, Marco? Ti va di ballare stasera?

      —Stasera non posso. _____ con mia nonna.

  4. —Caro Marco, ti piacerebbe prendere un caffè?

      —No, grazie. _____ fare i compiti.

B. *Ti piacerebbe o Le piacerebbe?* Scegli la persona giusta per le seguenti situazioni.

  1. Se dico: «Ti piacerebbe venire a casa mia?», parlo con _____.
      a. la signora Rossi
      b. un ragazzo, Gianni
      c. a o b

  2. Se dico: «Buon giorno, Le piacerebbe andare in montagna?», parlo con _____.
      a. un ragazzo giovane
      b. il signor Carli
      c. a o b

  3. Se dico: «Ciao, Maria! Ti piacerebbe prendere un caffè?», parlo con _____.
      a. un'amica
      b. una professoressa
      c. a o b

  4. Se dico: «Buona sera, Le piacerebbe prendere un gelato?», parlo con _____.
      a. la signora Bianchi
      b. il signor Bianchi
      c. a o b

C. Ho un'idea! Ascolta le domande e scrivi la lettera della risposta giusta. Ogni domanda sarà ripetuta (*repeated*) due volte. **Attenzione!** Leggi tutte le risposte prima di ascoltare le domande. Usa ogni risposta *una sola volta*. Ci sono sei risposte; devi usarne solo cinque.

1. _____   a. Sì, certo! Andiamo al bar qui vicino?

2. _____   b. Grazie, ma stasera devo studiare.

3. _____   c. Come no?! Mi piace andare al cinema.

4. _____   d. Beh, non mi piace molto viaggiare.

5. _____   e. Sì, grazie. Mi piacerebbe molto. Ho solo un cane.

　　　　　　 f. Sì, grazie. Non mi piace cucinare.

Pronuncia

La lettera *g*   Pronunciation of the letter *g*

La lettera *g*.

- Before the vowels **a**, **o**, and **u** the consonant **g** has a hard sound, as in the word *game*.

- Before the vowels **e** or **i** the consonant **g** has a soft sound, like the first sound in the word *jelly*.

- The combination **gh** appears only before **e** or **i** and has a hard sound.

    Listen and repeat the following words. Note the difference between the hard and soft sounds.

hard **g**:	**pagare**	**prego**	**ragù**
soft **g**:	**gelato**	**vegetariano**	**cugini**
hard **gh**:	**spaghetti**	**sughi**	**paghi**

Dettato.

Parte prima. Completa le parole che senti con **g** o **gh**. Ogni parola sarà ripetuta due volte.

1. fa____iolini   5. ____iotto   9. ori____ine

2. man____iare   6. reg____iano   10. dipin____ere

3. parmi____iano   7. su____o

4. ve____etale   8. pa____iamo

Parte seconda. Adesso scrivi le parole che senti. Ogni parola sarà ripetuta due volte.

1. _____   5. _____   9. _____

2. _____   6. _____   10. _____

3. _____   7. _____

4. _____   8. _____

▶ *Check your answers to this activity in the Answer Key at the back of the workbook.*

Lessico

Tutti a tavola! Restaurant terms and items on an Italian menu

A. Mangiamo! Abbina i cibi dell'insieme A con le categorie dell'insieme B.

	A		B
1.	____ il gelato	a.	antipasti
2.	____ l'insalata	b.	primi piatti
3.	____ il prosciutto	c.	secondi piatti
4.	____ gli spaghetti	d.	contorni
5.	____ la mozzarella	e.	formaggi
6.	____ il parmigiano	f.	dolci
7.	____ il tiramisù	g.	bevande
8.	____ il vitello		
9.	____ i tortellini		
10.	____ la birra		
11.	____ il pesce		
12.	____ il salame		

B. Una cena da Il Gondoliere.

Parte prima. Ecco il dialogo fra il signor Norberti, un cliente che va spesso al ristorante Il Gondoliere, e il cameriere Dino. Le frasi non sono nell'ordine corretto. Numera le frasi da 1 a 7, secondo l'ordine giusto. Il numero 1 è già stato inserito.

a. ____ CAMERIERE: Cosa prende da bere stasera?

b. ____ CAMERIERE: E per primo? Oggi abbiamo delle linguine alle vongole eccezionali.

c. ____ CAMERIERE: Benissimo, grazie.

d. ____ SIGNOR NORBERTI: Mah… no… preferisco gli spaghetti al sugo di pomodoro. Sono sempre buonissimi qui.

e. ____ CAMERIERE: Prende anche il secondo?

f. ____ SIGNOR NORBERTI: Sì, il vostro famoso pollo alla griglia «alla Gondoliera».

g. _1_ CAMERIERE: Buona sera, signor Norberti!

h. ____ SIGNOR NORBERTI: Buona sera!

i. ____ SIGNOR NORBERTI: Acqua gassata (frizzante). Una bottiglia grande, per favore.

Parte seconda. Adesso ascolta il dialogo e controlla se le tue risposte sono giuste.

C. Una cena per gli amici. Gianni invita tre amici a cena a casa sua. Ma cosa deve preparare? Telefona a tutti e tre per chiedere cosa preferiscono. Ascolta i dialoghi e decidi quale piatto Gianni deve preparare per ogni persona. I dialoghi saranno ripetuti due volte.

Dialogo 1

FRANCO: a. i tortellini in brodo
             b. la mozzarella di bufala
             c. le patate fritte

Dialogo 2

ELEONORA: a. il pesce spada alla brace
             b. le lasagne
             c. prosciutto e salame

Dialogo 3

VIRGINIA: a. la bistecca alla fiorentina
             b. i funghi e le zucchine
             c. affettati misti

D. Il coperto. Scrivi i nomi degli oggetti che vedi nel disegno.

1. _____   4. _____

2. _____   5. _____

3. _____   6. _____

E. Che tipo di cibo è? Decidi se le seguenti frasi sono **vere** o **false.** Se la frase è falsa, cambia una parola per renderla vera.

	vero	falso
1. Il paté di fegato è un dolce.	☐	☐
_____		
2. Gli gnocchi sono un antipasto.	☐	☐
_____		
3. Il pollo è un secondo piatto.	☐	☐
_____		
4. Il sugo di pomodoro è un sugo rosso.	☐	☐
_____		
5. Il conto arriva dopo il pranzo.	☐	☐
_____		
6. Al ristorante paghiamo il menu.	☐	☐
_____		
7. La bistecca è un primo.	☐	☐
_____		
8. I peperoni sono un tipo di salame.	☐	☐
_____		

F. Di che è l'ordinazione?

Parte prima. Quattro clienti ordinano il cibo e le bevande in un ristorante. Scrivi chi ha fatto (*made*) ogni ordinazione. Le ordinazioni saranno ripetute due volte.

a.   b.

c.   d.

1. _____ 2. _____ 3. _____ 4. _____

Parte seconda. Adesso tocca a te! Immagina di essere in un ristorante e ordina al cameriere i cibi che vedi nei due disegni.

Ordinazione n. 1

_____

_____

Ordinazione n. 2

_____

_____

G. Che mangi? Completa le frasi con la parola giusta. Dopo leggi, dall'alto in basso, le lettere scritte nelle caselle (*boxes*) per avere la risposta alla domanda finale.

1. Non mi piace il pesce, preferisco la... □ ___ ___ ___ ___

2. Amo gli spaghetti al sugo di... ___ □ ___ ___ ___ ___ ___ ___

3. A tavola bevo sempre l'acqua... □ ___ ___ ___ ___ ___ ___

4. Il mio piatto preferito è il pollo... ___ ___ ___ ___ ___ □ ___

5. Alla fine del pranzo a volte si mangia il... ___ □ ___ ___ ___

6. La pizza margherita ha il pomodoro e la... ___ ___ ___ ___ □ ___ ___ ___

7. Sulla pizza mi piacciono molto i... ___ ___ □ ___ ___ ___

8. Dopo il primo si ordina il... ___ ___ ___ □ ___ ___

9. Cosa si mangia insieme al secondo? Il ___ ___ ___ ___ ___ ___ ___

H. Tocca a te! E tu, che cosa ordineresti (*would you order*)? Guarda il menu del ristorante La Torre e scrivi quello che ordineresti tu. Scegli un antipasto, un primo, un secondo con contorno, un dolce e una bevanda.

Vorrei _____

_____

_____

_____

_____

La Torre
Via delle due Torri, 46
Bologna

Antipasto
paté di fegato 4,50
liver pâté
prosciutto e melone 6,00
cured ham and melon
salmone affumicato. 10,30
smoked salmon
affettati misti 8,50
assortment of sliced meats and sausages

Primi Piatti
tortellini in brodo 7,00
tortellini in broth
gnocchi al sugo di pomodoro . 6,50
dumplings with tomato sauce
risotto alla marinara 8,50
creamy rice with seafood
spaghetti alla bolognese 6,30
spaghetti with meat sauce

Secondi Piatti
braciola di vitello 9,30
veal cutlet
pollo arrosto con funghi 8,00
roast chicken with mushrooms
pescespada alla brace 13,00
charcoal-grilled swordfish
bistecca fiorentina 15,00
Florentine steak

Contorni
peperoni alla griglia 3,50
grilled peppers
zucchine e fagiolini 5,20
zucchini and green beans

patate fritte 3,70
french fries
insalata mista 3,00
mixed salad

Formaggi
mozzarella di bufala 6,50
fresh buffalo milk mozzarella
gorgonzola 5,00
Gorgonzola cheese
parmigiano 5,50
Parmesan cheese
formaggi misti 8,50
mixed cheeses

Dolci
frutta fresca di stagione 4,50
seasonal fresh fruit
gelato alla crema 3,50
cream ice cream
torta al cioccolato 5,00
chocolate cake

Bevande
vino della casa house wine
  mezzo litro (1/2 liter) 4,00
  litro 6,00
Pinot/Chardonnay 20,00
Merlot/Lambrusco 18,00
acqua minerale (naturale/frizzante)
  mineral water (still/sparkling)
  mezzo litro (1/2 liter) 2,00
  litro 3,00
birra beer
  piccola 2,00
  media 3,00

coperto (cover charge): 2,50

Strutture

5.1 Il più buono!   The superlative

A. I fatti del mangiare. Scegli il soggetto giusto per completare le frasi.

1. Gli spaghetti / Gli gnocchi sono il piatto italiano più famoso del mondo (*world*).

2. I fagiolini / Le patate fritte sono il contorno più sano (*healthy*).

3. Il cappuccino / L'acqua minerale è la bibita più fresca quando fa caldo.

4. Il tiramisù / La ciambella è il dolce italiano più conosciuto (*well known*) in America.

5. La mozzarella / Il gorgonzola è il formaggio più magro (*low fat*).

6. La verdura / La carne è il cibo più importante per un vegetariano.

7. Le patate fritte / I peperoni alla griglia sono il contorno più grasso (*fatty/greasy*).

B. È il migliore o il peggiore? Completa le frasi con la forma giusta di **migliore** o **peggiore**.

1. Non andiamo in quella pizzeria. Fanno le pizze peggior_____ di tutta la città.

2. Quando siamo a Venezia mangiamo nei ristoranti miglior_____.

3. Oh no! Stasera cucina mio padre! È il cuoco peggior_____ di tutti.

4. Per i miei gusti, il Chianti è il vino miglior_____.

5. Se vuoi fare colazione, io so dove fanno le paste miglior_____.

6. Prendiamo un caffè qui. Questo bar ha il servizio miglior_____.

7. Poveri noi! Stasera abbiamo la cameriera peggior_____!

C. Chi è la persona più... ? Guarda l'immagine di un gruppo di amiche. Ascolta e scegli la persona che corrisponde ad ogni descrizione. Ogni descrizione sarà ripetuta due volte.

Carla   Arianna   Paola   Sandra

4.   _____

5.   _____

C. La preposizione giusta. Scegli la preposizione semplice o la preposizione articolata per completare ogni frase.

1. Metto il cellulare <u>allo / nello</u> zaino <u>di / del</u> Giacomo.

2. Devo uscire di casa <u>a / alle</u> 8.00 per andare <u>a / alla</u> scuola.

3. Ci sono una birra e un panino <u>con / per</u> il prosciutto <u>nel / sul</u> tavolo.

4. Nel pomeriggio Mario va sempre <u>a / dalla</u> casa di Stefania.

5. Questa macchina non è mia, è la macchina <u>alla / della</u> mamma.

6. Chi è quella signora <u>con / per</u> tua madre?

7. A che ora arrivate <u>a / in</u> New York? <u>A / Alle</u> mezzanotte o <u>al / all'</u> una?

8. Perché oggi non vai <u>a / in</u> piscina <u>con / a</u> gli amici?

9. L'ultimo (*The latest*) libro di Antonio Tabucchi è molto bello. È un libro <u>di / da</u> leggere!

D. Ancora le preposizioni. Completa il testo con le preposizioni semplici o articolate appropriate.

Io e Stefania andiamo sempre _____[1] biblioteca il sabato pomeriggio _____[2] due fino _____[3]

cinque. Il sabato sera andiamo spesso _____[4] cinema _____[5] i nostri amici. Dopo il film prendiamo

qualcosa da bere o da mangiare _____[6] bar più vicino. Qualche volta[a] andiamo _____[7] discoteca

e torniamo _____[8] casa tardi! La domenica facciamo una passeggiata o giochiamo _____[9] tennis

insieme, ma andiamo _____[10] letto presto perché il lunedì mattina, _____[11] 8.30, abbiamo lezione

_____[12] biologia e abbiamo molte cose _____[13] fare.

[a]Qualche... *Sometimes*

E. Tante domande!

Parte prima. Scrivi le domande che senti. Ogni domanda sarà ripetuta due volte.

    ESEMPIO: *Senti e scrivi:* A che ora arrivi all'università?

1. _____
2. _____
3. _____
4. _____
5. _____
6. _____

▶ *Check your answers to the* **Parte prima** *in the Answer Key at the back of the workbook before doing the* **Parte seconda.**

Parte seconda. Ora ascolta le domande di nuovo e rispondi con frasi complete.

    ESEMPIO: *Senti:* A che ora arrivi all'università?
                Dici: Arrivo all'università alle 9.00.

1. ...   2. ...   3. ...   4. ...   5. ...   6. ...

5.4 Compro del pane   The partitive

A. Vuoi il latte? Completa le frasi con la forma giusta del partitivo. **Attenzione!** Puoi usare alcune forme più di una volta.

(del)   (dello)   (dell')   (della)   (dei)   (degli)   (delle)

1. Voglio mangiare _____ pasta a pranzo.

2. Oggi devo comprare _____ zucchero al supermercato.

3. A cena bevo _____ vino rosso.

4. La nonna prepara _____ belle bistecche stasera.

5. Mangio _____ insalata con la carne.

6. La mamma mette sempre _____ spinaci nel mio piatto.

7. Domani, al mercato, prendo _____ fagiolini freschi.

8. Metto _____ mozzarella nell'insalata.

9. I nonni vogliono _____ funghi a pranzo.

10. C'è _____ sugo da mettere sulla carne.

B. La lista della spesa di Marco.

 Parte prima. Ascolta la conversazione fra Marco e Marianna e segna le cose che Marco ha comprato (*bought*). La conversazione sarà ripetuta due volte.

La spesa
gelato
carne
frutta
pane
mozzarella
prosciutto
bottiglie d'acqua minerale
salmone
dolci

Parte seconda. Adesso scrivi le cose che Marco ha comprato con la forma giusta del partitivo.

_____

_____

▶ *Check your answers to this activity in the Answer Key at the back of the workbook.*

 C. Un po' di... Ripeti le parole che senti, sostituendo **un po' di** con il partitivo. Ripeti la risposta.

    ESEMPIO: *Senti:* Mangio ___*un po' di*___ pane.
               Dici: Mangio ___*del*___ pane.

1. ...   2. ...   3. ...   4. ...   5. ...   6. ...

D. Cosa compra la nonna? Guarda l'immagine e scrivi quello che può comprare la nonna al mercato stamattina. Usa il partitivo.

La nonna può comprare...

1. _____   5. _____

2. _____   6. _____

3. _____   7. _____

4. _____

E. Tocca a te! Una bella cena. Stasera devi preparare una cena per un gruppo di amici. Che cosa vuoi preparare? Che cosa devi comprare al supermercato per preparare questa cena? Usa il partitivo quando puoi.

Voglio preparare...

_____

_____

Devo comprare...

_____

_____

Ascoltiamo! 🎧

Il galateo a tavola

A. Cosa dicono? Abbina ogni frase alla persona che la dice.

- a. Salute!
- b. Grazie, altrettanto!
- c. Che bei fiori!
- d. Buon appetito!

🎧 **B. Beneducato o maleducato?** Ascolta le frasi. Decidi se l'azione descritta nella frase è **beneducata** o **maleducata** secondo le regole del galateo italiano. Le frasi saranno ripetute due volte.

ESEMPIO: *Senti:*   «Tengo il tovagliolo intorno il collo.»
           Scegli: **beneducato**   **maleducato**
                          ☐   ☑

	beneducato	maleducato
1.	☐	☐
2.	☐	☐
3.	☐	☐
4.	☐	☐

C. Quale cultura? Ascolta le frasi e decidi se l'azione è tipica di una persona beneducata in Italia, in America o in tutti e due i posti. Le frasi saranno ripetute due volte.

ESEMPIO: *Senti:* Dire **Buon appetito!** prima di mangiare.
Scegli: **in Italia** **in America** **in tutti e due i posti**
☑ ☐ ☐

	in Italia	in America	in tutti e due i posti
1.	☐	☐	☐
2.	☐	☐	☐
3.	☐	☐	☐
4.	☐	☐	☐
5.	☐	☐	☐

Leggiamo!

Strategie di lettura

Relating graphics and text. The illustrations, photos, and graphics that accompany a text can be helpful keys to understanding the text's message. As you read the publicity for Banacher on the next page, notice how the graphics, the words in the margins, and the photo all convey important information about the locale.

Banacher is connected to a restaurant, Mantèca. Look at how the names Banacher and Mantèca appear in the advertisement for the **discoteca** Banacher. How do you think the two names would appear in the *restaurant's* ad?
Choose the correct answer.

1. Banacher/Mantèca would be written the way the two names appear in the reading.
2. Banacher/Mantèca would be written next to each other as two individual names.
3. Banacher/Mantèca would be written the same way they appear in the reading, but flipped with *Mantèca* on top and *Banacher* on the bottom.

Lettura

Leggi il testo (la pubblicità), poi fai le attività di comprensione.

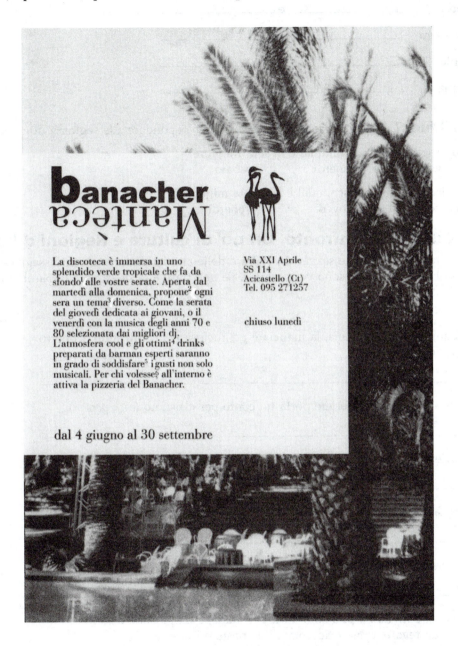

[1]che... *that serves as a backdrop* [2]*proposes* [3]*theme* [4]*excellent* [5]saranno... *will be able to satisfy* [6]per... *for whoever would like*

A. Vero o falso? Decidi se le seguenti frasi sono **vere** o **false**.

	vero	falso
1. Banacher è solo una discoteca.	☐	☐
2. Banacher è aperta solo d'estate.	☐	☐
3. Da Banacher la musica cambia ogni sera.	☐	☐
4. Banacher è aperta tutte le sere.	☐	☐

B. Non solo musica. A Banacher non c'è solo musica. Trova l'aggettivo (gli aggettivi) che descrive (descrivono) questi elementi.

1. il verde _____ e _____

2. l'atmosfera _____

3. i drinks _____

4. i barman _____

C. Ti piace il funk? Usa le informazioni nel testo per rispondere alle seguenti domande.

1. Per un ragazzo di 18 anni, qual è la sera migliore?
   a. giovedì   b. venerdì   c. sabato

2. Se ti piace la musica disco, qual è la serata migliore?
   a. lunedì   b. giovedì   c. venerdì

❶ In Italia, Culture a confronto, Un po' di cultura e Regioni d'Italia

Utilizzando le informazioni delle sezioni **In Italia** e delle attività di cultura contrassegnate da ❶ nel libro, decidi se le frasi seguenti sono **vere** o **false**. Se una frase è falsa, cambia la parola in neretto per renderla vera.

		vero	falso
1.	In alcuni ristoranti in Italia, la **mancia** è già inclusa nel conto sotto «coperto e servizio».	☐	☐
2.	Di solito in Italia il cameriere porta un conto per **ciascuno** (*each person*).	☐	☐
3.	La pizzeria è un locale molto **formale**.	☐	☐
4.	La specialità di Modena è l'aceto **balsamico.**	☐	☐
5.	L'università di **Cambridge** è la più antica università d'Europa.	☐	☐
6.	Quando si è invitati a pranzo o a cena in Italia, è da persone beneducate portare un **regalo,** come i cioccolatini, le paste o i fiori.	☐	☐

Scriviamo!

Strategie di scrittura

Using visual prompts. Visual prompts are readily available and can greatly enhance your descriptive writing skills while inspiring your creativity. Choose an Italian food website to write about. You may want to use one of the following terms to search: **ricette, cucina.**

First, study the images and then answer the following questions on a separate sheet of paper.

1. How would you describe the cuisine (**raffinata** [*refined*], **rustica, ricca, povera, vegetariana**)?
2. What type of cook does it appeal to (**esperto, bravo, discreto** [*fair*], **principiante** [*beginner*])?
3. How difficult or easy are the recipes to prepare (**una preparazione impegnativa, semplice, veloce**)?
4. How easy or difficult are they to understand (**l'italiano è facile; c'è un video... ; è difficile; devi usare un buon dizionario...**)?

Next, evaluate the website. Based on the images, how do you describe it? How easy or difficult is it to navigate? Print out the photos or jot down useful phrases and captions. You will need this information to write both a description and brief review of the website. Be prepared to hand in the answers to the questions and your notes with your review.

Genere: Valutazione sito web

Tema: Vuoi condividere con il mondo le tue opinioni sul mangiare. Decidi di creare un blog. Scegli un sito Internet dedicato alla cucina italiana da valutare sul tuo blog. Descrivi il tipo di cucina che trovi e poi valuta anche il sito stesso, rispondendo alle domande:

1. Guarda le immagini del sito e i tuoi appunti (*notes*). Com'è la home page?
2. Che tipo di cucina offre? A che tipo di cuoco piace? Secondo te, le ricette sono facili da preparare o difficili? Quanto è facile/difficile capire le ricette?
3. Com'è il sito, paragonato ad (*compared to*) altri siti simili? Quanto è facile/difficile navigare il sito?

Alla fine, rileggi quello che hai scritto tenendo conto (*taking into account*) dei consigli di **Facciamo la verifica!**

Facciamo la verifica!

I have used:

❑ the **Strategia di scrittura** for this activity;
❑ relevant vocabulary and expressions from **Capitolo 5** of the textbook and the models provided.

I have proofread my writing and checked:

❑ for spelling errors, including apostrophes and accent marks;
❑ that the use of superlatives is appropriate, including the form of the definite article, that the number and gender of the adjective match the accompanying noun, and that the form of **di** + the definite article is correct;
❑ for subject-verb agreement with all verbs, and the correct forms of the irregular verbs **dovere, volere,** and **potere;**
❑ that I used the correct forms of prepositions with definite articles (**sulla, del, al**);
❑ that definite, indefinite, and partitive articles are used in appropriate contexts and that the form of each agrees in gender and number with the noun it precedes;
❑ that my reader will get a good sense of the website based on my review.

E. Quale dei due? Nell'immagine ci sono tre coppie di gemelli vestiti in modo simile ma con una differenza. Ascolta la descrizione di uno dei due gemelli di ogni coppia e poi decidi quale dei due parla. Ogni descrizione sarà ripetuta due volte.

       Paolo   **Luca**   **Marina Manuela**   **Nora**   **Lorella**

1. _____   2. _____   3. _____

F. I regali. Sei a Milano di fronte alla vetrina (*store window*) di Versace e vuoi comprare dei regali (*gifts*) per la tua famiglia. Un tuo amico ti chiede cosa vuoi comprare per ogni persona. Rispondi alle sue domande. Ogni domanda sarà ripetuta due volte. Ripeti la risposta.

    ESEMPIO: *Senti:* Che vuoi comprare per tua madre?
                Dici: Per mia madre voglio comprare una gonna.

1. ...   2. ...   3. ...   4. ...   5. ...   6. ...

G. Che cos'è? Scrivi il nome della cosa descritta (*described*).

> ESEMPIO: *Vedi:* Le donne portano questa per metterci dentro le loro cose.
> *Scrivi:* __la borsa__

1. Si porta questa d'inverno intorno al collo (*neck*). _____

2. È un sinonimo di trench. _____

3. Si mettono questi prima delle scarpe. _____

4. Si porta questo quando fa freddo al posto di una t-shirt. _____

5. Wrangler e Levi's sono famose marche di _____

6. Si portano queste ai piedi per giocare a tennis. _____

7. Versace e Valentino sono due _____

8. Sono simili ai pantaloni, ma più corti. _____

9. Gli stilisti mostrano la nuova collezione in una _____

H. Adesso tocca a te! Rispondi alle domande con delle frasi complete.

1. Se vai a una festa elegante, cosa ti piace portare?

   _____

   _____

2. Cosa ti piace indossare nel tempo libero?

   _____

   _____

Strutture

6.1 Lo stilista dà il vestito alla modella
Direct and indirect objects

A. Qual è? Decidi se l'elemento **evidenziato** è il soggetto, un complemento diretto o un complemento indiretto.

	soggetto	complemento diretto	complemento indiretto
1. Giulia prepara **gli spaghetti.**	☐	☐	☐
2. **Paola e Valeria** comprano i costumi da bagno nuovi.	☐	☐	☐
3. Stamattina mia zia deve scrivere un'e-mail **a mia madre.**	☐	☐	☐

	soggetto	complemento diretto	complemento indiretto
4. Mia nonna vuole **una bella gonna** per il suo compleanno.	☐	☐	☐
5. Lisa telefona **a Marco** stasera.	☐	☐	☐
6. **La nostra professoressa** porta gli stivali rossi.	☐	☐	☐
7. Porti **la borsa** in discoteca?	☐	☐	☐
8. Pietro dà tutte le sue cravatte **al suo amico Mario.**	☐	☐	☐
9. **Io e Dario** ascoltiamo la musica insieme.	☐	☐	☐

B. Complemento diretto o indiretto? Scegli il complemento giusto per completare le frasi.

1. Tuo nonno ascolta _____ in macchina.
   (a.) la radio   b. alla radio

2. Telefoni _____ stasera o domani?
   a. Maria   (b.) a Maria

3. Per il regalo di Federica do i soldi _____.
   a. Salvatore   (b) a Salvatore

4. Lisa e Anna guardano _____.
   (a.) il telefilm   b. al telefilm

5. Giacomo ed io vogliamo scrivere un'e-mail _____ stamattina.
   a. Silvia   (b.) a Silvia

6. Dai un paio di orecchini _____?
   a. la tua ragazza   (b.) alla tua ragazza

7. Carla vede _____ tutti i giorni sull'autobus.
   (a.) Mario   b. a Mario

C. Quale complemento? Ascolta le frasi e decidi se hanno un complemento diretto, un complemento indiretto, o un complemento diretto e un complemento indiretto. Ogni frase sarà ripetuta due volte. Dopo una breve pausa sentirai la risposta giusta.

	diretto	indiretto	diretto e indiretto
1.	☐	☐	☐
2.	☐	☐	☐
3.	☐	☐	☐
4.	☐	☐	☐
5.	☐	☐	☐
6.	☐	☐	☐
7.	☐	☐	☐

D. Un po' di creatività. Completa le frasi con un complemento diretto o indiretto appropriato. **Attenzione!** Il complemento indiretto richiede (*requires*) sempre una preposizione.

1. Pulisco _____ la settimana prossima.

2. I miei amici cucinano _____ domani sera.

3. Il mio professore / La mia professoressa d'italiano dà sempre _____ a tutti gli studenti.

4. Compro un anello _____ per il suo compleanno.

5. Ascolto _____ quando sono in macchina.

6. Bevo _____ al bar ogni mattina alle 8.00.

7. Provo _____ la prossima volta che vado a fare shopping.

8. Telefono _____ stamattina.

6.2 Che stai facendo? Present progressive

A. La famiglia di Enrico. Ascolta Enrico che descrive delle situazioni. Poi scegli la frase corrispondente a ogni situazione. Ogni descrizione sarà ripetuta due volte. Ripeti la risposta.

1. _____ a. Sta preparando la pasta per il pranzo.   b. Sta andando in pizzeria.

2. _____ a. Stiamo andando in farmacia (*pharmacy*).   b. Stiamo andando al bar.

3. _____ a. Sta guardando la partita di calcio a casa.   b. Sta leggendo un libro di fantascienza (*science fiction*).

4. _____ a. Stanno andando al cinema con le amiche.   b. Stanno ascoltando la musica alla radio.

5. _____ a. Stiamo guardando il telegiornale.   b. Stiamo leggendo degli articoli interessanti.

6. _____ a. Sta dormendo in camera sua.   b. Sta facendo aerobica.

B. Il verbo giusto. Completa le frasi con i verbi della lista. Usa il presente progressivo.

(apparecchiare)   (cantare)   (giocare)   (mangiare)   (nuotare)   (provare)   (pulire)

1. I cani non _____. Forse non hanno fame o non gli piace il cibo.

2. Io e Lorenzo _____ in piscina con mia sorella.

3. (*Noi*) _____ la cucina perché è sporchissima (*very dirty*)!

4. Io _____ la tavola adesso perché dobbiamo mangiare tra poco.

5. Che bello! La mia squadra (*team*) preferita _____ alla televisione.

6. Oddio! Mara _____ un'altra gonna in camerino (*fitting room*)!

7. Mario _____ sotto la doccia. Non ha una bella voce (*voice*)!

🎧 **C. Ma che state facendo?!** È sabato pomeriggio e tutti stanno facendo attività diverse. Ascolta le frasi; poi riscrivi i verbi dal presente al presente progressivo. Ogni frase sarà ripetuta due volte.

ESEMPIO: *Senti:* Marco lava la macchina di sua madre.

Scrivi: Marco ___*sta lavando*___ la macchina di sua madre.

1. Sara _____ la TV con suo fratello.

2. Maria e Filippo _____ a calcio con i compagni.

3. Beatrice _____ sul diario.

4. Luigi e Carlo _____ la musica in macchina.

5. Enrico _____ dei biscotti al cioccolato.

6. Benedetta e Antonella _____ i compiti d'inglese.

7. Gemma _____ una camomilla.

▶ *Check your answers to this activity in the Answer Key at the back of the workbook.*

D. Tocca a te! Adesso tu stai facendo i compiti d'italiano, no? Che stanno facendo i tuoi amici o la tua famiglia in questo momento? Se non lo sai, usa la fantasia e scrivi almeno cinque frasi.

_____

_____

_____

_____

_____

6.3 Cosa mi metto oggi? Reflexive verbs

A. La mattina di Mauro.

Parte prima. Completa il seguente paragrafo con i verbi giusti.

(si alza) (si annoia) (si lava) (si mette) (si rade) (si sveglia) (si veste)

Tutti i giorni Mauro _____[1] alle 7.00, ma _____[2] alle

7.10. Dopo va in bagno, dove _____[3] e poi _____[4] i

denti e la faccia (*face*). Alle 7.35 torna in camera dove _____:[5]

_____[6] i pantaloni, la camicia, la cravatta, la cintura, i calzini e le scarpe.

Per andare al lavoro deve sempre portare vestiti eleganti. Alle 7.45 Mauro va in cucina e fa

colazione velocemente: di solito mangia dei biscotti e beve un caffellatte. Esce di casa alle 8.10 e

va al lavoro. Arriva in ufficio alle 8.30 dove _____[7] moltissimo perché

non gli piace il suo lavoro.

▶ *Check your answers to this activity in the Answer Key at the back of the workbook before doing the **Parte seconda**.*

Parte seconda. Ascolta le frasi e decidi se sono **vere** o **false**. Ogni frase sarà ripetuta due volte.

	vero	falso
1.	☐	☐
2.	☐	☐
3.	☐	☐
4.	☐	☐
5.	☐	☐

B. La coniugazione dei verbi riflessivi.

Scrivi il significato dei seguenti verbi e poi completa la tabella con le forme giuste.

	truccarsi	svegliarsi	sentirsi	arrabbiarsi	divertirsi
	_____	_____	*to feel*	_____	_____
io				mi arrabbio	
tu		ti svegli			
lui, lei; Lei			si sente		
noi					
voi	vi truccate				
loro					si divertono

C. La giornata di Roberta.

Parte prima. Ascolta le frasi e scegli l'immagine corrispondente a ogni frase. Le frasi saranno ripetute due volte.

ESEMPIO: *Senti:* Mi sveglio alle otto meno venti.
Scegli: g.

a.   b.   c.   d.

e.   f.   g.

1. _____   2. _____   3. _____   4. _____   5. _____   6. _____

Parte seconda. Adesso osserva le immagini e descrivi la giornata di Roberta. Scrivi una frase per ogni immagine.

ESEMPIO: *Vedi:* g.

Scrivi: ___Roberta si sveglia alle 7.40___.

1. _____

2. _____

3. _____

4. _____

5. _____

6. _____

D. È riflessivo o no? Scegli la forma giusta del verbo per completare le frasi.

1. Tu e Marta <u>vi svegliate / svegliate</u> ogni mattina alle 6.30?
2. Io <u>mi chiamo / chiamo</u> la mamma due volte alla settimana.
3. <u>Ti senti / Senti</u> bene oggi? Non parli e sei molto pallido (*pale*).
4. Tommaso e Francesca <u>si svegliano / svegliano</u> la loro figlia alle sette per andare a scuola.
5. Anna Maria <u>si trucca / trucca</u> solo quando esce la sera con i suoi amici.
6. La piccola Paola <u>si veste / veste</u> sempre le sue bambole (*dolls*) quando gioca.
7. Io <u>mi lavo / lavo</u> i denti ogni sera prima di andare a letto.
8. Non <u>ti senti / senti</u> mai il telefono quando squilla (*rings*).

E. Tocca a te! Descrivi la tua mattina tipica. Scrivi almeno sette frasi e usa almeno cinque verbi riflessivi.

Tutti i giorni io... _____

_____

_____

_____

_____

_____

6.4 Parlo bene l'italiano! Adverbs

A. Aggettivo o avverbio? Scegli la parola giusta per completare le frasi.

1. La zia di Marco ama riposarsi nel weekend ed esce di casa <u>raro / raramente</u> la domenica.

2. Silvana lavora in un negozio, ma non è <u>gentile / gentilmente</u> con i clienti.

3. Devo andare <u>immediato / immediatamente</u> in ufficio. Sono in ritardo.

4. Questo treno è <u>veloce / velocemente</u> e va direttamente a Milano.

5. Il professore d'italiano parla molto <u>lento / lentamente</u> e capiamo sempre tutto a lezione!

6. Lisa ama il suo lavoro ed è sempre <u>puntuale / puntualmente</u>.

B. Una bella giornata.

Parte prima. Ascolta la conversazione e scrivi tutti gli avverbi che senti. La conversazione sarà ripetuta due volte.

MARIA: Allora, che facciamo _____[1]?

GAIA: Perché non andiamo in centro a fare shopping? Mi piacerebbe vedere le nuove collezioni per l'inverno.

MARIA: _____[2] oggi non mi va. Ci sono già andata (*I went*) _____[3]. Non possiamo andare sempre a fare shopping! Facciamo qualcos'altro, dai!

GAIA: OK. Come vuoi. Allora andiamo in centro a bere qualcosa. Di solito ci sono dei bei ragazzi in giro (*around*) a quest'ora.

MARIA: Perfetto. Vado a prepararmi. Torno _____.[4]

GAIA: Va bene, ma non facciamo _____.[5]

▶ *Check your answers to the **Parte prima** in the Answer Key at the back of the workbook before doing the **Parte seconda**.*

Parte seconda. Rileggi la conversazione della **Parte prima** e decidi se le frasi seguenti sono **vere** o **false.** Se la frase è falsa, riscrivila per renderla vera.

		vero	falso
1.	Gaia vuole andare a fare shopping perché vuole vedere le nuove collezioni per la primavera.	☐	☐
	_____		
2.	Maria vuole andare a fare shopping oggi.	☐	☐
	_____		
3.	Maria è andata a fare shopping ieri.	☐	☐
	_____		
4.	Gaia vuole andare a bere qualcosa perché fa caldo.	☐	☐
	_____		
5.	Maria deve prepararsi prima di uscire.	☐	☐
	_____		

C. Guarda bene!

Parte prima. Metti le seguenti parole nella categoria giusta.

(bene)　(gentile)　(immediate)　(male)　(onesto)　(presto)

(puntuale)　(raramente)　(sinceramente)　(veloce)

aggettivi	avverbi
1. _____	1. _____
2. _____	2. _____
3. _____	3. _____
4. _____	4. _____
5. _____	5. _____

▶ *Check your answers to the **Parte prima** in the Answer Key at the back of the workbook before doing the* ***Parte seconda.***

Parte seconda. Adesso trasforma gli aggettivi della **Parte prima** in avverbi.

1. _____
2. _____
3. _____
4. _____
5. _____

D. Scrivi bene! Adesso scrivi delle frasi originali con i seguenti aggettivi e avverbi.

1. bene _____
2. cattivo _____
3. tardi _____
4. lento _____
5. regolarmente _____
6. presto _____
7. gentile _____

Cultura

Ascoltiamo!

La moda italiana

A. La moda in Italia. Ascolta le frasi e scrivi il numero della frase accanto all'immagine corrispondente. Le frasi saranno ripetute due volte.

_____ a.

_____ b.

_____ c.

_____ d.

B. Vero o falso? Ascolta le frasi. Tre frasi sono vere e due false. Le frasi saranno ripetute due volte. Se la frase è falsa, scegli la parola appropriata della lista per renderla vera.

(eleganti)   (Milano)   (molta)   (nuova ✓)

ESEMPIO: *Senti:*   Una sfilata presenta la vecchia moda.

           Scegli: **vero** ☐   **falso** ☑

           parola: _____*nuova*_____

	vero	falso	
1.	☐	☐	parola: _____
2.	☐	☐	parola: _____
3.	☐	☐	parola: _____
4.	☐	☐	parola: _____
5.	☐	☐	parola: _____

C. Trova la categoria giusta! Scrivi le parole che senti nella categoria giusta. Le parole saranno ripetute due volte. **Attenzione!** Alcune categorie si ripetono.

Stilisti	Accessori e gioielli	Abiti

▶ *Check your answers to this activity in the Answer Key at the back of the workbook.*

Leggiamo!

Strategie di lettura

Deriving word meaning from context. Even when you read in your first language, you often encounter words that you don't know. When this happens, you probably try a number of strategies to allow you to keep reading; for example, you may skip the word if you think it isn't important to understanding the text or you may keep reading to see if something else in the text gives you a clue to the meaning of the word you don't know. Finally, if you can't figure out the word from the context and it seems important to understanding the text, you probably look it up in a dictionary.

When you read in Italian, you will encounter many words that you don't know. If you try to look them all up in the dictionary it will slow down your reading so much that you may want to give up reading altogether. Instead, try to use the same strategies you use in English before you open the dictionary.

Lettura

The following article appeared in the newspaper *La Repubblica*. Use the context and what you know about weddings to figure out the meaning of the unknown words.

Mi vuoi sposare? No, costa troppo

Dagli abiti al ristorante aumenti del 20%.

MATRIMONIO CON UNA MEDIA DI 100 INVITATI (dati in euro)

ADDIO[1] al matrimonio tradizionale: abito bianco, fiori, bomboniere e pranzo per amici e parenti costano ormai[2] troppo. Per rispettare la tradizione, una giovane coppia della Capitale è costretta[3] per dire sì[4] a spendere tra i 18 e i 20 mila euro.

Voce				
Noleggio automobile	da	350	a	1200
Partecipazioni e inviti	da	250	a	500
Biglietti di ringraziamento	da	100	a	300
Bomboniere	da	300	a	3000
Decoro floreale dell'automobile	da	70	a	200
Addobbo floreale della chiesa	da	200	a	1000
Pacchettini con confetti	da	200	a	600
Addobbo floreale del ricevimento	da	600	a	1700
Velo sposa	da	200	a	500
Abito sposa	da	1500	a	7500
Affitto sala per ricevimento	da	1000	a	4500
Decorazione dei tavoli	da	100	a	500
Menù e segnaposto	da	50	a	250
Scarpe sposa	da	100	a	700
Guanti sposa	da	40	a	300
Lingerie della sposa	da	80	a	300
Fedi nuziali	da	100	a	1000
Ristorante	da	4000	a	10000
Abito sposo	da	600	a	3000
Accessori dello sposo	da	100	a	300
Scarpe dello sposo	da	180	a	400
Torta nuziale	da	100	a	500
Acconciatura e trucco della sposa	da	150	a	500
Servizio foto	da	800	a	2500
Bouquet della sposa	da	50	a	300
Ripresa video	da	400	a	1500
Viaggio di nozze	da	1000	a	8000

[1]*Goodbye forever*   [2]*by now*   [3]*forced, compelled*   [4]*dire… to say "I do"*

Come si dice... ? Per ogni categoria trova l'equivalente italiano delle parole ed espressioni in inglese.

La cerimonia e il ricevimento / *The ceremony and the reception*

1. noleggio automobile _____ *rental car*

2. _____ *announcements and invitations*

3. bomboniere _____ *favors*

4. _____ *reception hall rental*

5. _____ *table decorations*

6. torta nuziale _____ *wedding cake*

7. _____ *video recording*

La sposa / _The bride_

8. _____   _bridal gown_

9. _____   _bride's gloves_

10. _____   _bride's veil_

11. <u>acconciatura e trucco della sposa</u>   _bride's hair and makeup_

Lo sposo / _The groom_

12. _____   _groom's suit_

13. _____   _groom's accessories_

Dopo il matrimonio / _After the wedding_

14. _____   _thank-you notes_

15. _____   _honeymoon trip_

◖ In Italia, Culture a confronto, Un po' di cultura e Regioni d'Italia

Utilizzando le informazioni delle sezioni **In Italia** e delle attività di cultura contrassegnate da ◖ nel libro, decidi se le frasi seguenti sono **vere** o **false**. Se una frase è falsa, cambia la parola in neretto per renderla vera.

		vero	falso
1.	È possibile indicare «no» in italiano usando solo un **dito**.	☐	☐
2.	Donatella Versace è un'importante stilista **italiana**.	☐	☐
3.	Per gli italiani è sempre importante dare un'impressione **positiva,** cioè (_that is_) «fare bella figura».	☐	☐
4.	I più grandi stilisti presentano la nuova moda ai negozianti nelle **vetrine.**	☐	☐
5.	In Italia, il primo centro commerciale chiuso fu costruito a **Roma** e si chiama Galleria Vittorio Emanuele.	☐	☐
6.	Pulcinella è una maschera di **Venezia.**	☐	☐

Scriviamo!

Genere: Annuncio (*Classified ad*)

Tema: Vuoi vendere degli articoli personali. Utilizzando gli annunci qui sotto come modelli, scrivi un breve annuncio destinato a siti come www.bricabrac.it o www.annuncipratici.it. Descrivi tutti i particolari degli articoli che vuoi vendere e perché li vendi, cercando di convincere il pubblico a comprarli.

Vendo vestiti nuovissimi e carinissimi!!

Svuoto (*I'm emptying*) l'armadio!
Vendo bellissimi Bermuda, taglia 40, in cotone turchese, ottimi per la nuova stagione. Molto carini sono gli inserti in stoffa (*fabric*) con fiorellini (*piccoli fiori*) all'interno delle tasche e sulla cintura! Mai messi (*worn*), sono nuovissimi! Prezzo: € 15 . Vendo anche pantaloni blasting marroni, taglia 42, sono a gamba stretta ma elasticizzati. Molto chic! € 20. Vendo anche una bella giacca in jeans con maniche (*sleeves*) particolari, messa solo due volte, taglia M per € 20.

Cell: 01234567890.

Abito da sposa

NON MI SPOSO. VENDO ABITO DA SPOSA DI EGÒ DI VALENTINI COLLEZIONE 2012. TAGLIA 44/46. PAGATO (*paid*) 4.000 EURO. VENDO A 2.000 EURO. IN REGALO ANCHE IL CUSCINO (*pillow*) FEDI (*wedding rings*). CONTATTAMI: nonpiangopiu@libero.it

---

Giubbotto Vera Pelle Moto GP

Vendo (per taglia sbagliata) Giubbotto Vera Pelle Moto GP NUOVO MAI INDOSSATO (*worn*) Vera Pelle Foderato (*lined*) Taglia XXL Euro 100,00. superuomo@hotmail.it

---

Ecco le informazioni che devi includere nel tuo annuncio:

1. Descrizione dettagliata degli oggetti:	
2. Motivo per vendere gli oggetti:	
3. Taglia, numero, prezzo degli oggetti:	
4. Numero di telefono/e-mail:	

1. Comincia il breve annuncio descrivendo in modo dettagliato gli oggetti che vuoi vendere.
2. Spiega perché vuoi vendere questi oggetti.
3. Indica la taglia o il numero (se opportuni) e il prezzo di ciascun oggetto.
4. Dai il modo di contattarti.

Alla fine, rileggi quello che hai scritto tenendo conto dei consigli di **Facciamo la verifica!**

Facciamo la verifica!

I have used:

❑ the **Strategia di scrittura** for this activity;

❑ relevant vocabulary and expressions from **Capitolo 6** of the textbook and the models provided;

❑ a wide range of adjectives and other expressions to describe the articles for sale.

I have proofread my writing and checked:

❑ for spelling errors, including apostrophes and accent marks;

❑ that the adjectives agree in gender and number with the nouns they accompany;

❑ that I used the correct forms of prepositions with definite articles (**sulla, del, al**);

❑ that I have described my item in an appealing way that will attract buyers.

Cosa hai fatto questo weekend?

Strategie di comunicazione

A. Cosa dici? Completa le frasi con l'interiezione appropriata. Scegli fra quelle della lista.
Attenzione! Usa ogni interiezione *una sola volta*.

a. Oddio b. Ahi c. Magari d. Boh e. Macché f. Dai ✓

ESEMPIO: —Aspetta! (*Wait!*) Devo finire di mangiare.
　　　　　—Ma __*dai*__, dobbiamo uscire adesso!

1. —Domani c'è l'esame di fisica.

    —Domani? _____, non ho studiato!

2. —Ettore, quale gelato vuoi, alla fragola (*strawberry*) o al cioccolato?

    —_____, non lo so. Mi piacciono tutti e due.

3. —_____, cosa c'è, Anna?

    —_____, mi fa male il braccio.

4. —Federico, chi è al telefono? Annarita?

    —_____! La ragazza più bella della città non telefona a casa mia.

5. —Tuo padre ha comprato una BMW nuova?

    —Mio padre? Una BMW? _____, ha comprato una piccola Fiat 500.

B. Cos'è successo? Trova nell'insieme B il consiglio adatto ad ogni problema dell'insieme A.
Scrivi la lettera corrispondente.

	A		B
_____ 1.	Ho mangiato molto!	a.	Devi rileggere gli appunti.
_____ 2.	Ho fatto le ore piccole!	b.	Bevi una camomilla.
_____ 3.	Non ho capito il passato prossimo!	c.	Devi chiedere alla biglietteria (*ticket booth*).
_____ 4.	Ho perso (*I lost*) l'orario dell'autobus!	d.	Vai a dormire.

C. Uffa! Ascolta le frasi e scrivi la lettera della risposta giusta. Le frasi saranno ripetute due volte. **Attenzione!** Leggi le risposte prima di ascoltare le frasi. Usa ogni risposta *una sola volta*. Ci sono sei risposte; devi usarne solo cinque.

1. _____   a. Dai! Non sono così difficili!

2. _____   b. Peccato! Non vedo l'ora di conoscerla (*meet her*).

3. _____   c. Ehilà! Come stai?

4. _____   d. Magari! Devo lavorare.

5. _____   e. Boh!? Alle 9.00?

                f. Mamma mia! È incredibile.

Pronuncia

La combinazione *sc* Pronunciation of *sc*

La combinazione *sc.*

- Before the vowels **a, o,** and **u** the combination **sc** has a hard sound, as in *sky*.
- Before the vowels **e** or **i** the combination **sc** has a soft sound, as in *she*.
- The combination **sch** appears only in front of **e** or **i** and has a hard sound.

Listen and repeat the following words. Note the difference between the hard and soft sounds.

hard **sc:**	**pesca**	**ascoltare**	**scusa**
soft **sc:**	**scegliere**	**pesce**	**sciarpa**
hard **sch:**	**pesche**	**maschio**	**schiena**

Dettato.

Parte prima. Completa le parole che senti con **sc** o **sch**. Ogni parola sarà ripetuta due volte.

1. ____i   3. li____a   5. u____ire   7. cono____ere

2. ri____io   4. vi____io   6. va____e   8. li____io

Parte seconda. Adesso scrivi le parole che senti. Ogni parola sarà ripetuta due volte.

1. _____   4. _____   7. _____

2. _____   5. _____   8. _____

3. _____   6. _____   9. _____

▶ *Check your answers to this activity in the Answer Key at the back of the workbook.*

Lessico

Il mio weekend   Talking about your weekend activities

A. Il weekend di Paola. Scegli le parole giuste per completare le frasi.

1. Nel weekend, alle nove di mattina, Paola fa sempre un giro _____.
   a. al compleanno   b. in teatro   c. in bici

2. Il pomeriggio del sabato le piace _____ gli amici.
   a. regalare   b. visitare   c. andare a trovare

3. Il sabato sera le piace andare a _____ uno spettacolo a teatro.
   a. vedere   b. festeggiare   c. suonare

4. La domenica mattina deve fare _____.
   a. il museo   b. il bucato   c. la musica

5. La domenica pomeriggio va sempre _____ di calcio con il suo ragazzo.
   a. alla partita   b. alla gita   c. allo spettacolo

6. Qualche volta va a visitare _____ d'arte moderna.
   a. un paziente   b. una gita   c. un museo

7. Ogni weekend _____ molte e-mail alle sue amiche.
   a. regala   b. scrive   c. canta

8. Le piace anche ascoltare _____ di Laura Pausini.
   a. le lezioni   b. l'e-mail   c. le canzoni

B. Ogni quanto? (*How often?*) Riscrivi le frasi. Sostituisci le espressioni sottolineate con un avverbio di tempo. Scegli l'avverbio giusto fra quelli della lista. Puoi usare alcuni avverbi più di una volta.

non... mai   ogni tanto   sempre

una volta all'anno   una volta alla settimana   una volta al mese

ESEMPIO: Prepara il pranzo ___*tutti i giorni*___.
Prepara ___*sempre*___ il pranzo.

1. Fa il bucato il lunedì sera.

_____

2. Il primo weekend del mese va a teatro con gli amici.

_____

3. In nessun giorno può fare feste a casa, perché la sua casa è piccola.

_____

4. Il sabato gioca a tennis con suo fratello.

_____

5. In agosto va a trovare i nonni in Italia.

_____

6. In nessuna stagione fa sport, perché non le piace.

_____

7. Fa la spesa al supermercato quando può.

_____

8. Cena a casa tutte le sere.

_____

9. Visita il museo l'ultima domenica di ogni mese perché non paga l'ingresso.

_____

C. Come passano il weekend? Ascolta cosa fanno le seguenti coppie di amiche e poi decidi a chi si riferiscono le frasi. I testi saranno ripetuti due volte.

	Lucia e Isabella	Marta e Roberta
1. Sabato vanno a vedere *Otello*.	☐	☐
2. Sabato sera vanno a sentire Ligabue dal vivo (*live*).	☐	☐
3. Domenica sera vanno alla discoteca Gilda.	☐	☐
4. Domenica vogliono vedere la mostra (*exhibition*) di Raffaello.	☐	☐
5. Amano molto la musica moderna.	☐	☐
6. Hanno una grande passione per il teatro drammatico.	☐	☐

D. In che ordine?

Parte prima. Ascolta la descrizione del tipico sabato di Teresa e metti in ordine cronologico le immagini. Numera le immagini da 1 a 6. Il testo sarà ripetuto due volte.

a. ____

b. ____

c. ____

d. ____

e. ____

f. ____

Parte seconda. Descrivi, in ordine cronologico, quello che fa Teresa il sabato. Scrivi una frase per ogni immagine.

1. _____
2. _____
3. _____
4. _____
5. _____
6. _____

▶ *Check your answers to this activity in the Answer Key at the back of the workbook.*

E. Tocca a te! Quali sono le tue attività preferite? Scrivi un breve testo. Descrivi almeno quattro attività diverse.

_____

_____

_____

_____

Strutture

7.1 Che hai fatto questo weekend?
The present perfect of regular verbs

A. Chi l'ha fatto? Decidi chi ha fatto le seguenti cose: **Francesco, Francesca** o **non si sa.**

		Francesco	Francesca	Non si sa.
1.	Ha parlato al telefono.	☐	☐	☐
2.	È tornata a casa alle 20.15.	☐	☐	☐
3.	È andata a trovare lo zio.	☐	☐	☐
4.	Ha dormito due ore.	☐	☐	☐
5.	È uscita di casa alle 7.15.	☐	☐	☐
6.	Ha guardato la TV.	☐	☐	☐
7.	Ha lavato la macchina.	☐	☐	☐
8.	È arrivato a casa alle 14.30.	☐	☐	☐
9.	Ha pulito il bagno (*bathroom*).	☐	☐	☐
10.	È andato all'università.	☐	☐	☐

B. Chi parla?

Parte prima. Leggi le seguenti frasi e decidi quale di queste persone ha fatto l'azione descritta. Scrivi la lettera corrispondente.

a. Carlo   b. Roberta   c. Marcello e Diego   d. Sofia e Marianna

ESEMPIO: *Vedi:*   È entrata in albergo alle 16.00.
Scegli: b.

1. _____ È partito per New York ieri sera.

2. _____ Sono uscite con i genitori.

3. _____ È andata a cena con la zia.

4. _____ Sono tornati a casa presto.

5. _____ È andato al concerto di Ligabue.

6. _____ Sono arrivate tardi al cinema.

7. _____ È uscita con gli amici alle 21.15.

8. _____ Sono stati al bar per tre ore.

Parte seconda. Scrivi il soggetto di ogni frase che senti. Le frasi saranno ripetute due volte.

ESEMPIO: *Senti:* È entrata in casa alle 20.10.
Scrivi: b.

a. Carlo   b. Roberta   c. Marcello e Diego   d. Sofia e Marianna

1. _____   5. _____
2. _____   6. _____
3. _____   7. _____
4. _____   8. _____

C. I verbi al passato prossimo.
Scrivi la coniugazione dei seguenti verbi al passato prossimo. **Attenzione!** Prima decidi quale ausiliare hanno, **avere** o **essere**.

	andare	ballare	capire	partire	uscire
io					
tu					
lui					
lei					
noi					
voi					
loro (m.)					
loro (f.)					

D. Quando l'hai fatto?
Ascolta le frasi e decidi quando le persone hanno fatto le varie attività. **Attenzione!** Alcune frasi sono al **presente** e alcune frasi sono al **passato prossimo**. Le frasi saranno ripetute due volte. Dopo una breve pausa, sentirai la risposta giusta.

ESEMPIO: *Senti:* Marco è uscito con Paola.
Vedi: a. la settimana prossima   b. la settimana scorsa
Scegli: b. la settimana scorsa

1. _____   a. ieri sera   b. domani sera
2. _____   a. domenica scorsa   b. domani
3. _____   a. la settimana scorsa b. oggi
4. _____   a. sabato scorso   b. sabato prossimo
5. _____   a. tre giorni fa   b. domani pomeriggio
6. _____   a. ieri mattina   b. domani mattina

E. Le nostre vacanze (*vacation*).

Parte prima. Rita parla delle sue vacanze con Lucio. Ascolta e scrivi tutti i verbi che senti. Il testo sarà ripetuto due volte.

ESEMPIO: *Senti:*   Abbiamo mangiato in un ristorante elegante.

           Scrivi: _____*abbiamo mangiato*_____

1. _____   5. _____

2. _____   6. _____

3. _____   7. _____

4. _____   8. _____

Parte seconda. Adesso ascolta il testo di nuovo e rispondi alle seguenti domande con delle frasi complete.

1. Dove sono andati Lucio e Rita per le vacanze?

   _____

2. A che ora sono partiti da Milano?

   _____

3. Che cosa hanno visitato martedì?

   _____

4. Che cosa ha fatto Rita ogni giorno? Che cosa ha fatto Lucio?

   _____

5. Quando sono partiti da Roma per Milano?

   _____

6. Quando sono tornati al lavoro?

   _____

▶ *Check your answers to this activity in the Answer Key at the back of the workbook.*

F. Che ha fatto la famiglia Marini venerdì scorso? Scrivi che cosa hanno fatto venerdì scorso le varie persone nelle immagini. Scrivi delle frasi complete.

Franco   Barbara e Luca   Giulia

Susanna   Giuliano

_____

_____

_____

_____

_____

7.2 Ieri abbiamo vinto la partita   The present perfect of irregular verbs

A. Regolare o irregolare? Decidi se i seguenti participi passati sono regolari o irregolari, poi scrivi l'infinito di tutti i verbi.

		regolare	irregolare	l'infinito
1.	ho festeggiato	☐	☐	_____
2.	ho visto	☐	☐	_____
3.	ho scelto	☐	☐	_____
4.	sono entrata	☐	☐	_____
5.	ho offerto	☐	☐	_____
6.	sono arrivato	☐	☐	_____
7.	ho detto	☐	☐	_____
8.	ho scritto	☐	☐	_____

B. La giornata di Gabriele.

Parte prima. Gabriele parla di quello che (*what*) ha fatto oggi. Segna l'infinito di ogni verbo che senti. Il testo sarà ripetuto due volte.

1. ☐ andare
2. ☐ arrivare
3. ☐ bere
4. ☐ chiudere
5. ☐ correre
6. ☐ dormire
7. ☐ leggere
8. ☐ offrire
9. ☐ partire
10. ☐ perdere
11. ☐ rimanere
12. ☐ rompere
13. ☐ scegliere
14. ☐ scrivere
15. ☐ tornare
16. ☐ uscire

Parte seconda. Ascolta il testo di nuovo e decidi se le frasi sono **vere** o **false**.

	vero	falso
1. Gabriele è uscito di casa alle otto meno un quarto.	☐	☐
2. Ha fatto colazione a casa.	☐	☐
3. Ha bevuto un cappuccino a colazione.	☐	☐
4. È andato al lavoro in macchina.	☐	☐
5. Ha dormito due ore dopo pranzo.	☐	☐
6. È rimasto a casa tutto il pomeriggio.	☐	☐

C. E per te?

Completa le frasi con un verbo al passato prossimo nella forma per **io**. Scegli il verbo giusto fra quelli della lista. Poi decidi se la frase è vera per te.

(andare) (bere) (fare) (perdere) (prendere) (rimanere) (scrivere) (vedere) (vincere)

	vero	falso
1. _____ a casa sabato sera. Non sono uscito/a.	☐	☐
2. _____ un caffè ieri mattina.	☐	☐
3. Stamattina _____ presto all'università.	☐	☐
4. _____ un bel film al cinema lo scorso fine settimana.	☐	☐
5. _____ molte volte le chiavi.	☐	☐
6. _____ una passeggiata sotto la pioggia (*rain*).	☐	☐
7. _____ una poesia (*poem*) d'amore per una persona speciale.	☐	☐
8. _____ la metropolitana (*subway*) a Milano.	☐	☐
9. _____ una borsa di studio (*scholarship*).	☐	☐

D. Che hai fatto? Ascolta le domande e rispondi con una frase completa. Ogni domanda sarà ripetuta due volte.

ESEMPIO: *Senti:* Hai studiato italiano lo scorso weekend?
Rispondi: Sì, lo scorso weekend ho studiato italiano.
(No, lo scorso weekend non ho studiato italiano.)

1. ... 2. ... 3. ... 4. ... 5. ... 6. ...

E. Tocca a te! Che hai fatto lo scorso weekend? Descrivi quello che hai fatto lo scorso weekend. Scrivi almeno sei frasi.

_____

_____

_____

_____

_____

_____

7.3 Non studio mai dopo mezzanotte! Negative expressions

A. E tu? Scegli l'espressione negativa giusta per completare le frasi.

1. A lezione non parlo con nessuno / niente e ascolto sempre il professore.
2. Non studio niente/ più la chimica perché è troppo difficile.
3. La mattina non bevo nessuno / niente.
4. Non bevo mai / niente la birra.
5. Non ho conosciuto nessuno / niente il primo giorno di scuola.
6. Non studio mai / nessuno durante il weekend.
7. Non guardo niente / più i cartoni (cartoons) il sabato mattina.
8. Non faccio nessuno / niente quando sono in vacanza.

B. Il negativo. Cambia le seguenti frasi da affermative a negative. Usa le parole tra parentesi.

ESEMPIO: Guardo sempre la TV la sera. (non... mai)
Non guardo **mai** la TV la sera.

1. Ho visto molte persone a casa di Giacomo sabato sera. (non... nessuno)

   _____

2. Io e Natalia abbiamo comprato molti vestiti a Roma l'anno scorso. (non... niente)

   _____

3. I miei genitori hanno visto i loro amici ieri sera. (non... nessuno)

   _____

4. Vedo i miei compagni in biblioteca ogni sera. (non... mai)

   _____

5. Lavoro ancora al negozio (store) dopo le lezioni. (non... più)

   _____

6. Ho speso € 10 ieri mattina. (non... niente)

   _____

7. Laura e Matteo parlano sempre al telefono la sera. (non... mai)

   _____

C. Hai mai... ? Ascolta le domande e rispondi con l'espressione **non... mai** quando è necessario. Ogni domanda sarà ripetuta due volte.

ESEMPIO: *Senti:* Hai mai studiato il cinese?
Dici: Sì, ho studiato il cinese.
(No, non ho mai studiato il cinese.)

1. ... 2. ... 3. ... 4. ... 5. ... 6. ...

D. Cosa c'è scritto? Forma delle frasi complete mettendo le parole nell'ordine giusto. **Attenzione!** Tutte le frasi sono al passato prossimo e usano **non... mai** o **non... più**.

1. non / la / bevuto / mai / ha / birra

   Gianni è astemio. _____

2. gelateria / Anna / più / lavorato / non / quella / ha / in

   Dopo il furto (robbery), _____

3. venuta / non / casa / mia / è / a / mai

   Marianna non esce. _____

4. preso / mai / l' / non / aereo / ha

   La nonna ha paura di viaggiare. _____

5. visto / dopo / amici / le / vacanze / ho / più / i / non / miei

   Sono troppo impegnato. _____

Ascoltiamo! 🎧

La musica in Italia

A. Come finisce? Scegli la parola giusta per completare le frasi.

1. I creatori di un'opera lirica sono il compositore e <u>il tenore / il librettista</u>.
2. Il teatro d'opera italiano più famoso nel mondo è il Teatro alla Scala di <u>Milano/Roma.</u>
3. In Italia la musica non classica (come la musica pop, R&B, ecc.) si chiama musica <u>leggera/giovane</u>.
4. Tutti gli anni c'è un grande festival di musica pop nella città di <u>Siracusa/Sanremo</u>.
5. Un'attività molto diffusa tra i giovani è <u>cantare il karaoke / ballare in discoteca</u>.

🎧 **B. Che tipo di musica compone?** Ascolta i nomi di cinque artisti italiani. I nomi saranno ripetuti due volte. Segna la categoria di musica giusta per ogni artista.

ESEMPIO: *Senti:*   Puccini

	opera	musica leggera
Scegli:	☑	☐

	opera	musica leggera
1.	☐	☐
2.	☐	☐
3.	☐	☐
4.	☐	☐
5.	☐	☐

🎧 **C. Hai buona memoria?** Ascolta le frasi. Due frasi sono vere e tre false. Le frasi saranno ripetute due volte. Se la frase è falsa, scegli l'espressione appropriata della lista per renderla vera.

(giovani)   (opere liriche)   (leggera)

ESEMPIO: *Senti:*   Rossini fu compositore di musica funk.

	vero	falso	
Scegli:	☐	☑	l'espressione: opere liriche

	vero	falso	
1.	☐	☐	l'espressione: _____
2.	☐	☐	l'espressione: _____
3.	☐	☐	l'espressione: _____
4.	☐	☐	l'espressione: _____
5.	☐	☐	l'espressione: _____

Leggiamo!

Lettura

Riassunto dell'opera *Turandot*

La principessa Turandot è bellissima, così bella che tutti gli uomini si innamorano di lei appena[1] la vedono. Però, oltre che essere bellissima, è anche molto crudele:[2] i suoi pretendenti[3] devono risolvere tre enigmi[4] e vengono decapitati se non danno le risposte esatte.[5] Chi, invece, riesce a risolvere gli enigmi **avrà** la mano della bella principessa.

Nel primo atto, il principe Calaf vede Turandot e si innamora pazzamente[6] di lei.

Nel secondo atto il principe risolve i tre enigmi. La principessa, infuriata, vuole sapere il nome di questo principe che ora deve, ma non vuole, sposare. Il principe, a sua volta, propone alla principessa un enigma: se Turandot **riuscirà** in 24 ore a indovinare[7] il vero nome del principe, non **dovrà** sposarlo. Turandot ordina a tutti di non dormire finché[8] lei non **riuscirà** a scoprire il nome del principe.

Nel terzo atto la principessa dice di aver indovinato il nome del principe. Dice che si chiama «Amore», perché anche la bellissima Turandot si è innamorata di Calaf.

Un'aria famosa

Quest'opera ha un'aria bellissima e molto famosa, «Nessun dorma» ("Let no one sleep"), che il principe canta nel secondo atto. Ecco il testo dell'aria:

Nessun dorma!... Nessun dorma!...

Tu pure, o Principessa,

nella tua fredda stanza[9]

guardi le stelle che tremano[10]

d'amore e di speranza![11]

Ma il mio mistero è chiuso in me,

il nome mio nessun **saprà**![12]

[1]*as soon as* [2]*cruel* [3]*suitors* [4]*enigmas, riddles* [5]*exact* [6]*madly* [7]*guess* [8]*until* [9]*room* [10]stelle... *stars that tremble* [11]*hope* [12]*will know*

A. La storia. Leggi le seguenti frasi e metti in ordine cronologico le azioni nell'opera *Turandot*.

___1___ Gli uomini si innamorano di Turandot appena la vedono.

_____ Turandot deve risolvere un enigma, deve indovinare il nome del principe Calaf.

_____ Calaf risolve gli enigmi.

_____ I pretendenti che non risolvono gli enigmi sono decapitati.

_____ Secondo Turandot, il principe si chiama «Amore» perché anche lei si è innamorata.

_____ Turandot si arrabbia perché a questo punto si deve sposare ma non vuole.

B. Un lieto fine (*Happy ending*). L'atteggiamento (*behavior*) della principessa Turandot cambia durante l'opera. Come? Completa le frasi con gli aggettivi. **Attenzione!** Nota l'uso degli avverbi per raccontare la progressione degli eventi: **all'inizio, dopo che, poi, alla fine.**

(crudele)   (disperata)   (infuriata)   (innamorata)

All'inizio Turandot è _____,[1] ma dopo che Calaf risolve gli enigmi, è _____.[2]

Poi, quando Calaf propone un suo enigma e Turandot non riesce a risolverlo, diventa

_____.[3] Alla fine, però, Turandot è pazzamente _____[4] anche lei.

In Italia, Culture a confronto, Un po' di cultura e Regioni d'Italia

Utilizzando le informazioni delle sezioni **In Italia** e delle attività di cultura contrassegnate da ◑ nel libro, decidi se le frasi seguenti sono **vere** o **false**. Se una frase è falsa, cambia la parola in neretto per renderla vera.

		vero	falso
1.	Laura Pausini è famosa in tutto il mondo non solo per le sue canzoni in italiano, ma anche per quelle in **spagnolo**.	☐	☐
	_____		
2.	Il primo musicista italiano ad apparire sulla copertina di *Rolling Stone* (edizione italiana) è stato **Jovanotti**.	☐	☐
	_____		
3.	Pino Daniele è noto per la sua musica di contaminazione e per le sue canzoni in dialetto **romano**.	☐	☐
	_____		
4.	L'Arena, l'anfiteatro romano che è noto in tutto il mondo per la sua stagione lirica, si trova a **Milano**.	☐	☐
	_____		
5.	*L'Aida* è un opera di **Rossini**.	☐	☐
	_____		
6.	«Largo al factotum» è un'**aria** del *Barbiere di Siviglia*.	☐	☐
	_____		

Scriviamo!

Genere: Resoconto (*Report*)

Tema: Un amico ha saputo che c'è stato un concerto di un gruppo famoso nella tua città. Ecco l'e-mail che ti ha scritto con tutte le sue domande.

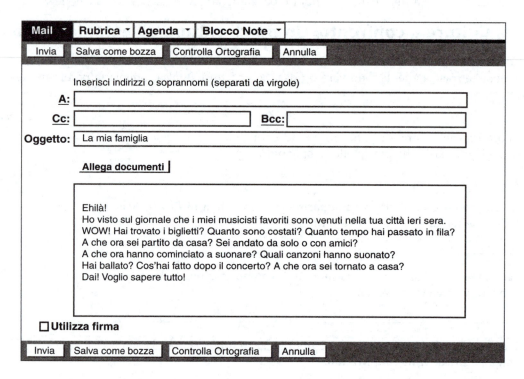

Su un foglio di carta, scrivi un messaggio al tuo amico, rispondendo alle sue domande. Alla fine, rileggi quello che hai scritto tenendo conto dei consigli di **Facciamo la verifica!**

Facciamo la verifica!

I have used:

❑ the **Strategia di scrittura** for this activity;

❑ relevant vocabulary and expressions from **Capitolo 7** of the textbook and the models provided.

I have proofread my writing and checked:

❑ for spelling errors, including apostrophes and accent marks;

❑ that I have used the correct past participle endings for regular verbs (**-ato, -ito, -uto**) and the correct auxiliary verb (**avere** or **essere**) in the **passato prossimo**;

❑ that I have used the correct past participles of irregular verbs (e.g., **ho visto, abbiamo fatto, ho preso**);

❑ that the past participle of each verb conjugated with **essere** agrees in gender and number with the subject (e.g., **siamo andati, Elisa non è venuta**);

❑ that I have used negation correctly with the **passato prossimo** (e.g., **non abbiamo sentito niente**);

❑ that I have described the experience in such a way that a friend would easily understand what happened and when.

Che bella festa!

Strategie di comunicazione

A. Rivediamo! Scegli la domanda giusta.

1. «A dir la verità preferisco andare al mare.»
   a. Ti piace nuotare?
   b. Ti piacerebbe andare a Parigi (*Paris*)?

2. «Mi dispiace, non porto mai l'orologio.»
   a. Cos'è successo?
   b. Mi puoi dire l'ora?

3. «Grazie, ma ho un altro impegno alle 13.00.»
   a. Ti piacerebbe cenare a casa mia?
   b. Le piacerebbe pranzare a casa mia?

4. «Insomma. Perché non prendiamo dei fiori invece?»
   a. Ti va bene se portiamo una bottiglia di vino?
   b. Ti piacerebbe uscire?

B. Tanti auguri! Scrivi l'espressione di auguri giusta accanto all'immagine corrispondente. **Attenzione!** Ci sono sei auguri, devi usarne solo cinque.

Buon appetito!   Buon anniversario!   Buon anno!
Buon compleanno!   Buon Natale!   Buon viaggio!

1.

_____

(*continued*)

2.

_____

3.

_____

4.

_____

5.

_____

C. Festeggiamo! Ascolta gli auguri. Saranno ripetuti due volte. Abbina l'augurio alla situazione giusta. Scrivi la lettera corrispondente. **Attenzione!** Leggi le situazioni prima di ascoltare gli auguri.

1. _____   a. prima dell'esame d'italiano

2. _____   b. alla tua amica che va a lavorare

3. _____   c. a mezzanotte il 31 dicembre

4. _____   d. a tavola prima di mangiare

5. _____   e. a tuo fratello che va in Italia

Pronuncia

La combinazione *gli*   Pronunciation of *gli*

La combinazione *gli*.

- The combination **gli** has a palatal sound like *ll* in the word *mi__ll__ion*.

  Listen and repeat the following words:

gli	**famiglia**	**figli**
svegliarsi	**tovagliolo**	**voglia**

- Notice the difference with the pronunciation of **ll**.

collana	**tortellini**	**pollo**

Dettato.

Parte prima. Completa le parole che senti con **gli** o **ll**. Ogni parola sarà ripetuta due volte.

1. mo___e   4. vo___o   7. po___o

2. be___a   5. tagliate___e   8. ba___are

3. ma___etta   6. sce___ere

Parte seconda. Adesso scrivi le parole che senti. Ogni parola sarà ripetuta due volte.

1. _____   5. _____   9. _____

2. _____   6. _____   10. _____

3. _____   7. _____

4. _____   8. _____

▶ *Check your answers to this activity in the Answer Key at the back of the workbook.*

Lessico

Buone feste! Talking about Italian and American holiday celebrations

A. Che cos'è? Scegli la parola giusta per completare le frasi.

1. Il 24 dicembre è la festa / la vigilia / il giorno di Natale.

2. Ai bambini che non sono buoni la Befana porta il carbone / i regali / le uova.

3. Negli Stati Uniti per Halloween i bambini ricevono la colomba / i dolcetti / il panettone.

4. Babbo Natale porta gli auguri / le nozze / i regali ai bambini.

5. L'anniversario di 50 anni / 25 anni / 15 anni di matrimonio sono le nozze d'oro.

6. L'Epifania è il cinque gennaio / il sei gennaio / il sei febbraio.

7. Il giorno del compleanno riceviamo / compriamo / compiamo gli anni.

8. A Natale le famiglie fanno l'albero / i fuochi d'artificio / le calze.

B. Quando è? Scrivi il nome del mese o dei mesi in cui ci sono le seguenti feste.

1. la notte di San Silvestro _____

2. l'Epifania _____

3. Pasqua _____

4. San Valentino _____

5. il primo dell'anno _____

6. Natale _____

7. la festa dell'Indipendenza americana _____

8. la festa di San Patrizio _____

9. la Festa del Ringraziamento _____

C. I programmi per le feste.

Parte prima. Giacomo e Pino sono amici di vecchia data (*old friends*). Si incontrano per strada e discutono i loro programmi per Natale e Capodanno. Scegli le frasi che completano il loro dialogo in modo appropriato.

a. La mattina andiamo in chiesa.
b. Facciamo una cena a base di pesce.
c. Prepari tu il cenone quest'anno?
d. Che bello! Da casa tua si vedono molto bene i fuochi d'artificio del centro.
e. Penso alle undici, perché alle nove è troppo presto.
f. Tutti, eccetto mia sorella, perché torna da Padova il 30 dicembre.

PINO: Ciao, Giacomo. Buon Natale!

GIACOMO: Grazie, altrettanto. Che fate stasera per la vigilia?

PINO: _____.[1]

GIACOMO: Anche noi. E domani?

PINO: _____.[2]

GIACOMO: A che ora?

PINO: _____.[3]

GIACOMO: Allora ci vediamo lì. Viene tutta la tua famiglia?

PINO: _____.[4]

GIACOMO: Bene, così potremo festeggiare l'anno nuovo tutti insieme, anche con tua sorella. Venite a casa mia?

PINO: Sì, volentieri! _____.[5]

GIACOMO: Sì, cucino io! Allora, tutti da me per la mezzanotte!

PINO: _____.[6]

GIACOMO: Lo sai che i cenoni di San Silvestro a casa mia sono sempre divertentissimi! Ciao, ci vediamo domani in chiesa.

Parte seconda. Adesso ascolta il dialogo e controlla se le tue risposte sono giuste.

D. La Pasqua di Monica. Ascolta la descrizione della Pasqua di Monica e metti le immagini in ordine cronologico. La descrizione sarà ripetuta due volte.

a.

b.

c.

d.

e.

1. _____ 2. _____ 3. _____ 4. _____ 5. _____

E. Che fanno e che dicono? Ascolta le domande e scegli la risposta giusta. Ogni domanda sarà ripetuta due volte.

ESEMPIO: *Senti:*   Che dicono gli italiani a un amico che parte?
           Vedi: a. Crepi! b. Buon viaggio! c. Buon compleanno!
           Scegli: b. Buon viaggio!

		a.	b.	c.
1.	_____	a. corrono	b. si baciano	c. discutono
2.	_____	a. Buon Anno!	b. Buone feste!	c. Tanti auguri!
3.	_____	a. di giorno	b. di pomeriggio	c. di notte
4.	_____	a. Babbo Natale	b. la Befana	c. l'Epifania
5.	_____	a. il pesce	b. la bistecca	c. il pollo
6.	_____	a. le nozze d'oro	b. il compleanno	c. le nozze d'argento
7.	_____	a. la birra	b. lo spumante	c. il succo d'arancia

F. Tocca a te! Quali feste sono importanti per la tua famiglia? Che tradizioni avete? Scrivi almeno cinque frasi.

_____

_____

_____

_____

_____

Strutture

8.1 Ci vediamo domani! Reciprocal verbs

A. Cose che si fanno in due. Abbina i verbi alle descrizioni giuste. Scrivi la lettera corrispondente.

a. si baciano   b. si telefonano   c. si incontrano   d. si mettono insieme   e. si salutano
f. si separano   g. si sposano

1. _____ Lisa e Anna si dicono «buon giorno».

2. _____ Giuseppe e Sofia celebrano il matrimonio in chiesa.

3. _____ Paola va a vivere a Milano e Francesco va a vivere a Napoli.

4. _____ Giorgio e Luisa vogliono stare insieme.

5. _____ Lorenzo ed Emanuela si vedono per strada.

6. _____ Sara e Marianna devono dirsi una cosa importante.

7. _____ Quando degli amici italiani si vedono, si salutano e…

B. Reciproco o no? Scegli la forma giusta del verbo per completare le frasi.

1. Davide e Valentina amano / si amano molto il teatro e vanno spesso a vedere le opere liriche.
2. Io e i miei genitori non scriviamo / ci scriviamo quando vado in vacanza.
3. Tu e Giorgio vedete / vi vedete molti film insieme o andate al cinema da soli?
4. Enrico e Stefania non capiscono / si capiscono l'algebra e non vogliono più studiarla.
5. Laura e Giovanna telefonano / si telefonano ogni sera e parlano per un'ora.
6. Paola e Beatrice non salutano / si salutano più Daniela perché non è molto simpatica.
7. Io e mio fratello facciamo / ci facciamo sempre gli auguri di Pasqua per telefono perché io abito a Roma e lui abita a Los Angeles.

C. Due che si innamorano.

Parte prima. Ascolta le frasi che raccontano la storia di Alessandro e Mara e scrivi per ciascuna frase la lettera dell'immagine corrispondente. Ogni frase sarà ripetuta due volte.

a.

b.

c.

d.

e.

1. ____ 2. ____ 3. ____ 4. ____ 5. ____

Parte seconda. Adesso guarda le immagini e descrivi la storia di Alessandro e Mara.

ESEMPIO: Si vedono tutti i giorni alla fermata dell'autobus (*bus stop*) e si salutano.

_____

_____

_____

_____

_____

8.2 Ci siamo visti ieri   The present perfect of reflexive and reciprocal verbs

A. Di chi parla? Scegli il soggetto di ogni frase. Scrivi la lettera corrispondente.

a. Mario   b. Susanna   c. Antonio e Filippo   d. Natalia e Valeria

1. _____ si è annoiata a teatro perché non le piace l'opera lirica.

2. _____ si sono incontrati stamattina alla stazione per andare a Verona.

3. _____ oggi si è alzato presto perché ha una riunione molto importante in ufficio.

4. _____ quando si sono incontrate, si sono baciate.

5. _____ si è arrabbiato con Carla perché lei arriva a casa sua sempre in ritardo.

6. _____ si sono divertiti ieri sera al bar con gli amici.

7. _____ si è messa il giubbotto perché fuori fa molto freddo e nevica.

8. _____ si sono telefonate per parlare dell'esame di chimica.

B. A che ora ti sei alzato? Completa i verbi in modo appropriato. Segui l'esempio.

ESEMPIO: Marco si _____ mess_____ la giacca e la cravatta stamattina.
            Marco si è messo la giacca e la cravatta stamattina.

1. Anna non si _____ truccat_____ perché nel pomeriggio va in piscina.

2. Stefano ed io non ci _____ divertit_____ alla festa sabato scorso.

3. Le bambine si _____ lavat_____ i denti prima di andare a letto.

4. FABIO: A che ora ti _____ svegliat_____ oggi?

   RITA: Mi _____ svegliat_____ alle 7.30.

5. Patrizia e Fabiana si _____ arrabbiat_____ perché Gianni non è andato con loro al mare.

6. Io e mio marito ci _____ conosciut_____ all'università vent'anni fa.

7. Marco e Isabella si _____ separat_____ l'anno scorso a Natale. Che storia triste!

C. La giornata di Luciana e Giovanni. Completa le frasi con i seguenti verbi al passato prossimo.

(alzarsi)   (andare)   (arrabbiarsi)   (divertirsi)   (lavarsi)   (mettersi)   (uscire)

1. Luciana e Giovanni _____ alle 7.05 per prepararsi e andare a lavorare.

2. Sotto la doccia Giovanni _____ i capelli e la faccia.

3. Luciana _____ le calze, una gonna e una camicia.

4. Luciana e suo marito _____ di casa alle 8.15.

5. Il direttore (*boss*) _____ con Giovanni perché non ha ancora scritto una lettera urgente ad un cliente.

6. La sera Giovanni e Luciana _____ a casa di amici e _____ da matti.

D. Quando io e Lorenzo ci siamo conosciuti...

Parte prima. Francesca racconta di quando lei e il suo fidanzato (*fiancé*) Lorenzo si sono conosciuti. Ascolta la storia e metti in ordine i verbi che senti. Sentirai la storia due volte. Alcune risposte sono già state inserite.

__8__ baciarsi	____ incontrarsi	____ separarsi
__5__ bere	__3__ innamorarsi	__12__ sposarsi
____ chiedere	__10__ mettersi insieme	____ vedersi
__1__ conoscersi	__6__ parlare	____ finire

Parte seconda. Adesso ascolta la storia una seconda volta e scrivi i verbi nella forma che senti. La storia sarà ripetuta due volte.

1. _____ci siamo conosciuti_____   7. _____

2. _____   8. _____

3. _____   9. _____

4. _____   10. _____

5. _____   11. _____

6. _____   12. _____

▶ *Check your answers to the* **Parte prima** *and the* **Parte seconda** *in the Answer Key at the back of the workbook.*

Parte terza. Ascolta le domande e scegli la risposta giusta. Ogni domanda sarà ripetuta due volte. Ripeti la risposta.

1. a. ad un matrimonio   b. ad una festa
2. a. del vino   b. della birra
3. a. due ore   b. tre ore
4. a. in piazza   b. al bar
5. a. ieri   b. la settimana scorsa

E. Tocca a te!
Adesso descrivi quello che hai fatto ieri, cominciando da quando ti sei alzato/a. Scrivi almeno otto frasi e usa i seguenti verbi riflessivi e reciproci.

(alzarsi)   (annoiarsi)   (divertirsi)   (lavarsi)   (incontrarsi)   (mettersi)

(salutarsi)   (svegliarsi)

Ieri... _____

_____

_____

_____

_____

_____

8.3 L'amore è bello   The use of definite and indefinite articles

A. Decisioni! Scegli l'articolo giusto per completare le frasi.

1. Ho comprato due magliette e <u>una / la</u> camicia in centro la settimana scorsa.

2. <u>Una / La</u> fisica è molto difficile, non pensi?

3. Mia sorella ha <u>un / l'</u>amico che lavora a Torino.

4. Io e la mia famiglia andiamo sempre in chiesa <u>una / la</u> domenica.

5. Non so perché <u>una / la</u> professoressa Bellini non è venuta a lezione stamattina.

6. I miei amici hanno visto <u>un / il</u> bel film al cinema ieri sera, ma non mi ricordo il titolo.

7. <u>Un / Il</u> tuo nuovo appartamento è grande o piccolo?

8. <u>Una / La</u> religione è un argomento (*topic*) difficile da discutere in classe.

9. Martedì c'è festa, quindi lunedì facciamo <u>un / il</u> ponte. Forse andiamo al mare.

B. L'articolo giusto.

Parte prima. Completa le frasi con l'articolo determinativo o indeterminativo giusto.

1. Il fratellino di Giacomo è nato _____ 23 luglio.

2. Silvana ha comprato _____ gonna nuova ieri.

3. Hai visto _____ mio gatto? È uscito quando ho aperto la porta e adesso non lo trovo.

4. Devo dire che _____ università è veramente impegnativa (*demanding*). Non è per tutti!

5. Marco e Gino hanno comprato _____ regalo per Gaia perché domani è il suo compleanno.

6. Io e Carla abbiamo lezione di violino ogni settimana, _____ martedì e _____ giovedì.

7. Sai che di solito _____ studenti non mangiano molto bene perché non hanno voglia di cucinare?

8. Ho sentito che _____ tue amiche stasera si incontrano in piazza alle 9.00. Esci con loro o no?

▶ *Check your answers to the Parte prima in the Answer Key at the back of the workbook before doing the Parte seconda.*

Parte seconda. Adesso rileggi le frasi: qual è la regola per l'uso dell'articolo in ogni frase? Scrivi la lettera corrispondente alla regola giusta. **Attenzione!** Alcune regole si ripetono.

Definite article

a. dates
b. possessives
c. days of the week to indicate a routine activity
d. nouns that refer to universal concepts or general categories or groups

Indefinite article

e. to indicate quantity (the number 1)
f. to express *a* or *an*

1. _____   3. _____   5. _____   7. _____

2. _____   4. _____   6. _____   8. _____

C. Quale articolo? Completa le frasi con l'articolo determinativo o indeterminativo giusto.

1. Non mi piace _____ letteratura americana.

2. Beatrice ha conosciuto _____ bel ragazzo in discoteca ieri sera, ma era (*it was*) _____
ragazzo della sua amica Alessandra!

3. _____ nostro cane non vuole mai uscire di casa quando piove. Esce solo quando vede _____
altro cane fuori.

4. Conoscete _____ sorella di Massimo? Va a lezione di ballo con Maria _____ martedì sera.

5. _____ 7 dicembre è _____ compleanno del mio migliore amico.

6. Laura si lava _____ denti ogni sera prima di andare a letto.

7. Emiliano ha comprato _____ nuovo computer la settimana scorsa con _____ sua carta di
credito.

8. Avete sentito _____ nuova canzone di Laura Pausini? _____ suo nuovo album è bellissimo!

8.4 Non vado in macchina! Vado a piedi! The prepositions in and a

A. Dove andiamo?

Parte prima. Abbina ogni risposta alla domanda corrispondente. **Attenzione!** Usa ogni espressione *una sola volta*.

a. in bagno   c. in biblioteca   e. in palestra   g. in piazza
b. in banca   d. in centro   f. in cucina   h. in soggiorno

Dove andiamo...

1. a fare la doccia? _____

2. a preparare la cena? _____

3. a cambiare gli euro in dollari americani? _____

4. a cercare un libro? _____

5. a fare sport? _____

6. a fare shopping? _____

7. a guardare la TV? _____

8. a incontrare i nostri amici? _____

Parte seconda. Ascolta le domande e scegli la risposta giusta. Scrivi la lettera corrispondente. Ogni domanda sarà ripetuta due volte. Ripeti la risposta.

a. in bagno   c. in camera   e. in discoteca
b. in biblioteca   d. in cucina   f. in piscina

1. _____   2. _____   3. _____   4. _____   5. _____   6. _____

B. Che giornata! Scegli la preposizione giusta per completare il paragrafo.

Sabato mattina Daniele e Marco sono partiti <u>in / nella</u>[1] macchina per andare <u>in / nel</u>[2] centro a fare delle commissioni.[a] Prima sono andati <u>in / nella</u>[3] banca e poi hanno fatto colazione <u>a / al</u>[4] bar. Dopo sono andati <u>a / al</u>[5] supermercato per fare la spesa. <u>A / Al</u>[6] mezzogiorno sono tornati <u>a / alla</u>[7] casa e hanno preparato qualcosa da mangiare. Poi, Daniele è andato <u>a / al</u>[8] letto per un'ora e Marco ha guardato la TV <u>in / al</u>[9] soggiorno. Verso le tre del pomeriggio i due ragazzi hanno deciso di andare <u>in / nella</u>[10] piscina con altri due amici.

[a]*errands*

C. Come vai? Leggi le diverse situazioni e decidi come vai in questi posti.

ESEMPIO: *Leggi:* Vuoi andare da Boston a San Francisco e vuoi arrivare domani.
Scrivi: __*Vado in aereo*__.

1. Vuoi andare da Roma a Venezia, ma non ti piace volare e non ti piace guidare.

   _____

2. Tu e il tuo migliore amico / la tua migliore amica volete andare da New York a Venezia.

   _____

3. Devi andare a casa della nonna che abita nella tua stessa città. Sei molto sportivo/a e ti piace fare attività fisica, ma non ti va di andare a piedi.

   _____

4. Vuoi andare in vacanza con la famiglia e vuoi avere la possibilità di partire e tornare quando decidi tu.

   _____

5. Devi andare dal tuo vicino di casa (*neighbor*) perché hai bisogno di due uova per fare una torta.

   _____

D. Un giorno in città? Guarda le immagini e rispondi alle domande. Ogni domanda sarà ripetuta due volte. Ripeti la risposta.

ESEMPIO: *Senti:* Dove va il signor Marchi?
Dici: Va in ufficio.

il signor Marchi

la signora Ferrara

Ilaria

Teresa   Giorgio

Martina   Fausto

1. ...   2. ...   3. ...   4. ...   5. ...

Cognome _____ Data _____ Classe _____

Ascoltiamo! 🎧

Le feste italiane

A. Come finisce? Scegli le parole giuste per completare le frasi.

1. In Italia le feste principali sono di origine _____.
   a. religiosa   b. civile

2. D'estate la festa principale è _____.
   a. il 25 giugno   b. il 15 agosto

3. In Italia la Festa del lavoro si celebra _____.
   a. il primo lunedì di settembre   b. il primo maggio

4. La settimana di riti religiosi prima della Pasqua si chiama la _____.
   a. Settimana Santa   b. Settimana Bianca

5. L'8 marzo si regalano fiori di mimosa alle donne perché si celebra la _____.
   a. Festa della mamma   b. Festa della donna

🎧 **B. La festa di chi?** Ascolta la conversazione fra Zach, un ragazzo americano che studia a Firenze, e Roberto, un suo amico. Dopo decidi se le seguenti frasi sono **vere** o **false**. La conversazione sarà ripetuta due volte.

	vero	falso
1. La Festa di San Giovanni si celebra nel mese di luglio.	☐	☐
2. San Giovanni Battista è il santo patrono di Firenze.	☐	☐
3. Per la Festa di San Giovanni gli italiani giocano a calcio.	☐	☐
4. La Festa di San Giovanni è una festa di origine religiosa.	☐	☐
5. Tutte e due le feste, la Festa dell'Indipendenza negli Stati Uniti e quella di San Giovanni, si celebrano con fuochi d'artificio.	☐	☐

🎧 **C. Qual è la festa?** Ascolta le descrizioni di cinque feste. Abbina la descrizione alla festa giusta. Le descrizioni saranno ripetute due volte.

1. _____   a. Pasquetta

2. _____   b. Natale

3. _____   c. la Festa della donna

4. _____   d. Pasqua

5. _____   e. Carnevale

Leggiamo!

Strategie di lettura

Synthesis. Usa tutte le strategie che hai imparato finora (*until now*) per capire questo annuncio per una festa a Torino.

Lettura

Guarda la pubblicità di una festa molto particolare a Torino, poi fai le attività di comprensione.

O CI VAI O CI SEI!

È questo il **claim dell'edizione 2012 di Cioccolatò,** la manifestazione che la Città di Torino dedica al cioccolato per il nono anno, **in programma dal 2 all'11 marzo.**

Un chiaro invito, cari **torinesi e turisti,** per vivere un'esperienza incredibile che vi fa conoscere il cibo degli dei,[1] approfondire la tradizione cioccolatiera di Torino e del Piemonte per un goloso[2] divertimento tutto gratuito!

Piazza Vittorio Veneto è la location che ospita le **tante iniziative proposte** da Cioccolatò, come gli incontri con gli esperti, le degustazioni,[3] le attività culturali e di animazione, gli appuntamenti ludico-didattici[4] per adulti e bambini legati sia al cioccolato Made in Italy sia a quello internazionale.

Tra gli **special event del 2012,** gli **appuntamenti in «rosa»** che la manifestazione dedica alle donne del cioccolato nella giornata **dell'8 marzo.**

[1]*gods* [2]*gluttonous* [3]*tastings* [4]appuntamenti... *learning through play*

Source: www.cioccola-to.it/2012/home.php

A. Relating graphics and text. Guarda l'immagine.

Cosa celebra questa festa?

   a. il piatto   b. il caffè   c. il cioccolato

B. Deriving word meaning from context. Leggi il testo per rispondere alle domande.

1. Quante volte hanno fatto questa festa a Torino?
   a. una (questa è la prima)   b. nove   c. 2012

2. Quale delle parole seguenti **non** è un sinonimo di **approfondire?**
   a. studiare (in modo profondo)   b. esaminare   c. calcolare

3. Nell'espressione «sia al cioccolato Made in Italy sia a quello internazionale», che significa **sia... sia?**
   a. neither . . . nor   b. both . . . as well as   c. one . . . or the other

C. Putting it all together. Spiega con parole tue il significato degli **appuntamenti in «rosa»**.

_____

_____

◑ In Italia, Culture a confronto, Un po' di cultura e Regioni d'Italia

Utilizzando le informazioni delle sezioni **In Italia** e delle attività di cultura contrassegnate da ◑ nel libro, decidi se le frasi seguenti sono **vere** o **false.** Se una frase è falsa, cambia la parola in neretto per renderla vera.

	vero	falso
1. In Italia c'è chi festeggia anche l'**onomastico,** cioè la festa del santo con il quale condivide il nome.	☐	☐
2. I bambini italiani festeggiano la **Madonna** il giorno dell'Epifania.	☐	☐
3. Quando nasce un maschietto si distribuiscono bomboniere con confetti **verdi.**	☐	☐
4. Regalare **sei** fiori non porta buona fortuna.	☐	☐
5. L'espressione «Natale con i tuoi, Pasqua con chi vuoi» significa che per gli italiani è **più** importante stare con la famiglia a Natale che a Pasqua.	☐	☐
6. Oggi le coppie italiane che si sposano sono **più** giovani.	☐	☐

Scriviamo!

Strategie di scrittura

Synthesis. In addition to following the instructions below, this is your opportunity to reuse some of the writing strategies that are already familiar to you in order to write a note to your host mother while you are in Italy. You already know how to do the following: keep it simple; use the Italian you know and avoid translation; use semantic mapping; brainstorm ideas; use visual prompts to give you ideas; add details and fuller descriptions; and organize your ideas before you write. For example, for the third paragraph on Ringo, you might want to brainstorm some ideas of what a badly behaved dog does. Be prepared to hand in your notes with your composition.

Genere: Un messaggio pratico

Tema: La signora che ti ospita in Italia è fuori città per lavoro questa settimana e vuole organizzare una festa appena ritorna domani. Ecco le istruzioni che ti ha lasciato.

> Ciao!
>
> Ho invitato i signori Belvedere per una piccola festa sabato sera. Mi puoi fare un favore?
>
> Puoi pulire un po' la casa e fare la spesa? Ecco il menu: come primo piatto vorrei preparare delle penne al gorgonzola e pistacchi, per secondo del pollo arrosto con un contorno di asparagi e carote e poi una bella insalata. Per dolce, vorrei prendere una buona crostata al limone in quella pasticceria nuova in Via Umberto. Oh, non dimentichiamo di comprare del pane! Puoi anche apparecchiare la tavola? Metti quella tovaglia azzurra. Forse bisogna lavarla....
>
> Un'altra cosa: per favore, se mia sorella Adelina chiede di lasciare Ringo a casa nostra questo weekend, devi dire di no. Quel cane è troppo disubbidiente e puzza!
> Grazie mille. Non vedo l'ora di tornare a casa!
>
> A sabato,
> Sandra

Su un foglio di carta, prepara un messaggio di tre paragrafi per dire alla signora:

1. quello che sei riuscito/a a (*you were able, managed*) fare: **Ben tornata! Ecco tutto quello che sono riuscito/a a fare: ho comprato... , ho pulito...**
2. quello che non sei riuscito/a a fare o che hai dimenticato: **Però** (*However*)**, non sono riuscito/a a fare alcune cose: ho dimenticato di comprare... , pulire...**
3. Spiega perché hai detto di sì alla zia Adelina e i problemi che Ringo ha creato: **So che mi hai chiesto di dire di no alla signora Adelina, ma...**

Alla fine, rileggi quello che hai scritto tenendo conto dei consigli di **Facciamo la verifica!**

Facciamo la verifica!

I have used:

❑ the **Strategie di scrittura** introduced in earlier chapters;

❑ appropriate words and expressions from **Capitoli 1–8** of the textbook and the models provided.

I have proofread my writing and checked:

❑ for spelling errors, including apostrophes and accent marks;

❑ that the adjectives agree in gender and number with the nouns they describe;

❑ that I have used the correct past participle endings for regular verbs (**-ato, -ito, -uto**) and the correct auxiliary verb (**avere** or **essere**) in the **passato prossimo.**

❑ that I have used the correct past participles of irregular verbs (e.g., **ho visto, abbiamo fatto, ho preso**);

❑ that the past participle of each verb conjugated with **essere** agrees in gender and number with the subject (e.g., **siamo andati, Elisa non è venuta**);

❑ that my message is both polite and honest.

Capitolo 9

La scuola e i giovani

Strategie di comunicazione

A. Cosa fai? / Cosa vuoi fare? Scegli la domanda giusta per ogni risposta.

1. a. Cosa fai?   b. Cosa vuoi fare?
    «Faccio ingegneria.»

2. a. Cosa fai?   b. Cosa vuoi fare?
    «Vorrei fare il professore.»

3. a. Cosa fai?   b. Cosa vuoi fare?
    «Studio filosofia.»

4. a. Cosa fai?   b. Cosa vuoi fare?
    «Sono cameriere.»

5. a. Cosa fai?   b. Cosa vuoi fare?
    «Vorrei fare psicologia.»

B. Quale professione fa? Ascolta le descrizioni di cinque professioni. Per ogni descrizione scrivi la lettera che corrisponde alla professione giusta. Le descrizioni saranno ripetute due volte.

1. _____   a. È notaio.

2. _____   b. È cameriere.

3. _____   c. È cuoco (*chef*).

4. _____   d. È professore.

5. _____   e. È medico.

C. Com'era? / Com'erano? Completa le domande con **Com'era** o **Com'erano**.

ESEMPIO: —Abbiamo avuto una nuova insegnante di educazione fisica.

—Ah sì? E ___com'era___ la lezione?

1. —Ho seguito un corso sulla storia del cinema.

   —Interessante! _____ i film muti (*silent*)?

2. —A causa del temporale (*storm*) ieri è andata via la luce (*light*).

   —Che disastro! _____ la vita senza il computer?

3. —Ho sempre preso bei voti a scuola.

   —Brava! _____ gli esami della scuola elementare?

4. —L'euro è stato introdotto nel 2002.

   —È vero. _____ prima i soldi?

5. —Il nonno ha comprato il primo televisore nel 1958.

   —Mamma mia! _____ la TV in bianco e nero?

D. Com'era Sandro? Abbina le parole dell'insieme A a quelle dell'insieme B. Scoprirai com'era Sandro da bambino. Il primo abbinamento è già fatto.

A	B
1. __f__ statura (*height*)	a. erano biondi
2. _____ i suoi capelli	b. era bravo
3. _____ il pomeriggio	c. non voleva mai mangiare la minestra
4. _____ a scuola	d. gli piaceva leggere prima di dormire
5. _____ a cena	e. guardava i cartoni animati
6. _____ la sera	f. era basso

E. Un colloquio di lavoro (*job interview*). Completa il dialogo con le forme appropriate dei verbi al passato prossimo.

MASSIMO: Ieri io _____[1] (andare) ad un colloquio di lavoro.

VERA: Sì? Com'era?

MASSIMO: Interessante. È una ditta internazionale in centro. _____[2] (prendere) l'autobus e, per fortuna, nonostante (*despite*) il traffico, _____[3] (arrivare) in anticipo. Sai cosa? Al colloquio _____[4] (vedere) Stefania, Paolo e Antonio.

VERA: Davvero? Com'erano?

MASSIMO: Stressati. Molto stressati. Vogliamo tutti trovare lavoro e ci sono pochi posti.

Pronuncia

La combinazione *gn*   The combination *gn*

La combinazione *gn*.

- The combination **gn** is pronounced like *ny* in the word *canyon*.

  Listen and repeat the following words with the combination **gn**:

  gnocchi   **guadagnare**   **ingegnere**   **insegnare**

- Notice the difference with the pronunciation of **nn**.

  nonno   **anni**   **Gianni**   **compleanno**

Dettato.

Parte prima. Completa le parole che senti con **gn** o **nn**. Ogni parola sarà ripetuta due volte.

1. so____o
2. complea____o
3. inse____ante
4. a____ello

5. to____o
6. Sarde____a
7. impe____ato
8. a____iversario

9. o____i
10. le____o

Parte seconda. Adesso scrivi le parole che senti. Ogni parola sarà ripetuta due volte.

1. _____
2. _____
3. _____
4. _____
5. _____
6. _____
7. _____
8. _____
9. _____
10. _____

▶ *Check your answers to this activity in the Answer Key at the back of the workbook.*

Lessico

Siamo studenti! Talking about education and professions

A. Le professioni. Scegli la risposta giusta.

1. _____ Lavora in ospedale.   a. un ingegnere   b. un infermiere
2. _____ Insegna in una scuola.   a. una maestra   b. un cameriere
3. _____ Serve in un ristorante.   a. un fotografo   b. una cameriera
4. _____ Lavora in tribunale.   a. un avvocato   b. un musicista
5. _____ Vende in un negozio.   a. una commessa   b. un'impiegata
6. _____ Cura gli animali.   a. un veterinario   b. un'attrice
7. _____ Lavora in un ufficio.   a. un maestro   b. un'impiegata
8. _____ Scrive per una rivista.   a. un pilota   b. una giornalista
9. _____ Lavora in un cantiere.   a. una psicologa   b. un'operaia

B. Con chi sta parlando? Ascolta le quattro conversazioni di Lorenzo. Devi dire con chi sta parlando Lorenzo. Scegli fra le seguenti persone e scrivi la lettera corrispondente. Ogni conversazione sarà ripetuta due volte.

a. una poliziotta   c. una dottoressa   e. una commessa
b. una dirigente   d. un avvocato   f. un'insegnante

1. _____ 2. _____ 3. _____ 4. _____

C. Chi sono?

Parte prima. Ascolta le frasi e decidi a quale immagine si riferiscono. Ogni frase sarà ripetuta due volte.

a. _____   b. _____   c. _____

d. _____   e. _____   f. _____

Parte seconda. Adesso scrivi il nome di ogni professione accanto alla lettera giusta.

a. _____   d. _____

b. _____   e. _____

c. _____   f. _____

D. Le professioni. Trasforma le seguenti professioni dal maschile al femminile.

maschile	femminile
1. l'attore	_____
2. il professore	_____
3. lo scrittore	_____
4. il veterinario	_____
5. il giornalista	_____
6. l'ingegnere	_____
7. lo psicologo	_____
8. l'insegnante	_____
9. il dirigente	_____

E. Chi chiami? Scrivi la professione della persona che può aiutarti (*help you*) nelle seguenti situazioni.

1. Hai bisogno di un consiglio sulla tua salute. _____

2. Vuoi costruire (*build*) una casa. _____

3. Il tuo cane è ammalato. _____

4. Hai problemi con la legge (*law*) e devi andare in tribunale. _____

5. Hai visto un furto (*robbery*) vicino a casa tua. _____

6. Sei un paziente (*patient*) all'ospedale e hai bisogno di aiuto (*help*). _____

7. Vuoi vedere dei vestiti in un negozio. _____

8. Vuoi ordinare del cibo in una pizzeria. _____

F. Cosa vuole fare da grande? Tre ragazzi stanno pensando alla professione che vogliono fare da grandi e descrivono che cosa gli piace fare. Ascolta le loro descrizioni e aiutali a scegliere una professione. Ogni descrizione sarà ripetuta due volte.

1. Veronica: _____

2. Tommaso: _____

3. Milena: _____

G. Tocca a te! Secondo te, qual è la professione ideale? Perché? Scrivi almeno cinque frasi.

_____

_____

_____

_____

_____

Strutture

9.1 C'era una volta... The imperfect

A. I verbi all'imperfetto.

Parte prima. Forma delle frasi abbinando gli elementi dell'insieme A a quelli dell'insieme B.

A	B
1. Da piccola Giovanna _____	a. giocavamo con le bambole (*dolls*), nostro fratello giocava con le sue macchinine (*little cars*).
2. Mario e Filippo _____	b. studiavate scienze insieme in biblioteca.
3. Io _____	c. andavi a casa della zia dopo la scuola.
4. Di solito tu e Lisa _____	d. era alta e magra.
5. Mentre io e mia sorella _____	e. frequentavano la stessa scuola a Verona.
6. Tutti i giorni tu _____	f. volevo fare il medico da grande.

Parte seconda. Scrivi il significato dei seguenti verbi e completa le schede con le forme giuste dell'imperfetto.

	dormire *to sleep*	giocare _____	capire _____	volere _____
io				
tu				volevi
lui, lei; Lei		giocava		
noi	dormivamo			
voi			capivate	
loro				

	bere _____	essere _____	fare _____
io			facevo
tu			
lui, lei; Lei			
noi	bevevamo		
voi			
loro		erano	

B. Di chi parla? Ascolta le frasi e decidi qual è il soggetto di ogni frase. Le frasi saranno ripetute due volte. Dopo una breve pausa sentirai la risposta giusta.

ESEMPIO: *Senti:* Di solito andavamo al bar a fare colazione.
Scegli: noi
Senti: noi andavamo

	io	tu	lui/lei	noi	voi	loro
1.	☐	☐	☐	☐	☐	☐
2.	☐	☐	☐	☐	☐	☐
3.	☐	☐	☐	☐	☐	☐
4.	☐	☐	☐	☐	☐	☐
5.	☐	☐	☐	☐	☐	☐
6.	☐	☐	☐	☐	☐	☐
7.	☐	☐	☐	☐	☐	☐
8.	☐	☐	☐	☐	☐	☐

C. Quando Laura era piccola... Guarda le immagini di Laura quando era piccola, ascolta le frasi e decidi se sono **vere** o **false.** Ogni frase sarà ripetuta due volte.

	vero	falso
1.	☐	☐
2.	☐	☐
3.	☐	☐
4.	☐	☐
5.	☐	☐
6.	☐	☐
7.	☐	☐

D. Da bambino...

Parte prima. Leggi i ricordi (*memories*) di Giacomo e scrivi la forma giusta dei seguenti verbi all'imperfetto. **Attenzione!** Devi usare alcuni verbi *due volte.*

(aiutare) (andare (2)) (avere) (cucinare) (essere (2))

(fare) (giocare) (leggere) (stare) (vivere)

Quando io _____¹ piccolo, ogni estate io e mio fratello _____² a casa

dei nonni. I nonni _____³ in campagna in una fattoria (*farm*) e _____⁴

molti animali. Tutti i giorni io e mio fratello _____⁵ il nonno nel campo (*field*) dove

lui lavorava dalle 8.00 di mattina fino a mezzogiorno. L'ora di pranzo _____⁶ la mia

parte preferita della giornata perché la nonna _____⁷ molto bene. Dopo pranzo

noi _____⁸ in casa perché _____⁹ caldo. La sera io e mio fratello

_____¹⁰ un po' a calcio fuori (*outside*) e _____¹¹ a letto presto.

Prima di andare a dormire, la nonna ci _____¹² qualcosa dal nostro libro preferito.

Che bei ricordi!

▶ *Check your answers to the **Parte prima** in the Answer Key at the back of the workbook before doing the **Parte seconda.***

Parte seconda. Rileggi il testo e rispondi alle domande con delle frasi complete.

1. Dove vivevano i nonni di Giacomo?

   _____

2. A Giacomo piaceva mangiare a casa dei nonni? Perché?

   _____

3. Perché Giacomo e suo fratello stavano in casa nel pomeriggio?

   _____

4. Secondo te, perché Giacomo e suo fratello andavano a letto presto?

   _____

E. L'infanzia di nonno Pietro.

Parte prima. Ascolta nonno Pietro che parla della sua infanzia (*childhood*) e decidi quali verbi della lista seguente sono usati all'imperfetto. I verbi all'imperfetto sono dieci. Il testo sarà ripetuto due volte.

☐ andare	☐ esserci	☐ guardare	☐ sposarsi
☐ ascoltare	☐ essere	☐ lavorare	☐ viaggiare
☐ avere	☐ fare	☐ leggere	☐ visitare
☐ dovere	☐ guadagnare	☐ potere	☐ vivere

▶ *Check your answers to the **Parte prima** in the Answer Key at the back of the workbook before doing the **Parte seconda.***

Parte seconda. Ascolta di nuovo il testo e scrivi le forme dei verbi all'imperfetto che hai segnato nella **Parte prima**.

1. _____ 6. _____

2. _____ 7. _____

3. _____ 8. _____

4. _____ 9. _____

5. _____ 10. _____

Parte terza. Adesso leggi le frasi e decidi se sono **vere** o **false**.

	vero	falso
1. Molti anni fa la gente viaggiava spesso in treno.	☐	☐
2. Molti anni fa la gente ascoltava la radio e leggeva.	☐	☐
3. Molti anni fa tutti i ragazzi andavano all'università.	☐	☐
4. Molti anni fa i giovani non si sposavano molto presto.	☐	☐
5. Oggi la vita è molto più facile di una volta.	☐	☐

F. Che dovevi fare? Scrivi la forma giusta di **dovere** all'imperfetto. Dopo completa la frase.

ESEMPIO: Stasera io __*dovevo*__ uscire con Sara e invece...
sono uscito con Gessica!

1. Ieri tu _____ andare al supermercato per la mamma e invece...

   _____

2. Giulio _____ studiare con Paola a casa sua e invece...

   _____

3. Tu e Marco _____ prendere le vitamine stamattina e invece...

   _____

4. Filippo e Carlotta _____ preparare la cena per tutti domani sera e invece...

   _____

5. Io _____ risparmiare (*save*) i soldi quest'anno e invece...

   _____

6. Io e Caterina _____ andare in centro oggi e invece...

   _____

G. Tocca a te! Che cosa facevi tu quando eri piccolo/a? Con chi giocavi? A che cosa giocavate? Come si chiamavano i tuoi migliori amici? Quale professione volevi fare da grande? Perché? Scrivi almeno sette frasi all'imperfetto.

_____

_____

_____

_____

_____

_____

9.2 Cosa facevi?   The imperfect versus the present perfect

A. Il passato prossimo o l'imperfetto? Leggi le frasi e decidi se è necessario usare il passato prossimo o l'imperfetto per completarle.

1. Ieri <u>abbiamo lavorato / lavoravamo</u> dalle 8.00 di mattina fino alle 7.00 di sera. Che giornata lunga!

2. Da bambina Martina <u>ha voluto / voleva</u> studiare medicina, ma adesso studia legge.

3. La settimana scorsa Silvia <u>ha fatto / faceva</u> domanda per un lavoro a New York.

4. In estate <u>ho aiutato / aiutavo</u> sempre mia nonna in giardino.

5. Da piccola Francesca <u>ha avuto / aveva</u> lezione di violino il martedì pomeriggio.

6. L'anno scorso Roberta <u>si è licenziata / si licenziava</u> dal suo lavoro di operaia a Roma perché voleva tornare a vivere a Milano.

7. Quando eravamo piccoli, una volta <u>siamo andati / andavamo</u> al mare con gli zii.

8. Michele <u>ha vinto / vinceva</u> una borsa di studio per studiare in un'università molto prestigiosa in Inghilterra.

B. Una sola volta o più volte? Ascolta le frasi e decidi se si tratta di azioni fatte **una sola volta** o **ripetute più volte** nel passato. Ogni frase sarà ripetuta due volte. Dopo una breve pausa sentirai la risposta giusta.

	una sola volta	ripetute più volte
1.	☐	☐
2.	☐	☐
3.	☐	☐
4.	☐	☐
5.	☐	☐
6.	☐	☐

C. Mentre studiavo...
Completa le frasi con la forma giusta del passato prossimo o dell'imperfetto dei verbi tra parentesi.

1. Mentre Alberto _____ (guardare) la TV, ha telefonato la sua amica Simona.

2. Laura _____ (andare) dal dentista giovedì scorso.

3. Da piccola io _____ (fare) sempre i compiti subito dopo pranzo.

4. Sabato Susanna _____ (tornare) a casa dal lavoro alle due di notte.

5. Mentre Paola e Lisa _____ (leggere) il giornale, la loro madre parlava al telefono con un'amica.

6. Quando ero piccolo, la mamma _____ (preparare) la cena tutte le sere alle sette.

7. Io e Marina _____ (laurearsi) l'anno scorso.

D. La mia vita in America.

Parte prima. Claudia è una studentessa italiana che sta studiando in un'università americana. Ascolta Claudia che parla delle differenze tra la vita studentesca americana e la sua vita di studentessa universitaria in Italia. Scrivi i verbi all'imperfetto che senti. Il testo sarà ripetuto due volte.

1. _____   4. _____

2. _____   5. _____

3. _____   6. _____

▶ *Check your answers to this activity in the Answer Key at the back of the workbook.*

Parte seconda. Adesso ascolta di nuovo quello che dice Claudia e decidi se le affermazioni sono **vere** o **false**.

	vero	falso
1. In Italia gli studenti fanno molti compiti.	☐	☐
2. In Italia bisogna frequentare tutte le lezioni.	☐	☐
3. In Italia gli studenti non parlano molto con i professori durante la lezione.	☐	☐
4. Claudia non mangia mai alla mensa in Italia.	☐	☐

E. Dove va?

Parte prima. Segna le espressioni che si usano spesso con l'imperfetto.

1. ☐ all'improvviso   7. ☐ ieri sera
2. ☐ la settimana scorsa   8. ☐ ogni estate
3. ☐ tutti i giorni   9. ☐ una volta
4. ☐ di solito   10. ☐ il lunedì
5. ☐ mentre   11. ☐ sempre
6. ☐ un giorno   12. ☐ venerdì

Parte seconda. Adesso scegli tre espressioni della **Parte prima** con le quali si usa l'imperfetto e tre espressioni con le quali si può usare il passato prossimo e scrivi delle frasi complete.

l'imperfetto

1. _____

2. _____

3. _____

il passato prossimo

4. _____

5. _____

6. _____

F. Un giorno al mare.

Parte prima. Completa il seguente testo con la forma giusta del passato prossimo o dell'imperfetto dei verbi tra parentesi.

Quando io _____[1] (avere) dieci anni, io e i miei amici _____[2] (giocare) sempre insieme. Un giorno i miei genitori _____[3] (decidere) di portarci al mare. Quando noi _____[4] (arrivare), _____[5] (iniziare) a giocare nella sabbia (*sand*) e poi _____[6] (nuotare) un po'.

Mentre noi _____[7] (giocare), la mia amica Silvana _____[8] (vedere) una medusa (*poisonous jellyfish*) e dopo noi non _____[9] (volere) più entrare nell'acqua perché _____[10] (avere) paura. Siamo corsi via, lontano dalla riva (*shore*), e non _____[11] (tornare) più in quella spiaggia (*beach*).

▶ *Check your answers to the* **Parte prima** *in the Answer Key at the back of the workbook before doing the* **Parte seconda.**

Parte seconda. Adesso rileggi la storia e decidi se le affermazioni sono **vere** o **false.**

		vero	falso
1.	Io e i miei amici andavamo sempre al mare.	☐	☐
2.	Di solito giocavamo insieme.	☐	☐
3.	Mentre giocavamo, abbiamo visto una medusa.	☐	☐
4.	Avevamo tutti paura della medusa.	☐	☐
5.	Silvana è tornata in quella spiaggia la settimana dopo.	☐	☐

9.3 Cosa stavi facendo? The past progressive

A. Che cosa stavano facendo?

Parte prima. Completa le frasi con la forma giusta di **stare** all'imperfetto.

1. Ieri Mario _____ lavorando al cantiere quando sua moglie è andata all'ospedale.

2. Tu e Giada _____ mangiando un panino al parco ieri pomeriggio quando sono arrivata in ufficio.

3. La settimana scorsa Alessia e Carla _____ studiando in biblioteca quando il cellulare di Carla ha squillato (*rang*).

4. Io e Filippo _____ prendendo l'autobus quando Stefania è arrivata alla stazione.

5. Giovedì sera Paola _____ guardando la TV a casa quando gli amici sono venuti a trovarla.

6. Il professore _____ parlando agli studenti quando un cellulare ha squillato.

7. Ho sentito che tu _____ ballando con Teresa in discoteca quando è caduta (*fell*).

Parte seconda. Adesso completa le frasi con il passato progressivo dei seguenti verbi.

(aiutare)   (bere)   (cercare)   (dormire)   (pranzare)   (scrivere)

1. Piero e Luisa _____ al ristorante quando è andata via la luce.

2. Lorenzo _____ in classe e il maestro si è arrabbiato.

3. (Tu) _____ il manager con un nuovo progetto e ti ha offerto uno stipendio più alto.

4. Sabato tu e Anna _____ una birra e intanto (*at the same time*) parlavate del vostro lavoro.

5. Ieri mattina Elisabetta _____ una relazione quando, all'improvviso, il suo computer si è bloccato (*froze*).

6. Io e Francesca _____ il nostro cane Argo quando nostro padre è tornato a casa.

B. L'estate di Valentina. Guarda le immagini e descrivi quello che stava facendo Valentina quando il suo amico stava facendo la foto.

ESEMPIO: *Vedi:*

Scrivi: Stava dormendo a teatro.

1. _____

   _____

2. _____

   _____

3. _____

   _____

4. _____

   _____

(continued)

5. _____   6. _____

_____   _____

C. Dall'imperfetto al passato progressivo. Ascolta le frasi e scrivi il passato progressive dei verbi che senti all'imperfetto. Ogni frase sarà ripetuta due volte.

ESEMPIO: *Senti:* Marco leggeva quando Rita è uscita.

Vedi: Marco _____ quando Rita è uscita.

Scrivi: ___*stava leggendo*___

1. Valeria _____ in piscina quando Giovanni ha telefonato.

2. Diego e Sandra _____ al bar quando hanno visto entrare Susanna.

3. Io _____ la cucina quando Luigi è partito.

4. (*tu*) _____ con Silvia in piazza quando i nonni sono arrivati a casa.

5. Io e Marta _____ una passeggiata quando mia madre mi ha chiamato al telefonino.

6. Tu e Giorgio _____ una pizza venerdì sera quando ha telefonato il padre di Giorgio.

▶ *Check your answers to this activity in the Answer Key at the back of the workbook.*

D. Tocca a te! E tu, cosa stavi facendo... ? Adesso descrivi quello che stavi facendo alle ore indicate.

Cosa stavi facendo...

1. ieri alle 6.00 di mattina?

   _____

2. ieri sera alle 9.00?

   _____

3. venerdì scorso alle 10.00 di mattina?

   _____

4. sabato scorso alle 23.00?

   _____

5. domenica scorsa alle 4.00 del pomeriggio?

   _____

Ascoltiamo! 🎧

Il sistema d'istruzione in Italia

A. Come finisce? Completa le seguenti frasi.

1. «Il classico» è un tipo di _____.
   a. liceo   b. scuola media

2. La scuola media dura _____.
   a. tre anni   b. quattro anni

3. Uno studente che vuole diventare ingegnere studia al _____.
   a. liceo linguistico   b. liceo scientifico

4. La scuola superiore si conclude con _____.
   a. un Esame di Stato   b. un esame di licenza superiore

5. Nella scuola superiore il minimo per avere la sufficienza in una materia è _____.
   a. 6 su 10   b. 4 su 10

🎧 **B. In Italia o in America?** Ascolta la descrizione che fa Daniele del sistema universitario in Italia e in America. Poi indica se le seguenti frasi sono vere per l'Italia o per l'America. La descrizione sarà ripetuta due volte.

ESEMPIO: *Senti:*   Nelle superiori gli insegnanti si chiamano «professori».

	In Italia	In America
Scegli:	☑	☐

	In Italia	In America
1. La maggior parte degli esami sono orali.	☐	☐
2. Il voto più alto è una «A».	☐	☐
3. Per un esame puoi ricevere un ventisette ed è un bel risultato.	☐	☐
4. Una facoltà può essere in un edificio dell'anno 1546.	☐	☐
5. C'è un vero e proprio campus universitario.	☐	☐

🎧 **C. Vero o falso?** Ascolta le frasi che descrivono il sistema d'istruzione in Italia e decidi se sono **vere** o **false**. Ogni frase sarà ripetuta due volte.

ESEMPIO: *Senti:*   I bambini più piccoli frequentano l'asilo nido.

	vero	falso
Scegli:	☑	☐

	vero	falso
1.	☐	☐
2.	☐	☐
3.	☐	☐
4.	☐	☐
5.	☐	☐

Leggiamo!

Strategie di lettura

Identifying topic sentences.   In the very first paragraph of an expository text you can often find one sentence that states what the entire text is about: the topic sentence. Each subsequent paragraph will contain its own topic sentence that conveys the main idea of the paragraph. Identifying the topic sentence can aid your understanding of the text.

Lettura

L'articolo sotto è stato adattato dal sito Internet **orientamento.ch** che dà consigli (*advice*) alle ragazze che cercano lavoro. Leggi l'articolo e poi rispondi alle domande.

Consigli per le giovani[1]

[...]

Le donne hanno una diversa Hitparade delle professioni
Le statistiche indicano chiaramente che nel mondo del lavoro esistono tuttora[2] «settori maschili» e «settori femminili». Per quanto riguarda la scelta[3] professionale, le ragazze e i ragazzi hanno un solo punto in comune: l'apprendistato[4] di impiegato di commercio occupa il primo posto in tutt'e due le Hitparade delle professioni. Tuttavia[5] emergono sensibili[6] differenze nella distribuzione e nella varietà delle scelte [...]:

- I ragazzi scelgono prevalentemente professioni tecniche, mentre le ragazze preferiscono piuttosto attività a contatto con le persone (venditrice,[7] parrucchiera, ecc.)

- L'80% dei ragazzi sceglie tra 33 diverse professioni mentre rispettivamente l'80% delle ragazze sceglie solo tra 13 professioni.

[...]

Il progetto Posti di tirocinio[8] 16+[9]
Il compito principale del progetto Posti di tirocinio 16+ consiste nell'avvicinare le giovani alle «professioni atipiche», cioè alle professioni più tipiche dei ragazzi, e a facilitarne l'accesso ai relativi apprendistati. **Alla Homepage di 16+** si trovano diverse informazioni che possono dare un impulso significativo alla scelta professionale, come per esempio posti di stage[10] e posti di tirocinio speciali per le giovani che si interessano alle «professioni atipiche».

[...]

[1]**I giovani** *refers to youth in general;* **le giovani** *refers to young women*   [2]*still*   [3]*choice*
[4]*apprenticeship*   [5]*However*   [6]*noticeable; considerable*   [7]*saleswoman*   [8]*practical training*
[9]*per le giovani che hanno 16 anni o di più*   [10]*internship*

A. L'idea principale. Scegli la risposta giusta.

1. Guarda il primo paragrafo. Qual è l'idea principale della frase chiave (*topic sentence*)?
   a. Ai ragazzi e alle ragazze piacciono delle canzoni differenti.
   b. Ci sono differenze tra i tipi di lavori che fanno i ragazzi e quelli che fanno le ragazze.
   c. I ragazzi e le ragazze hanno una sola cosa in comune nelle scelte di lavoro.

2. Guarda la frase chiave del secondo paragrafo. Qual è l'obiettivo principale del **progetto Posti di tirocinio 16+**?
   a. Incoraggiare le ragazze a vestirsi come i ragazzi.
   b. Incoraggiare le giovani a consultare il loro sito Internet.
   c. Incoraggiare le ragazze ad entrare nelle professioni tradizionalmente maschili.

B. Hai capito?

Parte prima. Leggi il primo paragrafo e decidi se le frasi seguenti sono **vere** o **false**.

	vero	falso
1. Il commercio è il settore di lavoro che interessa di più ai giovani d'oggi.	☐	☐
2. I maschi preferiscono i lavori che permettono il contatto con le persone.	☐	☐
3. Nelle loro scelte professionali le femmine dimostrano più varietà dei maschi.	☐	☐

Parte seconda. Adesso leggi tutto il secondo paragrafo e scegli la risposta giusta alla seguente domanda. Quali di queste informazioni si possono trovare sul sito Internet del **progetto Posti di tirocinio 16+**?

a. possibili apprendistati per le ragazze interessate alle professioni tradizionalmente maschili
b. possibili posti di lavoro nel campo dell'insegnamento
c. possibili punti di incontro per i giovani interessati al teatro

In Italia, Culture a confronto, Un po' di cultura e Regioni d'Italia

Utilizzando le informazioni delle sezioni **In Italia** e delle attività di cultura contrassegnate da ❶ nel libro, decidi se le frasi seguenti sono **vere** o **false**. Se una frase è falsa, cambia la parola in neretto per renderla vera.

	vero	falso
1. I bambini dai 3 ai 6 anni frequentano la scuola **elementare**.	☐	☐
2. Gli studenti italiani completano l'equivalente di «general education» al **liceo**.	☐	☐
3. Un giovane italiano che ha intenzione di entrare direttamente nel mondo del lavoro di solito frequenta una scuola superiore e poi fa un corso di **formazione**.	☐	☐
4. Grazia Deledda ha scritto molti **romanzi** e novelle.	☐	☐
5. Anche se sono molto importanti per la sicurezza del paese, nella cultura italiana i **medici** sono oggetto di molte barzellette.	☐	☐
6. In confronto agli Stati Uniti, le tasse d'iscrizione alle università italiane sono più **basse**.	☐	☐

Scriviamo!

Strategie di scrittura

Using connecting words. Connectors and transition words create greater cohesion and help your reader to follow the structure of your writing. They also add sophistication to your writing style. Experiment with this technique by using some of the following connectors in your text: **prima** (*first*), **e** (*and*), **poi** (*after, then*), **ma** (*but*), **mentre** (*while*), **adesso** (*now*), **dopo** (*then, after*), **allora** (*so, then*), **però** (*however*), **infine** (*finally*).

Genere: Un racconto personale

Tema: Quale canzone ti ricorda la tua infanzia o la tua adolescenza? Descrivi un momento particolare, usando l'imperfetto e il passato prossimo. Non dimenticare di usare le parole **prima, e, poi, ma, mentre, adesso, dopo, allora, infine.** Concludi scrivendo se e come le cose sono diverse per te adesso. Segui l'esempio. Alla fine, rileggi quello che hai scritto tenendo conto dei consigli di **Facciamo la verifica!**

> ESEMPIO: «Beautiful Day», una canzone degli U2, mi ricorda molto la mia adolescenza. Una volta, mentre ero in macchina con gli amici e andavamo al mare, ascoltavamo la radio. Poi, quando hanno fatto sentire «Beautiful Day» abbiamo tutti cominciato a cantare a squarciagola (*at the top of our lungs*). Dopo abbiamo capito che la gente nelle altre macchine ci poteva sentire e siamo scoppiati a ridere (*burst out laughing*)! E così adesso non canto più in macchina, ma solo sotto la doccia!

Alla fine, rileggi quello che hai scritto tenendo conto dei consigli di **Facciamo la verifica!**

Facciamo la verifica!

I have used:

- ❏ the **Strategia di scrittura** for this activity;
- ❏ relevant words and expressions from **Capitolo 9** of the textbook.

I have proofread my writing and checked:

- ❏ for spelling errors, including apostrophes and accent marks;
- ❏ that I have used the **imperfetto** and the **passato prossimo** correctly;
- ❏ that the past participle of each verb conjugated with **essere** agrees in gender and number with the subject (e.g., **siamo andati, Elisa non è venuta**);
- ❏ that the adjectives agree in gender and number with the nouns they describe;
- ❏ that I have conveyed how a particular song is meaningful in my life.

Capitolo

10

La vita e il benessere

Strategie di comunicazione

A. Peccato! Abbina le domande alle risposte corrispondenti.

1. _____ Vai in montagna in agosto?

2. _____ Hai finito i compiti ieri?

3. _____ Hai tempo per un caffè adesso?

4. _____ Giocate a tennis dopo la scuola?

a. Purtroppo non ho potuto. Ero troppo stanca.

b. Purtroppo devo andare dal dottore.

c. Purtroppo non possiamo. Dobbiamo studiare.

d. Purtroppo non ho i soldi per una vacanza.

B. Cosa dici? Scegli la risposta appropriata per ogni domanda.

1. Mi puoi dare il tuo libro?
   a. Mi dispiace, ma devo studiare.   b. Scusa, ho mal di testa.

2. Questo piatto non è pulito!
   a. Scusi, lo cambio subito.   b. Scusi, vuole un'aspirina?

3. Non ti sento! Che hai detto?
   a. Mi dispiace, è tutto finito.   b. Scusa, parlo più forte.

4. Vorrei due biglietti per l'*Aida*.
   a. Mi dispiace. Le presto il mio.   b. Scusi, per che giorno?

C. *Mi dispiace o Scusa/Scusi?* Ascolta quello che ti dicono le seguenti persone e rispondi con l'espressione appropriata. Ogni frase sarà ripetuta due volte. Ripeti la risposta. **Attenzione!** Alcune espressioni si ripetono.

Mi dispiace!   Scusa!   Scusi!

1. (una signora a teatro) «_____.»

2. (un bambino a casa) «_____.»

3. (il professore a lezione) «_____.»

4. (un'amica in classe) «_____.»

5. (tua madre al telefono) «_____.»

Pronuncia

L'accento   Stress

L'accento.

- Usually Italian words are stressed on the second-to-the-last syllable.

  si**gno**ra   a**mi**co   par**la**re

- Some words are stressed on the third-to-the-last syllable.

  isola   **gio**vane   **go**mito

- Every verb in the first and second person plural (**noi** and **voi**) is stressed on the second-to-the-last syllable.

  par**lia**mo   par**la**te

  sap**pia**mo   sa**pe**te

  dor**mia**mo   dor**mi**te

- Many words are stressed on the last syllable. These words always have a written accent on the last vowel.

  caf**fè**   cit**tà**   universi**tà**

- The written accent is also used with a few one-syllable words in order to distinguish them from others that have the same spelling but a different meaning.

  si (reflexive pronoun: *herself/himself/itself,*   **sì** (*yes*)
  oneself, themselves)
  da (*from/by*)   **dà** (*she/he/it gives*)
  se (*if*)   **sé** (*herself/himself*)
  la (direct object pronoun: *her/it*)   **là** (*there*)
  li (direct object pronoun: *them*)   **lì** (*there*)
  ne (*of it / about it*)   **né** (*neither*)
  e (*and*)   **è** (*she/he/it is*)

L'accento.

Parte prima. Scrivi le parole che senti. Ogni parola sarà ripetuta due volte.

1. _____   5. _____   9. _____

2. _____   6. _____   10. _____

3. _____   7. _____

4. _____   8. _____

Parte seconda. Adesso ascolta di nuovo le 10 parole della **Parte prima.** Sottolinea la sillaba accentata (*accented*).

▶ *Check your answers to this activity in the Answer Key in the back of the workbook.*

Lessico

Le attività, gli hobby e il benessere
Activities, hobbies, and well-being

A. Cosa fai? Scegli la risposta appropriata per ogni domanda.

1. Pratichi uno sport?
   a. La mia squadra di calcio preferita è il Milan.
   b. Gioco spesso a calcio con gli amici.

2. Vai in palestra?
   a. Sì, gioco al computer.
   b. Sì, tre volte alla settimana.

3. Sai ballare bene?
   a. Solo il tango argentino.
   b. Solo il pattinaggio.

4. Fai mai equitazione?
   a. No, non amo i cani.
   b. No, non amo i cavalli.

5. Quando guardi la TV?
   a. Quando gioco a golf.
   b. Un'ora al giorno, la sera.

B. Chi è in forma? Ascolta le descrizioni delle seguenti persone e decidi se sono in forma o no. Ogni descrizione sarà ripetuta due volte.

	È in forma.	Non è in forma.
1.	☐	☐
2.	☐	☐
3.	☐	☐
4.	☐	☐

C. L'intruso. Quale parola non appartiene alla lista?

1. a. la racchetta   b. le scarpe da ginnastica   c. il pattinaggio
2. a. i pesi   b. la rete   c. il culturismo
3. a. la palla   b. i pattini   c. la pallacanestro
4. a. il casco   b. la danza   c. il ciclismo
5. a. lo yoga   b. la piscina   c. il nuoto
6. a. la pallavolo   b. l'atletica leggera   c. la dieta

D. Che hobby hai? Abbina le domande alle risposte giuste.

1. _____ Andate in montagna a gennaio?   a. Ma no! Sono attivissimo!
2. _____ Sei sedentario?   b. Io? No! Ho paura di rompermi una gamba!
3. _____ Dove andate a correre?   c. Certo! Amiamo sciare sulle Alpi d'inverno.
4. _____ Fai mai skateboard?   d. Generalmente andiamo in palestra.

E. Logico o illogico? Ascolta le frasi e decidi se sono logiche o illogiche. Ogni frase sarà ripetuta due volte.

	logico	illogico
1.	☐	☐
2.	☐	☐
3.	☐	☐
4.	☐	☐
5.	☐	☐
6.	☐	☐

F. Tocca a te! Cosa fai per mantenerti in forma? Quali sport pratichi e quando?

_____

_____

_____

_____

Strutture

10.1 Che fai questo weekend? Using the present to talk about the future

A. Cosa fai questo weekend? Ascolta la conversazione telefonica fra Giulia e Chiara e scegli la risposta giusta per ogni domanda. La conversazione sarà ripetuta due volte.

1. Cosa fanno Chiara e Marco venerdì sera?
   a. Vanno all'opera. b. Vanno in pizzeria. c. Vanno in un ristorante elegante.

2. Con chi escono Chiara e Marco?
   a. Con i genitori di Chiara. b. Con Roberto. c. Con gli amici di Marco.

3. Con chi esce Giulia venerdì sera?
   a. Con Roberto. b. Con la sua mamma. c. Con Marco.

4. A che ora vanno a mangiare Chiara e Marco?
   a. Alle 8.00. b. Alle 7.30. c. Alle 9.00.

5. Fra quanto tempo Giulia pensa di richiamare Chiara?
   a. Fra 5 minuti. b. Fra 10 minuti. c. Fra 45 minuti.

B. Quando lo fai? Leggi le situazioni e completa ogni frase con l'espressione di tempo giusta.

(dopodomani) (fra) (prossimo)

ESEMPIO: Oggi è lunedì. L'esame di matematica è mercoledì. Ho l'esame di matematica…
       Scegli: **dopodomani**

1. Sono le 7.30. Alle 8.30 ho un appuntamento.

    Ho l'appuntamento _____ un'ora.

2. È giugno del 2013. Vado in Italia nel giugno del 2014.

    Vado in Italia l'anno _____.

3. È agosto. Devo cominciare l'università in settembre.

    Comincio l'università il mese _____.

4. Oggi è sabato 6 novembre. Parto per New York sabato 13 novembre.

    Parto per New York _____ una settimana.

5. Sono le 3.00. Vado in palestra alle 5.00.

    Vado in palestra _____ due ore.

6. Oggi è sabato. Comincio la nuova dieta lunedì.

    Comincio la nuova dieta _____.

C. Ma quante domande! Rispondi alle domande con delle frasi complete.

1. Adesso fai i compiti d'italiano. Che cosa fai fra un'ora?

    _____

2. Che cosa fai fra due giorni?

    _____

3. Che cosa pensi di fare fra un mese?

    _____

4. Quando fai sport la prossima volta?

    _____

5. Dove speri di andare in vacanza l'anno prossimo?

    _____

6. Cosa sogni di fare un giorno?

    _____

10.2 Andremo tutti in Italia! The future

A. I verbi al futuro. Scrivi il significato dei seguenti verbi e completa le schede con le forme giuste.

	camminare *to walk*	perdere _____	dimagrire _____	ammalarsi _____
io				mi ammalerò
tu				
lui, lei; Lei	camminerà			
noi		perderemo		
voi				
loro			dimagriranno	

	andare _____	avere _____	essere _____	mangiare _____	pagare *to pay*
io	andrò				
tu				mangerai	
lui, lei; Lei			sarà		
noi					
voi		avrete			
loro					pagheranno

B. Che verbo è?

Parte prima. Sentirai otto verbi. Scrivi l'infinito di ciascuno. Ogni verbo sarà ripetuto due volte. Dopo una breve pausa sentirai la risposta giusta.

> ESEMPIO: *Senti:* studierò
>
> *Scrivi:* ___studiare___

l'infinito

1. _____   5. _____

2. _____   6. _____

3. _____   7. _____

4. _____   8. _____

▶ *Check your answers to the* **Parte prima** *in the Answer Key at the back of the workbook before doing the* **Parte seconda.**

Cognome _____ Data _____ Classe _____

Parte seconda. Adesso ascolta di nuovo i verbi e scegli il soggetto di ciascuno. Ripeti la risposta.

ESEMPIO: *Senti:* studierò
Scegli: io
Dici: io studierò

	io	tu	lui/lei	noi	voi	loro
1.	☐	☐	☐	☐	☐	☐
2.	☐	☐	☐	☐	☐	☐
3.	☐	☐	☐	☐	☐	☐
4.	☐	☐	☐	☐	☐	☐
5.	☐	☐	☐	☐	☐	☐
6.	☐	☐	☐	☐	☐	☐
7.	☐	☐	☐	☐	☐	☐
8.	☐	☐	☐	☐	☐	☐

C. Che farai l'estate prossima?

Parte prima. Gianni racconta quello che farà l'estate prossima. Ascolta la storia e scrivi i verbi al futuro che senti. La storia sarà ripetuta due volte.

Forse (*Maybe*) l'anno prossimo io e il mio amico Andrea _____[1] gli Stati Uniti. _____[2] a New York e a Miami. A New York _____[3] la Statua della Libertà e molti musei e poi _____[4] a teatro a vedere un musical. Sicuramente _____[5] shopping a Manhattan perché ho sentito che i negozi sono veramente belli. Non _____[6] trovare un albergo a Miami perché lo zio di Andrea abita lì (*there*) e noi _____[7] a casa sua. Io e Andrea pensiamo anche di andare al mare perché _____[8] caldo. Sono sicuro che _____[9] tutte le sere: _____[10] in discoteca o al bar con le cugine di Andrea. Quando sono venute in Italia l'anno scorso ci siamo divertiti molto insieme. Spero (*I hope*) davvero che _____[11] ad andare in America!

▶ *Check your answers to the* **Parte prima** *in the Answer Key at the back of the workbook before doing the* **Parte seconda.**

Parte seconda. Adesso rileggi la storia e rispondi alle domande con delle frasi complete.

1. Che cosa vedranno a New York Gianni e Andrea?

   _____

2. Chi conoscono Gianni e Andrea a Miami?

   _____

3. Dove dormiranno a Miami Gianni e Andrea?

   _____

4. Perché andranno al mare?

   _____

5. Con chi andranno in discoteca o al bar?

   _____

D. Che cosa farà la famiglia di Paola il prossimo inverno?

Ogni inverno fa troppo freddo a Milano e la famiglia di Paola non vuole fare niente. Di solito nessuno fa sport e tutti mangiano molto, quindi tutti ingrassano e non si sentono in forma. Adesso, però, Paola vuole cambiare le abitudini della sua famiglia e ha in mente un nuovo programma per l'inverno. Completa le frasi di Paola con la forma giusta del verbo al futuro. Scegli il verbo appropriato fra quelli della lista.

ammalarsi   fare   giocare   mangiare   mantenersi

1. Marco _____ sano: non comprerà dolci, patatine o gelato al supermercato.

2. Io e i miei amici _____ danza e ginnastica insieme tre volte alla settimana.

3. Tu e papà non _____. Berrete molto succo d'arancia e prenderete molte vitamine.

4. I bambini _____ a pallone e a tennis al centro sportivo ogni weekend con i loro amici.

5. Io _____ in forma: camminerò molto e non guarderò la televisione tutto il pomeriggio.

E. Come sarà la mia vita?

Parte prima. Giulia, una studentessa universitaria, vuole conoscere il suo futuro e va da una chiromante (*fortune-teller*). Ascolta le previsioni della chiromante e scrivi la lettera che corrisponde all'immagine giusta. Ogni previsione sarà ripetuta due volte.

1. _____ 2. _____ 3. _____ 4. _____ 5. _____

Parte seconda. Adesso guarda le immagini e descrivi come sarà la vita di Giulia secondo la chiromante.

1. _Si laureerà e sarà molto contenta._ _____

2. _____

3. _____

4. _____

5. _____

10.3 Se farà bel tempo domani... Hypotheticals of probability

A. Se andrai in palestra... Forma delle frasi ipotetiche completando le ipotesi dell'insieme A con le conseguenze dell'insieme B.

A	B
1. Se farai yoga tutti i giorni, _____	a. non avrai più mal di testa.
2. Se in inverno metterai una sciarpa e una giacca pesante (*heavy*), _____	b. non potrai giocare a pallavolo.
	c. sarai meno stressato/a.
3. Se mangerai sano, _____	d. ti manterrai in forma.
4. Se prenderai un'aspirina, _____	e. non aumenterai di peso.
5. Se ti romperai il braccio, _____	f. non avrai la febbre e il mal di gola.
6. Se andrai in palestra tutti i giorni, _____	

B. Cosa faremo? Marco e Alessio non sanno che cosa faranno per le vacanze quest'estate. Ascolta le loro ipotesi e scegli una conseguenza appropriata. Le ipotesi saranno ripetute due volte. **Attenzione!** Leggi *le conseguenze* prima di ascoltare *le ipotesi*. Ripeti ogni ipotesi e la sua conseguenza.

1. _____   a. ... potremo andare a trovare mia zia a Chicago.

2. _____   b. ... vedremo la Torre Eiffel.

3. _____   c. ... visiteremo il Vaticano.

4. _____   d. ... nuoteremo e prenderemo il sole.

5. _____   e. ... potremo sciare.

6. _____   f. ... guarderemo la TV e dormiremo fino a mezzogiorno.

C. Quante scelte!

Parte prima. Completa ogni ipotesi con una conseguenza appropriata. **Attenzione!** Devi usare il presente o il futuro.

1. Se studierò molto, _____

2. Se io e i miei amici giochiamo a pallacanestro martedì pomeriggio, _____

_____

3. Se eviterò i cibi grassi, _____

4. Se smetto di fare culturismo, _____

5. Se farò la dieta, _____

Parte seconda. Scrivi un'ipotesi per ogni conseguenza. **Attenzione!** Devi usare il presente o il futuro.

1. Se _____, non prenderò il raffreddore.

2. Se io e mia sorella _____, non diamo fastidio ai nostri genitori.

3. Se tu _____, giocherai a tennis con tua madre.

4. Se Mario non _____, non può uscire con gli amici stasera.

5. Se Anna e Lucia _____, non caleranno mai di peso.

Ascoltiamo!

Lo sport in Italia

A. Come finisce? Scegli le parole giuste della lista per completare le frasi. **Attenzione!** Ci sono due parole in più.

(agonistico)   (dodici)   (emblema)   (nove)

(rosa)   (sportivi)   (tifosi)

1. Quelli che seguono lo sport come spettatori si chiamano

   _____.

2. Uno sport praticato per competizione si dice uno sport

   _____.

3. Il giornale interamente dedicato allo sport, *La Gazzetta dello Sport*,

   è facile da riconoscere per la sua carta _____.

4. Lo scudetto è un piccolo _____ tricolore che i

   giocatori di calcio portano sulla loro maglia se vincono la serie.

5. La stagione calcistica (*soccer*) dura _____ mesi.

B. Vero o falso? Ascolta cinque frasi sullo sport in Italia. Decidi se le frasi sono **vere** o **false**. Ogni frase sarà ripetuta due volte.

	vero	falso
1.	☐	☐
2.	☐	☐
3.	☐	☐
4.	☐	☐
5.	☐	☐

C. Quale sport? Ascolta le seguenti persone che parlano di vari sport e abbina ogni persona allo sport a cui si riferisce. Ogni frase sarà ripetuta due volte.

1. _____
2. _____
3. _____
4. _____
5. _____

    a. il ciclismo
    b. il calcio
    c. l'automobilismo
    d. la pallavolo
    e. il basket

Leggiamo!

Strategie di lettura

Identifying types of texts. Recognizing the kind of text you are reading can activate your background knowledge on the topic. It can also help you predict the type of information you expect to find without even reading or understanding much of the text itself.

Parte prima. On the following pages, you will find three different types of texts (numbered 1–3), all of which have something to do with **l'acqua minerale**. Examine the texts, then match them to the text type to which they belong.

1. _____
2. _____
3. _____

    a. una pubblicità (*public service announcement*)
    b. un articolo sul giornale
    c. un sito Internet

Parte seconda. The following items of information were taken from the texts. Using only what you know about the kind of texts they are, *but without looking at them again*, match each item with its probable source by placing a ✓ in the appropriate box.

		TESTO	
	1	**2**	**3**
1. l'importanza di bere acqua	☐	☐	☐
2. i benefici dell'acqua minerale	☐	☐	☐
3. le statistiche sul consumo dell'acqua in Italia	☐	☐	☐
4. i risultati di una ricerca scientifica	☐	☐	☐

Lettura

Adesso leggi rapidamente i tre testi e poi completa le attività che seguono.

1. **Il mondo dell'acqua minerale**

Il mondo dell'acqua minerale

**L'acqua
per la vita**

Alla base del nostro
benessere c'è l'acqua.
Ecco dei buoni motivi
per berla più spesso.

Minerali e salute

Il benessere ha i suoi
elementi. Sono i minerali,
integratori indispensabili
per la salute del nostro
corpo.

Di che acqua sei?

Acqua minerale, a ciascuno
la sua. Ma qual è quella
giusta per te?
Scopriamolo insieme.

**Conosci l'acqua
minerale naturale**

Definizione, classificazioni
e tipologie di uno dei beni
più preziosi che la natura
ci ha dato.

Minerale? Naturale!

Nel dibattito[1] sociale viene
spesso messa a confronto
l'acqua minerale con l'acqua
del rubinetto.[2]
Osserviamo le differenze.

Tutto sotto controllo

Oltre la purezza, la sicurezza.
L'acqua minerale naturale
è tra i prodotti alimentari
più controllati.

Per l'ambiente

Plastica riciclabile, contenitori
più leggeri, trasporto
su rotaia.[3] L'impegno
dell'acqua minerale
in difesa dell'ecosistema.

[1]debat [2]tap, faucet [3]su... by rail (train)

Source: http://www.mineraqua.it/

2. **Acqua minerale, primato Italia**

Acqua minerale, primato[1] Italia
Quella di rubinetto più 'pulita'

Nel nostro Paese record europeo di consumi di minerale: 192 litri a testa nel 2009. Nel mondo secondi soli al Messico. Ma bevendo acqua pubblica si riducono (di molto) le emissioni di gas serra[2] *di JACOPO PASOTTI*

Acque salutari, pure, e cristalline. Una promessa tutta naturale, che però danneggia[3] l'ambiente. Lo afferma uno studio che mostra come scegliendo l'acqua di casa rispetto a quella imbottigliata[4] gli italiani risparmierebbero annualmente l'emissione di 9.000 tonnellate di CO^2.

Primi in Europa, secondi al mondo. Non un primato di coscienza ambientale ma quello del consumo pro capite d'acqua imbottigliata. Sono i dati che emergono da un rapporto della Beverage Marketing Corporation, secondo cui nel 2009 gli italiani hanno consumato in media 192 litri di acqua minerale a testa. Un valore che ci proietta al top della classifica dei dieci paesi più attratti dall'acqua in bottiglia. Siamo sotto solo al Messico (234 litri pro capite) e sopra agli aridissimi Emirati Arabi (151 litri).

[...]

[1]supreme [2]greenhouse [3]damages [4]bottled

Source: http://www.repubblica.it/

(continued)

3. Hai mai pensato… ?

HAI MAI PENSATO
A QUANTA STRADA DEVE FARE
L'ACQUA PRIMA DI ARRIVARE
NEL TUO BICCHIERE?

Per salvaguardare l'ambiente si può bere l'acqua del rubinetto, una volta verificata la sua qualità, oppure un'acqua minerale proveniente da fonti vicine al tuo territorio.

Per l'imbottigliamento e il trasporto su gomma[1] di 100 litri di acqua per 100 km, si producono emissioni almeno pari a 10 kg di anidride carbonica*.

* fonte: dati scientifici nazionali e internazionali.

coop

[1]su… *rubber* (*tires*)

Acqua, quale scegliamo? Cosa ti convince di più? Sottolinea dove si trovano le seguenti informazioni nei testi. Poi rispondi alle domande finali.

1. **Il mondo dell'acqua minerale**
   - l'acqua minerale è salutare (*healthy*)
   - i minerali nell'acqua fanno bene
   - la qualità dell'acqua minerale è altamente controllata

2. **Acqua minerale, primato Italia**
   - gli italiani bevono moltissima acqua minerale
   - bere l'acqua di casa è meglio per l'ambiente

3. **Hai mai pensato... ?**
   - il commercio dell'acqua minerale danneggia l'ambiente
   - l'acqua minerale contribuisce alle emissioni di CO^2

Domande

1. Secondo te, bere acqua in bottiglia è un problema serio o no?

   _____

2. Quale testo ti ha convinto di più? Perché?

   _____

◖ In Italia, Culture a confronto, Un po' di cultura e Regioni d'Italia

Utilizzando le informazioni delle sezioni **In Italia** e delle attività di cultura contrassegnate da ◖ nel libro, decidi se le frasi seguenti sono **vere** o **false**. Se una frase è falsa, cambia la parola in neretto per renderla vera.

	vero	falso
1. La percentuale di fumatori in Italia è **meno** alta fra i giovani.	☐	☐
2. I giovani italiani bevono **meno** alcolici degli inglesi.	☐	☐
3. Il famoso disegno dell'uomo ideale, fatto da **Michelangelo,** è spesso chiamato *L'uomo vitruviano*.	☐	☐
4. Se devi andare al pronto soccorso in Italia, ricorda che è **gratis,** cioè che non costa niente.	☐	☐
5. Sempre **meno** italiani utilizzano le medicine naturali come l'omeopatia.	☐	☐
6. Quasi un **terzo** della popolazione italiana crede all'astrologia.	☐	☐

Scriviamo!

Strategie di scrittura

Refining questions. When writing a factual article, jot down or make a mental list of what you already know about a topic, what you would like to know about it, and the kinds of sources that might help you find additional information. Asking yourself these types of questions before you begin to write will help focus your research efforts and facilitate the writing process. Be prepared to hand in your list of questions and your notes.

Genere: Una voce (*entry*) di enciclopedia

Tema: Su un foglio di carta, scrivi un breve articolo su un tipo di medicina naturale (**la fitoterapia, l'omeopatia, l'agopuntura, la riflessologia, l'ayurveda** [*traditional Hindu system of medicine*], **lo yoga** o altro) che vuoi provare o che hai provato. Per elaborare meglio il tuo articolo, cerca di rispondere alle domande seguenti.

1. Fai una lista di quello che sai già di questo tipo di medicina.
2. Quali informazioni ti mancano? Dove le puoi trovare? Fai una lista di fonti (*sources*) da consultare.
3. Trova le informazioni mancanti e aggiungile alla tua lista.
4. Aggiungi alla fine dell'articolo un elenco dei benefici che avrà chi prova questo tipo di medicina (**ti sentirai… avrai più… / meno…**).

Adesso, scrivi l'articolo.

Alla fine, rileggi quello che hai scritto tenendo conto dei consigli di **Facciamo la verifica!**

Facciamo la verifica!

I have used:

❏ the **Strategia di scrittura** for this activity;

❏ relevant words and expressions from **Capitolo 10** of the textbook.

I have proofread my writing and checked:

❏ for spelling errors, including apostrophes and accent marks;

❏ that I have used the **futuro semplice** correctly;

❏ that the adjectives agree in gender and number with the nouns they describe;

❏ that readers will understand the benefits that they will derive from following this practice.

Capitolo

11

Casa dolce casa

Strategie di comunicazione

A. Niente di niente! Scegli la frase giusta per completare i dialoghi.

1. RINALDO: Sei andata alla lezione di biologia?
    SONIA: Sì, ma era difficilissima! Veramente, <u>non ho capito niente!</u> / <u>non aveva niente da fare!</u>
    RINALDO: Ma dai! Forse devi studiare un po' di più!

2. GIORDANA: Com'è stata la festa di compleanno di Sara?
    SIMONA: Insomma... Veramente, non mi sono divertita molto. La festa <u>non era niente di speciale</u> / <u>non ha capito niente.</u>

3. VERA: Mamma, hai fatto la spesa stamattina?
    FRANCA: No, mi dispiace, purtroppo non ho avuto tempo.
    VERA: Ma mamma... io ho fame! E <u>non è niente di speciale!</u> / <u>non c'è niente da mangiare!</u> Va bene, ... niente, ... vado a prendere qualcosa al bar.

B. Ti dispiace... ? / Le dispiace... ? Scegli la domanda giusta per ogni situazione. **Attenzione!** C'è una risposta in più.

> a. Ti dispiace prestarmi la macchina?
>
> b. Le dispiace se ascolto la musica?   c. Le dispiace abbassare la voce?
>
> d. Oh! Scusa! Mi dispiace!

1. Sei al cinema ed un signore seduto dietro di te parla a voce molto alta con la sua compagna.

    Ti dà molto fastidio e gli domandi: «_____»

2. Devi andare a lavorare e la tua automobile non funziona. Telefoni a tua cugina Maria

    Teresa e le dici: «_____»

3. Sull'autobus una signora ti sta parlando, ma vuoi ascoltare il tuo iPod.

    Le chiedi: «_____»

C. Chi è? Ascolta l'intervista con Francesco e decidi se le frasi sono **vere** o **false**. L'intervista sarà ripetuta due volte.

ESEMPIO: *Vedi:*   Si chiama Francesco Piccolini.

	vero	falso
Scegli:	☐	☑

		vero	falso
1.	Francesco è nato a Napoli.	☐	☐
2.	Francesco abita a Milano.	☐	☐
3.	Francesco ha lavorato alla Mobil per ventisette anni.	☐	☐
4.	Francesco abita nella stessa città da quarant'anni.	☐	☐
5.	La moglie di Francesco lavora.	☐	☐

Pronuncia

La lunghezza delle consonanti   Length contrast with consonants

La lunghezza delle consonanti.

- In Italian all consonants have a corresponding double consonant, except the letters **h** and **q.** The pronunciation of a double consonant is distinct from that of a single one, and it often changes the meaning of a word.

- Double consonants in Italian should take noticeably longer to say than the corresponding single consonants. To pronounce a double consonant, hold the position of your mouth for a bit when the consonant is formed, then release. In the case of the letter **t,** this would be with your tongue up against your teeth.

Listen and repeat the following words:

abbinare	**anno**	**giacca**	**mamma**
opposto	**prosciutto**	**raffreddore**	**sessanta**

Now repeat the following words. Notice the difference in pronunciation between a single and a double consonant.

fato	**fatto**	**papa**	**pappa**
sono	**sonno**	**pala**	**palla**

Dettato.

Parte prima. Completa le parole che senti con una consonante singola o doppia. Ogni parola sarà ripetuta due volte.

1. se___e
2. a___ocati
3. impiega___e
4. so___orso
5. archite___o
6. scu___a
7. pro___imo
8. i___ediatamente
9. o___i
10. bo___a

Parte seconda. Adesso scrivi le parole che senti. Ogni parola sarà ripetuta due volte.

1. _____
2. _____
3. _____
4. _____
5. _____
6. _____
7. _____
8. _____
9. _____
10. _____

▶ *Check your answers to this activity in the Answer Key at the back of the workbook.*

Lessico

Vieni a casa mia   Describing Italian houses and furniture

A. A che cosa serve? Scegli la risposta giusta.

1. Sul divano _____.
   a. ballo
   b. mi siedo

2. Nell'armadio _____.
   a. metto i vestiti
   b. parlo al citofono

3. In giardino _____.
   a. faccio la doccia
   b. mi godo (*I enjoy*) l'aria e il sole

4. Nel bidone _____.
   a. metto l'immondizia
   b. cucino

5. Sullo scaffale _____.
   a. ceno
   b. metto i libri

6. Sul marciapiede _____.
   a. preparo il pranzo
   b. cammino (*walk*)

7. In cucina _____.
   a. uso il forno
   b. dormo

8. In soggiorno _____.
   a. gioco a pallone
   b. guardo la TV

B. Le stanze. Trova nelle immagini seguenti le lettere che corrispondono alle parti della casa indicate qui sotto.

1. _____ il garage
2. _____ la camera da letto
3. _____ la sala da pranzo
4. _____ il bagno

5. _____ la cucina
6. _____ il soggiorno
7. _____ l'ingresso

C. Rebus. Ascolta le descrizioni e scrivi negli spazi le lettere corrispondenti alle risposte giuste. Se le lettere sono nell'ordine giusto, formeranno il nome di un oggetto. Ogni definizione sarà ripetuta due volte.

D = citofono	**I** = finestra	**N** = water
B = immondizia	**E** = scaffale	**O** = portone

1. _____ 2. _____ 3. _____ 4. _____ 5. _____ 6. _____

D. In quale stanza si trovano? Ascolta la lista di oggetti e scrivi i loro nomi sotto la stanza in cui si trovano. Ogni oggetto sarà ripetuto due volte.

il soggiorno

1. _____
2. _____

la camera da letto

5. _____
6. _____

la cucina

3. _____
4. _____

il bagno

7. _____
8. _____

▶ *Check your answers to this activity in the Answer Key at the back of the workbook.*

E. Dove sono? In quale posizione si trovano gli oggetti nell'immagine? Scrivi una frase per ogni oggetto. Segui i numeri.

ESEMPIO: Il frigorifero è accanto alla lavastoviglie.

1. _____

2. _____

3. _____

4. _____

5. _____

F. Qual è la camera di Francesco?

Parte prima. Ascolta la descrizione della camera di Francesco e decidi quale delle tre camere è la sua. La descrizione sarà ripetuta due volte.

a.

b.

c.

Qual è la camera di Francesco? _____

Parte seconda. Ci sono quattro differenze fra la camera **a** e la camera **b**. Quali sono?

1. _____

2. _____

3. _____

4. _____

G. Tocca a te! Com'è la tua casa ideale? Che cosa deve avere? Scrivi almeno cinque frasi.

_____

_____

_____

_____

Strutture

11.1 Eccoci!   Object pronouns

A. Diretto o indiretto? Leggi le frasi e decidi se il pronome *in corsivo* è un pronome complemento diretto o indiretto.

		diretto	indiretto
1.	Massimo e Giuseppe *lo* mettono in cucina.	☐	☐
2.	*Le* posso telefonare domenica?	☐	☐
3.	Voglio veder*ti* in classe domani.	☐	☐
4.	*Li* comprano i ragazzi in centro.	☐	☐
5.	*Gli* scrivo sempre ma non risponde mai.	☐	☐
6.	Nessuno *ci* guarda in discoteca!	☐	☐
7.	Il professore *vi* risponderà subito.	☐	☐
8.	Vorrei parlar*gli* oggi, non domani.	☐	☐

B. In altre parole. Leggi le frasi con i pronomi di complemento oggetto diretto e indiretto. Poi scegli le frasi con gli stessi significati.

1. _____ Le scrive.   a. Scrive a Maria.   b. Scrive a Tommaso.

2. _____ Lo studia.   a. Studia il francese.   b. Studia la biologia.

3. _____ Li mangia.   a. Mangia il risotto.   b. Mangia gli spaghetti.

4. _____ Gli parla.   a. Parla a voi.   b. Parla a loro.

5. _____ Le vede.   a. Vede Susanna.   b. Vede Susanna e Raffaella.

6. _____ Vi risponde.   a. Risponde a voi.   b. Risponde a loro.

7. _____ Le telefona.   a. Telefona a Lei.   b. Telefona a Maria e Gessica.

8. _____ Ci ascolta.   a. Ascolta voi.   b. Ascolta noi.

C. Formale o informale? Ascolta le frasi e decidi se sono formali o informali. Le frasi saranno ripetute due volte. Dopo una breve pausa sentirai la risposta giusta.

> ESEMPIO: *Senti:* D'accordo, signor Rossi, Le scrivo un'e-mail domani.
> *Scegli:* **formale** **informale**
> ☑ ☐

	formale	informale
1.	☐	☐
2.	☐	☐
3.	☐	☐
4.	☐	☐
5.	☐	☐
6.	☐	☐
7.	☐	☐

D. Una frase più semplice.

Parte prima. Riscrivi la frase sostituendo le parole *in corsivo* con un pronome complemento diretto o indiretto.

> ESEMPIO: *Leggi:* Mario non ha ancora la macchina. Comprerà *la macchina* la settimana prossima.
> *Scrivi:* ___La comprerà la settimana prossima.___

1. Io e Fabiana prepariamo il pesce per cena. Vogliamo mangiare *il pesce* stasera.

   _____

2. Valeria telefona a Giulio domani per parlare del weekend. Vuole dire *a Giulio* dove si incontreranno.

   _____

3. Enrico e Stefania guardano la TV a casa loro stasera. Guardano *la TV* insieme ogni martedì.

   _____

4. La nonna scrive una lettera ai nipoti una volta al mese. Vuole molto bene *ai nipoti.*

   _____

5. Stefano non farà i compiti questo weekend. Farà *i compiti* lunedì mattina.

   _____

6. Lisa non telefona spesso alla mamma. Telefona *alla mamma* una volta al mese.

   _____

7. Non compreremo le sedie questo mese, perché non abbiamo soldi. Compreremo *le sedie* il mese prossimo.

   _____

Parte seconda. Ascolta le frasi e completale con il pronome complemento diretto o indiretto giusto. Ogni frase sarà ripetuta due volte. Ripeti la risposta.

> ESEMPIO: *Senti:* Voglio scrivere un'e-mail a Carlo.
>
> *Scrivi:* Voglio scriver*_gli_* un'e-mail.

1. _____ devo parlare domani!

2. Vogliamo veder_____ stasera.

3. _____ ascoltiamo a casa.

4. _____ vedo quando arrivo in città.

5. Potete telefonar_____ la settimana prossima.

6. _____ mangiamo oggi a pranzo.

7. _____ compreranno lunedì mattina in libreria.

8. Puoi apparecchiar_____ tu? Io devo cucinare.

11.2 Invitiamo tutti alla festa! Indefinite pronouns

A. Scegli il pronome giusto! Scegli il pronome indefinito giusto per completare le frasi.

1. Ieri sera a cena ho mangiato _____.
   a. tutto   b. tutti

2. _____ è venuto a casa mia.
   a. Qualcosa   b. Qualcuno

3. C'è _____ di bello alla TV stasera?
   a. qualcosa   b. qualcuno

4. Oggi pomeriggio vengono _____ al mare con noi.
   a. tutto   b. tutti

5. Gianluca ha telefonato a _____ per organizzare la festa a casa sua.
   a. tutto   b. tutti

6. Di solito io e Stefania prendiamo _____ al bar con gli amici.
   a. qualcosa   b. qualcuno

7. _____ è pronto per il viaggio ma non voglio partire!
   a. Tutto   b. Tutti

8. Tu e Marcella avete parlato con _____ in ufficio ieri?
   a. qualcosa   b. qualcuno

B. Soggetto o complemento?

Parte prima. Leggi le frasi e scrivi i pronomi indefiniti che trovi. Per ogni pronome, decidi se è un soggetto o un complemento.

1. Mia madre parla con qualcuno al telefono in soggiorno, ma non so chi è.
2. Tutti sono presenti in classe oggi perché c'è un esame.
3. Qualcosa di bello è successo a Marta ieri sera.
4. Laura ha studiato tutto per domani e adesso va a letto.
5. Laura ha preparato tutto per gli ospiti che arrivano domani.

pronome indefinito	soggetto	complemento
1. _____	☐	☐
2. _____	☐	☐
3. _____	☐	☐
4. _____	☐	☐
5. _____	☐	☐

Parte seconda. Adesso ascolta le frasi e scrivi il pronome indefinito che senti. Dopo decidi se è un soggetto o un complemento. Ogni frase sarà ripetuta due volte. Dopo una breve pausa sentirai la risposta giusta.

pronome indefinito	soggetto	complemento
1. _____	☐	☐
2. _____	☐	☐
3. _____	☐	☐
4. _____	☐	☐
5. _____	☐	☐

C. Il weekend di Maria. La mamma fa molte domande a Maria. Ascolta le domande e scegli la risposta giusta. Ogni domanda sarà ripetuta due volte. Ripeti la risposta.

1. a. Qualcosa da mangiare.　　b. Nessuno che (*that*) conosco.
2. a. Tutto è simpatico.　　b. Sono tutti simpatici.
3. a. L'ho finito tutto.　　b. Li ho finiti tutti.
4. a. Qualcosa da bere.　　b. Qualcuno che odio.
5. a. C'è tutto.　　b. Ci sono tutti.
6. a. Ho parlato con tutti.　　b. Ho parlato di tutto.

D. Tutti i giorni la stessa cosa... Scrivi la forma giusta di **tutto** per completare le frasi.

1. _____ le finestre sono aperte e fa molto freddo in casa.

2. Carlo ha invitato _____ gli amici a casa sua stasera. Che festa!

3. Quest'anno _____ la famiglia viene a casa nostra per Pasqua.

4. Stefania ha mangiato _____ il pollo a pranzo e ora non c'è niente da mangiare per cena!

5. Giancarlo ha messo _____ i libri sullo scaffale e adesso la sua camera è in ordine.

6. Giulia ha passato _____ la sera con il suo ragazzo e non ha finito i compiti.

7. Ieri sera ho visto _____ il nuovo programma di RAI UNO e mi è piaciuto (*I liked it*) molto.

E. Tocca a te! Rispondi alle domande con delle frasi complete.

1. Inviti qualcuno a casa tua questo weekend?

   _____

2. Hai già fatto tutti i compiti per domani?

   _____

3. Tutti gli studenti studiano molto alla tua università?

   _____

4. Fai qualcosa di divertente questo weekend?

   _____

5. È tutto in ordine in camera tua?

   _____

11.3 Conosco una persona che parla tre lingue!

The relative pronoun **che**

A. Quale casa vogliamo? Rita e Salvatore cercano una nuova casa e ci sono delle cose che gli piacciono e delle cose che non gli piacciono. Completa le affermazioni dell'insieme A con le frasi relative dell'insieme B. Usa ogni frase relativa *una sola volta*.

A	B
1. Non mi piace il bagno _____	a. che non ha un ascensore.
2. Odiamo la camera _____	b. che è sulla strada principale in centro.
3. Con la mia Ferrari devo comprare una casa _____	c. che ha il lavandino giallo e il water azzurro.
4. Siamo pigri e non ci piace un palazzo _____	d. che ha un balcone molto spazioso.
5. Se vogliamo mangiare fuori dobbiamo comprare un appartamento _____	e. che è troppo piccola per il nostro letto matrimoniale.
6. Non mi piace lavare i piatti, quindi prendiamo una casa _____	f. che ha un garage molto sicuro.
7. Non dormo bene se c'è troppo rumore (*noise*), allora non voglio un appartamento _____	g. che ha la cucina con la lavastoviglie.

B. Che cos'è? Ascolta le descrizioni di vari oggetti di casa e scrivi la lettera corrispondente all'oggetto giusto. Ogni descrizione sarà ripetuta due volte.

a. il bidè   c. il divano   e. la lampada
b. il citofono d. il forno a microonde   f. il tavolo

1. _____   2. _____   3. _____   4. _____   5. _____   6. _____

C. La cosa che...

Parte prima. Leggi la descrizione e scrivi la lettera corrispondente all'oggetto giusto.

a. la forchetta   c. gli occhiali   e. il cellulare   g. il biglietto
b. i pantaloncini   d. la canzone   f. il regalo

1. _____ la cosa che usi per telefonare agli amici quando non sei a casa

2. _____ la cosa che ti metti se non vedi bene

3. _____ una cosa che usi per mangiare

4. _____ la cosa che compri per andare a un concerto, a teatro o al cinema

5. _____ la cosa che canti o ascolti alla radio

6. _____ la cosa che ricevi per il tuo compleanno

7. _____ la cosa che ti metti quando fa molto caldo in estate

Parte seconda. Scrivi la descrizione dei seguenti oggetti o delle seguenti professioni.

ESEMPIO: la persona (la cosa) che...

1. l'assistente sociale _____

2. il giubbotto _____

3. la penna _____

4. l'ingegnere _____

5. il quaderno _____

6. il veterinario _____

D. Tu che ne dici? Completa le seguenti frasi.

1. Mi piacciono le case che _____.

2. Preferisco guidare le macchine che _____.

3. Mi piacciono gli amici che _____.

4. Sono uno studente / una studentessa che _____.

5. Odio i ristoranti che _____.

Ascoltiamo! 🎧

Le case di Pompei

🎧 **A. Una visita a Pompei.** Ascolta le frasi e scrivi il numero della frase accanto all'immagine giusta. Ogni frase sarà ripetuta due volte.

a. _____

b. _____

c. _____

d. _____

🎧 **B. La casa pompeiana.** Ascolta le frasi e decidi se sono **vere** o **false.** Ogni frase sarà ripetuta due volte.

	vero	falso
1.	☐	☐
2.	☐	☐
3.	☐	☐
4.	☐	☐
5.	☐	☐

C. Quale stanza? Ascolta le descrizioni. Dopo scrivi il nome giusto della stanza, o della parte della città pompeiana, a cui corrispondono. Ogni descrizione sarà ripetuta due volte. **Attenzione!** Ci sono sei parole; devi usarne solo cinque.

(l'atrio)   (le camere)   (la cucina)   (il giardino)   (le strade)   (il triclinio)

1. _____

2. _____

3. _____

4. _____

5. _____

Leggiamo!

Strategie di lettura

Predicting information. Recognizing the kind of text that you are reading can help you predict the kind of information that the text will convey. You can then use your predictions to help guide your understanding as you read.

Imagine that you are going to live and study in Milano for a year. You need to find a place to live and decide to try the *Prendi in casa uno studente* program you read about in your textbook. The program website lists some general guidelines for participants to ensure that the experience of an older person and a student living together goes well. Before looking at the guidelines, check which of the following concepts you expect to find.

1. _____ respect

2. _____ civility

3. _____ intelligence

4. _____ discretion

5. _____ beauty

6. _____ tolerance

7. _____ manners

8. _____ athleticism

9. _____ solidarity (*shared interests and obligations*)

Lettura

Secondo l'associazione MeglioMilano, l'organizzazione che propone il progetto *Prendi in casa uno studente,* non ci sono regole che assicurano una convivenza armoniosa tra uno studente e una persona anziana. L'associazione comunque (*anyway*) offre questa guida.

Leggi la guida e poi rispondi alle domande che seguono.

La carta dell'anziano e dello studente

Articolo 1

[...]
Non indichiamo ricette miracolose ma alcune parole che possono guidarvi a una convivenza armoniosa:

1. **Discrezione**
   Rispettare l'intimità[1] dell'altro, non invadere i suoi spazi senza essere stati invitati a farlo, eccetto nei casi di urgenza o di pericolo.[2]

2. **Tolleranza**
   Comprendere[3] che esistono degli alti e dei bassi e che ciascuna età ha i suoi lati[4] positivi. Condividere le proprie[5] conoscenze ed esperienze senza idealizzare il passato.

3. **Rispetto e convivialità**
   Essere gentili con il convivente,[6] anche nei giorni in cui tutto va storto.[7] Considerare l'altro come un invitato o un ospite.

4. **Civiltà**
   Non introdurre nell'abitazione sostanze o oggetti illegali.

5. **Educazione**
   Non fare rumore. Riordinare e pulire ciò che si è utilizzato. Non prendere o usare le cose altrui[8] (provviste,[9] telefono) senza averne il permesso.

6. **Solidarietà**
   Rendersi[10] utili nel caso in cui l'altro sia[11] momentaneamente in difficoltà.

[1]*personal space* [2]*danger* [3]*Capire* [4]*sides* [5]*one's own* [6]*la persona con cui vivi* [7]*male* [8]*that belong to others* [9]*provisions (here: food)* [10]*Make yourself* [11]*may be*

Source: http://www.meglio.milano.it/immagini/pdf/carta_anziano_studente.pdf

Quali informazioni hai trovato? Ora segna ✓ quali concetti elencati in **Anteprima** si trovano nella guida.

1. _____ respect

2. _____ civility

3. _____ intelligence

4. _____ discretion

5. _____ beauty

6. _____ tolerance

7. _____ manners

8. _____ athleticism

9. _____ solidarity

Dici a me? Adesso rileggi attentamente tutti i consigli di MeglioMilano. Per chi è più valido ciascun consiglio? Segna ✓ se il consiglio è più valido per lo studente, per la persona anziana o se è valido per tutti e due.

	lo studente	la persona anziana	tutti e due
1. Discrezione	☐	☐	☐
2. Tolleranza	☐	☐	☐
3. Rispetto e convivialità	☐	☐	☐
4. Civiltà	☐	☐	☐
5. Educazione	☐	☐	☐
6. Solidarietà	☐	☐	☐

◖ In Italia, Culture a confronto, Un po' di cultura e Regioni d'Italia

Utilizzando le informazioni delle sezioni **In Italia** e delle attività di cultura contrassegnate da ◖ nel libro, decidi se le frasi seguenti sono **vere** o **false**. Se una frase è falsa, cambia la parola in neretto per renderla vera.

	vero	falso
1. Gli uomini italiani fanno sempre **meno** faccende domestiche.	☐	☐
2. **Molti** uomini italiani stirano.	☐	☐
3. L'isola veneziana di **Burano** è famosa per i suoi bellissimi oggetti di vetro.	☐	☐
4. Ad **Alberobello** ci sono i trulli.	☐	☐
5. A differenza dei ragazzi americani, molti giovani italiani preferiscono vivere con i **genitori** mentre lavorano o frequentano l'università.	☐	☐
6. In Italia gli affitti in città sono piuttosto **bassi.**	☐	☐

Scriviamo!

Genere: Una lettera di richiesta

Tema: Vuoi affittare uno di questi due appartamenti a Bologna. Scrivi un'e-mail per ricevere altre informazioni e per fissare (*make*) un appuntamento per vederlo. Ricordati che non conosci la persona a cui scrivi: devi usare il formale, **Lei,** e le espressioni appropriate, come quelle qui sotto.

affitto **APPARTAMENTO** BOLOGNA (BOLOGNA) € 700	VIA GIORDANO: IN PALAZZINA[1] IN BUONE CONDIZIONI APPARTAMENTO AL 4° E ULTIMO PIANO, COMPOSTO DA: AMPIO INGRESSO ARREDABILE,[2] CUCINA ABITABILE,[3] SOGGIORNO, AMPIO DISIMPEGNO NOTTE,[4] 2 CAMERE MATRIMONIALI, BAGNO CON VASCA IDROMASSAGGIO, LAVANDERIA,[5] 3 BALCONI, CANTINA.[6] NON ARREDATO. LIBERO APRILE. € 700,00 mensili TEL 051-573336
affitto **APPARTAMENTO** BOLOGNA (BOLOGNA) € 1.000	APPARTAMENTO BEN TENUTO[7] POSTO AL QUARTO PIANO COMPOSTO DA INGRESSO, SALA, CUCINA ABITABILE, DUE CAMERE, BAGNO, CANTINA E GARAGE. PARZIALMENTE ARREDATO. E-MAIL lucalip@tin.it

[1]*small villa* [2]*ampio… large entry hall that could be furnished* [3]*eat-in kitchen* [4]*ampio… large area that separates the living and sleeping areas of the apartment* [5]*laundry* [6]*basement, cellar* [7]*ben… well-kept*

ESEMPIO:

Gentile Signora,

sono uno studente americano e da settembre frequenterò l'università di Bologna.

Ho visto il Suo annuncio su Hello Bologna! e vorrei avere alcune informazioni sull'appartamento in affitto. Il costo mensile comprende le spese? Bisogna versare un deposito (*make a deposit*)? Di quanto?

Quanto dura il contratto d'affitto?

Infine, quando sarebbe possibile vedere l'appartamento? Io generalmente sono libero la sera.

La ringrazio molto per la Sua disponibilità.

Distinti saluti,

Andrew Smith

Alla fine, rileggi quello che hai scritto tenendo conto dei consigli di **Facciamo la verifica!**

Facciamo la verifica!

I have used:

❑ the **Strategia di scrittura** for this activity;

❑ relevant words and expressions from this activity and **Capitolo 11** of the textbook.

I have proofread my writing and checked:

❑ for spelling errors, including apostrophes and accent marks;

❑ that I have used the formal **Lei** and related formal expressions correctly;

❑ that I have used object pronouns correctly;

❑ that I have used the relative pronoun **che** to create more complex sentences;

❑ that I have requested all the information I need and anticipated questions that the agency/landlord might have.

Capitolo

12

In città

Strategie di comunicazione

A. Secondo te... / Secondo Lei... Decidi se le seguenti frasi esprimono opinioni o fatti (*facts*). Se esprimono opinioni, scegli **Secondo me / Secondo te / Secondo Lei / Secondo lei.** Se non esprimono opinioni, scegli **niente.**

1. Rita ama l'Italia; _____ è il paese più bello del mondo.
   a. Secondo lei,
   b. (niente)

2. _____ Siena è una città medioevale.
   a. Secondo me,
   b. (niente)

3. Scusi, signora, _____ qual è la città italiana più divertente per i giovani?
   a. secondo Lei,
   b. (niente)

4. _____ Roma è la capitale d'Italia.
   a. Secondo te,
   b. (niente)

5. _____ Boccaccio è l'autore del *Decameron.*
   a. Secondo me,
   b. (niente)

B. Quale secolo? Abbina i secoli. Scrivi la lettera corrispondente.

1. _____ il ventesimo secolo   a. il Quattrocento

2. _____ il sedicesimo secolo   b. l'Ottocento

3. _____ il tredicesimo secolo   c. il Duecento

4. _____ il quindicesimo secolo   d. il Novecento

5. _____ il diciannovesimo secolo   e. il Cinquecento

C. Quale espressione si usa? Ascolta le frasi e decidi se l'opinione che vedi corrisponde a quello che hai sentito. Le frasi saranno ripetute due volte.

ESEMPIO: *Senti:* In tutta l'Italia non ho mai visto una città più bella di Firenze.
Vedi: Secondo me, Firenze è la più bella città italiana.

sì   no

Scegli: ☑   ☐

		sì	no
1.	Secondo te, il cinema americano è molto interessante.	☐	☐
2.	Secondo Lei, ci sono troppe automobili.	☐	☐
3.	Secondo me, il gelato al pistacchio è il migliore.	☐	☐
4.	Secondo Lei, la frutta e la verdura mi faranno bene alla salute.	☐	☐
5.	Secondo te, leggere il giornale ogni giorno è importante.	☐	☐

Pronuncia

Come si scrive? Spelling words using names of famous cities

Come si scrive?

When there could be confusion about the spelling of a word, Italians use the first letter of well-known city names to clarify how to write it. This often happens with last names, which could be spelled different ways, or to avoid misspellings when talking on the phone. The letters that are most commonly confused and need clarification are **b, d, f, p, s,** and **t.** For example: **Bari** is used to indicate the letter **B, Torino** is used to indicate the letter **T,** and so on. The letter **h** is pronounced **acca, z** is pronounced **zeta,** and words that begin with **qu-,** such as **quadro,** are used for the letter **q.**

Listen to the spelling of the following last names using names of cities:

Gianmarco	**Genova-Imola-Ancona-Napoli-Milano-Ancona-Roma-Cagliari-Otranto**
Pedrulli	**Palermo-Empoli-Domodossola-Roma-Udine-Lucca-Lucca-Imola**
Sabatino	**Savona-Ancona-Bari-Ancona-Torino-Imola-Napoli-Otranto**
Zecchini	**Zeta-Empoli-Cagliari-Cagliari-acca-Imola-Napoli-Imola**
Vicoli	**Verona-Imola-Cagliari-Otranto-Lucca-Imola**

Come si scrive?

Parte prima. Scrivi i cognomi che senti con le iniziali dei nomi di città. Ogni cognome sarà ripetuto due volte.

1. _____ 4. _____ 7. _____

2. _____ 5. _____

3. _____ 6. _____

▶ *Check your answers to this activity in the Answer Key at the back of the workbook.*

Parte seconda. Adesso ripeti i cognomi che senti e fai lo spelling usando i nomi di città.

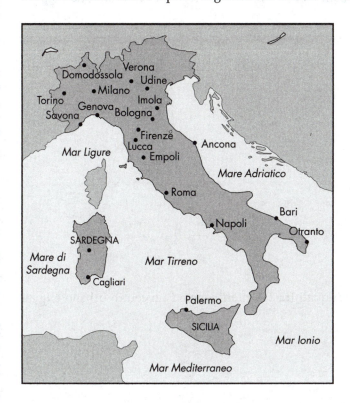

1. Pascoli
2. Pozzi
3. Rossi
4. Cavour
5. Fabbri

Lessico

La città e il paese di provincia   Talking about Italian cities and towns

A. La casa di Enrico e Patrizia. Completa il testo con le parole della lista.

(banche)   (caotico)   (costose)   (metropoli)

(paese)   (quartiere)   (rumore)   (verde)

Enrico e Patrizia sono una giovane coppia milanese. Hanno appena cambiato casa e

si sono trasferiti da Milano, una grande _____,[1] a Sevignano, un piccolo

_____[2] in provincia di Trento. Hanno deciso di trasferirsi perché erano stanchi del

traffico _____[3] e delle lunghe file (*lines*) nei negozi, nelle _____,[4]

per prendere l'autobus e un po' dappertutto in città.

    Adesso vivono in un _____[5] nella periferia di Sevignano, dove c'è molto

_____[6] e le case non sono molto _____.[7] Di notte non c'è molto

_____[8] e si può dormire con tranquillità.

B. Vero o falso? Ascolta le frasi e decidi se sono **vere** o **false**. Ogni frase sarà ripetuta due volte.

	vero	falso
1.	☐	☐
2.	☐	☐
3.	☐	☐
4.	☐	☐
5.	☐	☐
6.	☐	☐
7.	☐	☐
8.	☐	☐
9.	☐	☐
10.	☐	☐

C. I pro e i contro di città e paesi. Decidi quali frasi si riferiscono ad un centro urbano e quali ad un paese di provincia.

a. Il traffico è caotico.
b. Si sentono pochi rumori.
c. Il costo della vita è basso.
d. Il livello di smog non è alto.
e. È facile parcheggiare la macchina.
f. Offre molti servizi.
g. Ci sono molti mezzi di trasporto pubblici.
h. Ci sono molti abitanti.
i. L'affitto degli appartamenti è più basso.
j. È piacevole fare spese da Gucci.

Centro urbano

1. ____
2. ____
3. ____
4. ____
5. ____

Paese di provincia

6. ____
7. ____
8. ____
9. ____
10. ____

D. Quale quartiere scelgo?

Parte prima. Vincenzo ha visto tre appartamenti in affitto in tre quartieri diversi di Roma. Ascolta la conversazione fra Vincenzo e la sua amica Gaia. Dopo scrivi il nome del quartiere in cui si trova ognuno dei tre appartamenti. La conversazione sarà ripetuta due volte.

(Monteverde)   (Prati)   (Prenestina)

1. _____   2. _____

3. _____

Parte seconda. Vincenzo preferisce un appartamento fra i tre che ha visto, ne parla con sua moglie Carla, ma lei non è d'accordo. Ascolta la loro conversazione e segna gli svantaggi (*disadvantages*) che ha l'appartamento secondo Carla. La conversazione sarà ripetuta due volte.

1. C'è troppo caos. ☐

2. Non ci sono negozi. ☐

3. La vita è molto noiosa. ☐

4. Le scuole sono lontane. ☐

5. Ci sono file (*lines*) lunghe per ogni cosa. ☐

E. La frase nascosta. Scegli le parole della lista per completare le frasi qui sotto. Alla fine le parole rimaste nella lista, da sinistra a destra, formeranno una frase.

trasporto	piace	posta	abitanti	libreria
mi	panificio	vivere	religioso	città
ufficio postale	monumenti	moderno	urbano	tabaccaio
divertente	tranquillità	stressante	in	caotico

1. Il pane si compra al _____.

2. Le schede telefoniche (*phone cards*) e i tabacchi si vendono dal _____.

3. Il contrario di «antico» è _____.

4. I libri si vendono in _____.

5. L'autobus è un mezzo di _____.

6. Una grande città ha molti _____.

7. I pacchi si spediscono alla _____.

8. La chiesa è un luogo _____.

9. «Posta» è sinonimo di _____.

10. Ci sono molti _____ nel centro storico di Roma.

11. «Noioso» è il contrario di _____.

12. In una metropoli il traffico è _____.

13. La vita moderna è frenetica e _____.

14. «Città» è sinonimo di centro _____.

15. I miei sono persone calme, gli piace la _____ della vita di paese.

F. Tocca a te! Scrivi due vantaggi e due svantaggi della vita in città e della vita in un paese di provincia.

_____

_____

_____

_____

_____

_____

Strutture

12.1 Chi fu? The past absolute

A. Che forma è?

Parte prima. Scegli il soggetto giusto del verbo.

		io	tu	lui/lei	noi	voi	loro
1.	andammo	☐	☐	☐	☐	☐	☐
2.	parlasti	☐	☐	☐	☐	☐	☐
3.	lavarono	☐	☐	☐	☐	☐	☐
4.	vide	☐	☐	☐	☐	☐	☐
5.	frequentai	☐	☐	☐	☐	☐	☐
6.	apriste	☐	☐	☐	☐	☐	☐
7.	fosti	☐	☐	☐	☐	☐	☐
8.	ebbi	☐	☐	☐	☐	☐	☐
9.	partirono	☐	☐	☐	☐	☐	☐
10.	ballò	☐	☐	☐	☐	☐	☐

Parte seconda. Scrivi l'infinito dei verbi della **Parte prima**.

1. _____
2. _____
3. _____
4. _____
5. _____

6. _____
7. _____
8. _____
9. _____
10. _____

B. La forma giusta. Per ogni verbo al passato remoto, scegli la forma corrispondente del passato prossimo.

		a.	b.	c.
1.	_____ furono	a. sono stato	b. è stato	c. sono stati
2.	_____ mangiasti	a. hai mangiato	b. abbiamo mangiato	c. avete mangiato
3.	_____ avemmo	a. ho avuto	b. abbiamo avuto	c. hanno avuto
4.	_____ scrisse	a. ha scritto	b. avete scritto	c. hanno scritto
5.	_____ lavorai	a. ho lavorato	b. hai lavorato	c. avete lavorato
6.	_____ finiste	a. ha finito	b. avete finito	c. hanno finito
7.	_____ dormii	a. ho dormito	b. hai dormito	c. ha dormito
8.	_____ fece	a. hai fatto	b. ha fatto	c. avete fatto

C. Al passato prossimo... Scrivi il passato prossimo dei seguenti verbi.

ESEMPIO: iniziarono → ___hanno iniziato___

1. prese _____

2. lavorò _____

3. ebbero _____

4. arrivò _____

5. cambiarono _____

6. morì _____

7. uscirono _____

8. accettarono _____

9. offrì _____

10. entrarono _____

D. Qual è il verbo?

Parte prima. Ascolta le frasi e scrivi i verbi che senti. Ogni frase sarà ripetuta due volte.

ESEMPIO: *Senti:* Dante fu uno scrittore famosissimo.

Scrivi: ___fu___

1. _____   5. _____

2. _____   6. _____

3. _____   7. _____

4. _____

▶ *Check your answers to the* **Parte prima** *in the Answer Key at the back of the workbook before doing the* **Parte seconda.**

Parte seconda. Adesso scrivi il passato prossimo dei verbi che hai scritto nella **Parte prima.**

1. _____   5. _____

2. _____   6. _____

3. _____   7. _____

4. _____

E. Giuseppe dimenticò (*forgot*) tutto!

Parte prima. Leggi la storia e scrivi tutte le forme del passato remoto. Dopo scrivi l'equivalente al passato prossimo.

C'era una volta un ragazzo disubbidiente, di nome Giuseppe, che non ascoltava mai nessuno. Un giorno, suo padre gli domandò di comprare del pesce e Giuseppe uscì per andare in pescheria. Ma quando arrivò alla pescheria, invece di entrare, decise di andare all'edicola accanto (*next door*). All'edicola comprò dei fumetti (*comics*) e poi andò al parco a leggerli. Al parco Giuseppe vide i suoi amici e iniziarono a giocare a calcio. Dopo un'ora, andò al panificio e comprò del pane per suo padre. Quando tornò a casa con il pane e i fumetti, il padre gli disse: «Dov'è il pesce?» e Giuseppe rispose: «Quale pesce?». Il padre si arrabbiò molto e allora Giuseppe andò subito in pescheria.

passato remoto		passato prossimo
1. _____	→	_____
2. _____	→	_____
3. _____	→	_____
4. _____	→	_____
5. _____	→	_____
6. _____	→	_____
7. _____	→	_____
8. _____	→	_____
9. _____	→	_____
10. _____	→	_____
11. _____	→	_____
12. _____	→	_____
13. _____	→	_____
14. _____	→	_____
15. _____	→	_____

Parte seconda. Leggi le affermazioni e decidi se sono **vere** o **false.** Se una frase è falsa, riscrivila per renderla vera.

                                      vero   falso

1. Il padre disse a Giuseppe di comprare il pane. ☐ ☐

_____

2. Giuseppe andò subito in pescheria. ☐ ☐

_____

3. Giuseppe andò a leggere i fumetti al parco. ☐ ☐

_____

4. Giuseppe giocò a calcio con gli amici al parco. ☐ ☐

_____

5. Giuseppe tornò a comprare il pesce per suo padre. ☐ ☐

_____

12.2 Chi fu? Com'era?   The past absolute versus the imperfect

A. Il sogno di Arianna.

Parte prima. Leggi il testo, sottolinea i verbi al passato remoto e fai un cerchio intorno ai verbi all'imperfetto.

C'era una volta una bambina di nome Arianna che amava leggere. Arianna aveva sette anni e tutte le sere prima di andare a letto leggeva una storia. Una sera Arianna iniziò a leggere «Biancaneve e i sette nani» (*Snow White and the Seven Dwarfs*). Chiuse gli occhi per un attimo, ma quando li riaprì era in una piccola casa nel bosco (*forest*). Pochi minuti dopo, sentì (*heard*) delle persone che parlavano fuori e poi sette piccoli uomini entrarono in casa. Le dissero «buona sera» e poi le chiesero (*asked*) il suo nome. Prima di rispondergli, Arianna si svegliò. Era tutto un sogno (*dream*)!

Parte seconda. Adesso scrivi l'infinito di tutti i verbi al passato remoto che hai trovato nella **Parte prima.**

1. _____   5. _____
2. _____   6. _____
3. _____   7. _____
4. _____   8. _____

B. L'imperfetto e il passato remoto.

Parte prima. Completa le frasi con la forma giusta dei seguenti verbi all'imperfetto.

(avere)   (essere)   (guardare)   (lavorare)   (parlare)   (sapere)   (vivere)

1. Quando lo scrittore morì, il suo libro _____ già molto famoso.

2. Quando era giovane, la mia bisnonna (*great-grandmother*) scrisse tante lettere al suo fidanzato che _____ in Sicilia.

3. Mentre tutti _____ attentamente lo spettacolo, l'attore dimenticò le parole.

4. Quando Giovanni finì il liceo, _____ con suo padre in gioielleria già da un anno.

5. Pietro conobbe sua moglie quando _____ 21 anni.

6. Quando nacque Giulio Cesare nessuno _____ l'italiano.

7. Il principe (*prince*) disse che non _____ andare a cavallo (*ride a horse*).

Parte seconda. Adesso scrivi il passato prossimo dei verbi al passato remoto nelle frasi della **Parte prima.**

1. _____*è morto*_____   5. _____
2. _____   6. _____
3. _____   7. _____
4. _____

12.3 Dove si vive meglio? The irregular comparative

A. Aggettivo o avverbio? Decidi se bisogna usare un aggettivo (**migliore/peggiore**) o un avverbio (**meglio/peggio**) per completare le frasi.

1. Secondo me, una città è <u>migliore / meglio</u> di un paese.
2. Zia Marta si veste <u>peggiore / peggio</u> di zia Anna.
3. La nonna di Giulio cucina <u>migliore / meglio</u> di sua madre.
4. Le pescherie vicino al mare sono <u>migliori / meglio</u> delle pescherie lontane dal mare.
5. Ieri a cena le patate erano <u>peggiori / peggio</u> dei fagioli (*beans*).
6. La colomba è <u>migliore / meglio</u> del panettone.
7. I servizi nei centri storici sono <u>peggiori / peggio</u> dei servizi nelle periferie.
8. Carlo nuota <u>peggiore / peggio</u> di Salvatore.

B. Le opinioni di Silvia e Matteo.

Parte prima. Silvia e Matteo sono alla partita di calcio e parlano dei giocatori (*players*). Ascolta e completa la loro conversazione con la forma di **migliore, peggiore, meglio** o **peggio** che senti. La conversazione sarà ripetuta due volte.

SILVIA: Allora, chi vince la partita oggi?

MATTEO: Non lo so. Secondo me, il Milan gioca _____[1] della Juventus, ma le cose possono sempre cambiare.

SILVIA: Ma tu sai che quest'anno il Milan ha i _____[2] giocatori di tutta l'Italia. Perderà di sicuro!

MATTEO: Non è vero. Il Milan ha giocato _____[3] delle altre squadre all'inizio

(*beginning*) della stagione. Poi ha anche uno dei _____[4] giocatori di calcio d'Europa.

SILVIA: Sono sicura che la Juventus oggi vincerà. Giocano sempre _____[5] alla fine della partita. Vedrai che quest'anno saranno loro a vincere il campionato (*championship*).

MATTEO: Beh… vedremo.

▶ *Check your answers to this activity in the Answer Key at the back of the workbook.*

Parte seconda. Adesso rileggi la conversazione. Dopo ascolta le affermazioni e decidi se sono **vere** o **false.** Le affermazioni saranno ripetute due volte.

	vero	falso
1.	☐	☐
2.	☐	☐
3.	☐	☐
4.	☐	☐
5.	☐	☐

C. Singolare o plurale? Completa le frasi con la forma giusta del singolare o del plurale di **migliore** o **peggiore**.

1. Una partita di calcio è miglior_____ di una partita di tennis.

2. Il cavolo (*cabbage*) è peggior_____ dell'insalata.

3. In Italia, le macchine piccole sono miglior_____ delle macchine grandi.

4. Quando fa caldo in estate, i pantaloncini sono miglior_____ dei jeans.

5. Il cibo alla mensa è peggior_____ del cibo al ristorante.

6. Oggi, per comunicare, il telefonino è miglior_____ del telefono fisso (*land line*).

7. In questo ristorante i ravioli sono peggior_____ degli spaghetti al pomodoro.

D. Che ne pensi? Scrivi le tue opinioni con delle frasi complete usando **migliore** o **peggiore**.

ESEMPIO: *Vedi:* il caffè / il tè

Scrivi: _Il caffè è migliore del tè._

o

Il caffè è peggiore del tè.

1. l'acqua minerale frizzante / l'acqua minerale naturale

_____

2. gli occhiali / le lenti a contatto

_____

3. il lavoro / le vacanze

_____

4. il cinema / il teatro

_____

5. gli gnocchi / la pasta

_____

6. la psicologia / la sociologia

_____

7. la cucina cinese / la cucina messicana

_____

12.4 A Silvia piacciono le scarpe   More about the verb **piacere**

A. Qual è il soggetto? Ascolta le frasi e decidi qual è il soggetto del verbo **piacere**.

1. _____   a. Franco   b. la storia italiana
2. _____   a. cucinare   b. la nonna
3. _____   a. il teatro   b. Filippo e Giacomo
4. _____   a. voi   b. i computer
5. _____   a. i bambini   b. guardare la TV
6. _____   a. vivere in città   b. noi
7. _____   a. andare al mare   b. tutti
8. _____   a. io   b. studiare filosofia

B. A chi piace? Scegli la conclusione giusta per ogni frase.

1. Valeria e Lorenzo vanno in discoteca o al bar quasi tutte le sere.
   a. Gli piace uscire.   b. Le piace uscire.

2. Tu e Francesco mangiate spesso gli spaghetti, i tortellini e le lasagne.
   a. Ci piace la pasta.   b. Vi piace la pasta.

3. Paola guarda un film ogni weekend.
   a. Le piace andare al cinema.   b. Gli piace andare al cinema.

4. Io e Rita compriamo sempre i jeans, le maglie e le gonne.
   a. Mi piacciono i vestiti.   b. Ci piacciono i vestiti.

5. Giorgio ama studiare gli animali, le piante e l'ambiente (*environment*).
   a. Gli piacciono le scienze naturali.   b. Le piacciono le scienze naturali.

6. Hai una chitarra, un violino, un pianoforte e un sassofono.
   a. Vi piace suonare.   b. Ti piace suonare.

7. Lucio e Arianna hanno un cane, tre gatti e due pesciolini.
   a. Le piacciono gli animali.   b. Gli piacciono gli animali.

C. A chi piacciono? Leggi le frasi e decidi se le persone a cui piacciono le diverse cose possono essere sostituite da **le** o **gli.**

ESEMPIO: *Vedi:*   A Elena piacciono le lasagne.
           Scegli: le

	gli	le
1. A Mario piace la pasta.	☐	☐
2. A Paola piace studiare.	☐	☐
3. Ai bambini piacciono i tortellini.	☐	☐
4. Ad Arianna piace la campagna.	☐	☐
5. Allo zio piace ascoltare la musica.	☐	☐
6. A Gianna ed Anna piacciono le feste.	☐	☐

D. Mi piace... Leggi le frasi e scrivi una frase di commento usando la preposizione **a** e l'articolo determinativo (se necessario). Utilizza le parole della lista e segui l'esempio.

ESEMPIO: *Vedi:* La mamma ascolta il jazz, il blues e il rock.

Scrivi: ___Alla mamma piace la musica.___

(l'arte)   (i dolci)   (i film)   (la letteratura)   (le macchine sportive)   (la musica) ✓   (la pasta)

1. I bambini mangiano spesso i biscotti, la torta e il gelato.

_____

2. Mio fratello ha letto tutte le opere di Dante, Pirandello e Calvino.

_____

3. Sandra e Michela vanno al cinema due volte alla settimana.

_____

4. Claudia mangia sempre gli spaghetti al ragù.

_____

5. Gianni e Marcella hanno una Ferrari.

_____

6. La mia amica Daria sta studiando pittura.

_____

E. Gli piace... Ascolta le frasi e riscrivile con un pronome di complemento indiretto. Ogni frase sarà ripetuta due volte. Ripeti la risposta.

ESEMPIO: *Senti:* A Giacomo piace sciare.

Scrivi: ___Gli___ piace sciare.

1. _____ piace il caffè italiano.

2. _____ piacciono i fuochi d'artificio.

3. _____ piace la storia europea.

4. _____ piacciono le scarpe italiane.

5. _____ piace viaggiare in estate.

6. _____ piace ascoltare la musica in macchina.

▶ *Check your answers to this activity in the Answer Key at the back of the workbook.*

F. Cosa gli piace? Guarda le immagini e scrivi cosa piace alle persone, usando la preposizione **a**.

ESEMPIO: *Vedi:*

Massimo

Scrivi: ___A Massimo piacciono i cani___.

1.

Alessia

2.

Marco

3.

lo zio

4.

Alessia e Marina

5.

la nonna

1. _____

2. _____

3. _____

4. _____

5. _____

Ascoltiamo! 🎧

Le città italiane attraverso il tempo

A. Come finisce? Scegli la parola giusta per completare le frasi.

1. Per assicurare una quantità sufficiente di cibo molte città sono state fondate in zone <u>sterili / fertili</u>.

2. La buona salute della popolazione dipende anche dal fatto che una città sia stata fondata dove il clima è <u>mite / umido</u>.

3. Molte città sono state fondate vicino ai fiumi e ai mari per creare condizioni favorevoli <u>alle vacanze / al trasporto delle merci (goods)</u>.

4. La cima di una collina è un posto favorevole per <u>l'attacco / la difesa</u> della città.

5. In conclusione, queste sono le regole di base per <u>la fondazione / la distruzione</u> di una città.

🎧 **B. Che tipo di città?** Ascolta le frasi e decidi se sono **vere** o **false**. Ogni frase sarà ripetuta due volte.

	vero	falso
1.	☐	☐
2.	☐	☐
3.	☐	☐
4.	☐	☐
5.	☐	☐

🎧 **C. Quale città?** Ascolta le descrizioni di cinque città italiane e abbina ogni descrizione al nome della città corrispondente. Ogni frase sarà ripetuta due volte.

1. _____   a. Napoli

2. _____   b. Modena

3. _____   c. Siena

4. _____   d. Roma

5. _____   e. Milano

Leggiamo!

Strategie di lettura

Synthesis. Use all of the reading strategies that you've learned so far to understand the text on the poster displayed in downtown Verona. (See page 236.)

A. Identifying text type. Look at the text *without reading it* and check the best completion of the sentence: **Questo testo è...**

1. _____ una pubblicità

2. _____ un articolo di cronaca (*news*)

3. _____ un articolo di opinione

4. _____ una poesia

B. Identifying the topic sentence. In addition to the title, the topic sentence of the first paragraph provides the main idea of the text. Which of the following best captures the main idea of the text? Check the best answer.

1. _____ i problemi del traffico

2. _____ i posti da visitare a Verona

3. _____ un mezzo pubblico alternativo

C. Predicting information. What type of information do you expect to find in this type of text? Check all possible answers.

1. _____ lo sponsor del servizio

2. _____ quanto costa questo servizio

3. _____ come funziona questo servizio

4. _____ i vantaggi del servizio

5. _____ i benefici per l'ambiente

6. _____ come paghi questo servizio

7. _____ dove trovi altre informazioni sul servizio

Lettura

Ora leggi tutto il testo e poi rispondi alle domande.

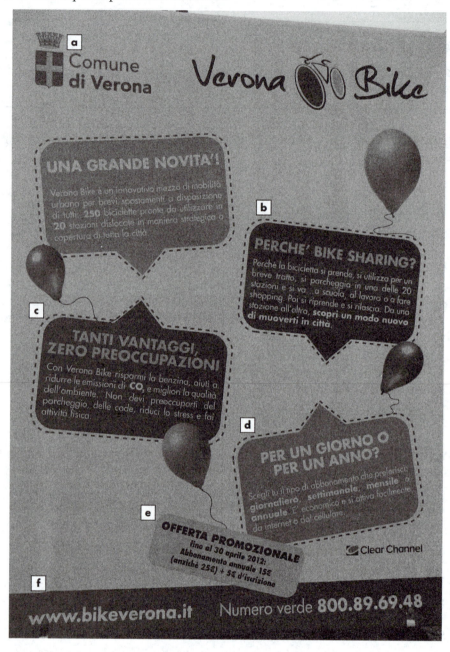

Quali informazioni hai trovato? Hai trovato le informazioni che ti aspettavi? Indica dove le hai trovate nel testo, scrivendo la lettera della sezione del testo (a–f) accanto all'informazione corrispondente (1–7). **Attenzione!** In una sezione si trovano due informazioni.

1. _____ lo sponsor del servizio

2. _____ quanto costa questo servizio

3. _____ come funziona questo servizio

4. _____ i vantaggi del servizio

5. _____ i benefici per l'ambiente

6. _____ come paghi questo servizio

7. _____ dove trovi altre informazioni sul servizio

◑ In Italia, Culture a confronto, Un po' di cultura e Regioni d'Italia

Utilizzando le informazioni delle sezioni **In Italia** e delle attività di cultura contrassegnate da ◑ nel libro, decidi se le frasi seguenti sono **vere** o **false**. Se una frase è falsa, cambia la parola in neretto per renderla vera.

	vero	falso
1. Quando sono in vacanza in Italia, i turisti italiani preferiscono andare in un posto di **mare** piuttosto che visitare una città di interesse storico.	☐	☐
2. In genere ci sono tre posti dov'è possibile comprare i biglietti per l'autobus: in biglietteria, in edicola e in **biblioteca.**	☐	☐
3. Per evitare una multa quando si sale sull'autobus è obbligatorio **convalidare** subito il biglietto.	☐	☐
4. Secondo gli italiani, il **traffico** è il problema principale delle loro città.	☐	☐
5. Il Palazzo degli Uffizi e Santa Maria del Fiore sono due importanti monumenti di **Firenze.**	☐	☐
6. Detta anche *La Serenissima*, **Palermo** è la città dei risi e bisi e di San Marco.	☐	☐

Scriviamo!

Strategie di scrittura

Synthesis. As you do the following task, you'll have the opportunity to reuse some of the writing strategies that you learned in **Capitoli 1–8**, as well as those you encountered in **Capitoli 9, 10,** and **11**: using connecting words to create longer sentences, refining your questions to focus on particular pieces of information, and knowing your audience. Make a list of the strategies that you use in your composition and be prepared to hand it in.

Genere: Un dialogo

Tema: Stai facendo un giro in centro e incontri dei turisti italiani che visitano la tua città per la prima volta e ti chiedono qualche informazione. Quali domande ti faranno? Cosa gli consigli di vedere e di fare durante il loro soggiorno? Su un foglio di carta, scrivi una breve conversazione tra te e i turisti, usando il **vocabolario utile** qui sotto, le parole ed espressioni del capitolo e la tua fantasia. Ricordati che parli con un gruppo di persone: devi usare il **voi.**

Vocabolario utile

Di dove siete?	*Where are you (all) from?*
Vi consiglio...	*I recommend (to you all) . . .*
Vale la pena (vedere, fare, ...)	*It's worth the effort (to see, to do, . . .)*
Buone vacanze!	*Have a great vacation!*

Alla fine, rileggi quello che hai scritto tenedo conto dei consigli di **Facciamo la verifica!**

Facciamo la verifica!

I have used:

❑ the **Strategie di scrittura** introduced in earlier chapters;

❑ relevant words and expressions from **Capitolo 12** of the textbook and the **Vocabolario utile.**

I have proofread my writing and checked:

❑ for spelling errors, including apostrophes and accent marks;

❑ that I have used the **voi** forms of verbs when speaking to the tourists, and the corresponding forms of any possessive adjectives (**vostro, vostra, ...**);

❑ adjective agreement in comparatives and superlatives;

❑ that I have used the correct forms of the irregular comparatives (**migliore, meglio**) and that I have used the comparative adjective (**migliore**) with nouns (e.g., **Secondo me, una gita a piedi lungo il fiume è migliore di un tour in pullman**) and the comparative adverb (**meglio**) with verbs (e.g., **mangerete meglio nei locali piccoli**);

❑ that I have used the appropriate definite article when using the superlative (e.g., **il miglior ristorante è Stella d'Oro**);

❑ that I have been enthusiastic in my description of great places to see and things to do.

Capitolo 13

Andiamo in ferie!

Strategie di comunicazione

A. Suggerimento o desiderio? Decidi se le seguenti frasi esprimono un suggerimento (*suggestion*) o un desiderio (*wish*).

1. Vorrei viaggiare per il mondo.
    a. suggerimento
    b. desiderio

2. Sarebbe una buon'idea consultare un medico.
    a. suggerimento
    b. desiderio

3. Mi piacerebbe vedere il film *8 1/2* di Federico Fellini.
    a. suggerimento
    b. desiderio

4. Non sarebbe meglio uscire alle 23.00 invece delle 21.00?
    a. suggerimento
    b. desiderio

5. Vorrei un gelato alla fragola.
    a. suggerimento
    b. desiderio

B. Come finisce la frase? Completa le frasi in modo appropriato. **Attenzione!** Usa ogni completamento *una sola volta*.

1. Mi piacerebbe leggere _____.
2. Cosa Le piacerebbe fare _____?
3. Vorrei laurearmi _____.
4. Sarebbe meglio _____.
5. Invece di aspettare, non sarebbe meglio _____?

a. essere allegri che ricchi
b. prima di sposarmi
c. il giornale *La Repubblica*
d. fare il giro del mondo quando siamo giovani
e. quando va in pensione

C. Che desiderio! Ascolta le domande e scrivi il numero della domanda accanto alla risposta giusta. **Attenzione!** Leggi le risposte prima di ascoltare le domande. Ogni domanda sarà ripetuta due volte.

_____ a. Insomma… Sarebbe meglio fare un giro nella fabbrica (*factory*) della Ferrari.

_____ b. Sì, ho sempre voluto abitare in un altro paese.

_____ c. Mi piacerebbe andare in Sardegna per le vacanze.

_____ d. È vero. Una laurea serve per trovare un lavoro.

_____ e. Sì, mi interessa molto il mondo antico.

Pronuncia

Le lettere *qu* Pronunciation of the sound [kw]

Le lettere *qu*.

- The sound [kw] is usually spelled **qu** as in the word **quando.** Listen and repeat the following words:

  quando   qualcosa   quattro

- When the combination **qu** is preceded by a **c,** as in the word **acqua,** the sound is slightly lengthened, as with a double consonant.

  Listen and repeat the following words:

  acquatico   acquamarina   acquistare

- However, some words are spelled with a **c** despite the [kw] sound, such as **cuore** (*heart*) and **scuola.**

Dettato. Scrivi le parole che senti. Ogni parola sarà ripetuta due volte.

1. _____   5. _____   9. _____

2. _____   6. _____   10. _____

3. _____   7. _____

4. _____   8. _____

▶ *Check your answers to this activity in the Answer Key at the back of the workbook.*

Lessico

Dove vai in vacanza? Talking about vacations

🎧 **A. Dove andranno in vacanza?** Ascolta le preferenze delle seguenti persone quando sono in vacanza. Decidi quali dei quattro posti descritti nelle pubblicità sceglieranno per la loro prossima vacanza. Scrivi la lettera corrispondente. **Attenzione!** Leggi le pubblicità prima di ascoltare le preferenze.

Hotel Il Delfino	Hotel Paradiso	Residence Lo Sciatore	Albergo I Tre Castelli
*****	*****	*****	*****
Nella meravigliosa isola d'Elba.	Fine-settimana per soli "single" nella bella Emilia-Romagna.	Sulle bellissime montagne delle Alpi.	Nel centro di Firenze.
Sole, mare e sport acquatici. Divertimenti per grandi e piccoli.	Discoteche aperte fino alle 5 di mattina. Feste organizzate e cene romantiche.	Per chi ama lo sci, i parchi naturali e i percorsi nel tranquillo verde delle foreste alpine.	A pochi metri dal museo degli Uffizi, nel centro storico e artistico della città.
a.	b.	c.	d.

1. _____   2. _____   3. _____

B. Che fai quest'anno? Abbina gli elementi dell'insieme A agli elementi dell'insieme B per formare delle frasi complete.

A	**B**
1. L'albergo costa di più _____	a. c'è sempre bisogno della prenotazione.
2. Vorrei noleggiare _____	b. un appartamento sul mare.
3. Mi piacerebbe affittare _____	c. partiamo per le Bahamas.
4. Ho già organizzato _____	d. riposarci e rilassarci.
5. Per l'Albergo Excelsior _____	e. ha fatto un errore.
6. L'agenzia di viaggi _____	f. il paracadutismo e il bungee jumping.
7. Fra un mese _____	g. in alta stagione.
8. Andiamo in vacanza perché vogliamo _____	h. il mio prossimo viaggio.
9. Farò molti sport estremi come il free climbing, _____	i. una bicicletta o una mountain bike.

C. Il lago nascosto. Cancella (*Cross out*) nel quadrato i verbi che corrispondono alle definizioni in basso. Dopo scrivi le lettere sottolineate nelle parole rimaste, dall'alto in basso, e avrai il nome del lago dove molte famiglie italiane passano l'estate.

PR<u>E</u>NOTARE

<u>C</u>OSTARE

LAMEN<u>T</u>ARSI

<u>OR</u>GANIZZARE

ALL<u>O</u>GGIARE

DI<u>M</u>ENTICARE

GODER<u>SI</u>

NOLEG<u>GI</u>ARE

<u>P</u>ARTIRE

CALC<u>O</u>LARE

R<u>I</u>POSARSI

1. Divertirsi, essere contento, sentirsi soddisfatto/a di qualcosa.
2. Dire che qualcosa non va bene o non ci piace.
3. Prendere una macchina per qualche giorno o qualche settimana.
4. Andare a fare un viaggio, lasciare la propria casa o città.
5. Chiamare un albergo per riservare una camera.
6. Preparare tutto per un viaggio, mettere tutto in ordine.
7. Non lavorare, stare sdraiato/a, riprendersi (*recover*) dallo stress.

Il lago di ___ ___ ___ ___

D. Quale località è?

Parte prima. Ascolta i due testi e decidi quali immagini corrispondono alle località dove sono andate in vacanza le due famiglie. Ogni testo sarà ripetuto due volte.

a. _____   b. _____   c. _____

Parte seconda. Adesso descrivi l'immagine che resta.

_____

_____

_____

_____

E. Come hanno passato le vacanze? Descrivi che cosa hanno fatto in vacanza le persone delle immagini.

_____

_____

_____

_____

1.   Vera e la figlia Renata

(continued)

2.   Riccardo e Mauro

3.   Rosa e Alfredo

Articoli da
Regalo e Souvenir

4.   I signori Colantonio

Strutture

13.1 Vorrei andare in Italia   The present conditional

A. I verbi al condizionale. Scrivi il significato dei seguenti verbi e completa le schede con le forme giuste del condizionale presente.

	organizzare _____	decidere _____	finire *to finish*	rilassarsi _____
io	organizzerei			
tu			finiresti	
lui, lei; Lei				si rilasserebbe
noi				
voi		decidereste		
loro				

	essere _____	fare _____	dovere _____	noleggiare *to rent*	dimenticare _____
io					dimenticherei
tu			dovresti		
lui, lei; Lei					
noi	saremmo				
voi				noleggereste	
loro		farebbero			

B. Cosa farebbero? Decidi quello che farebbero le seguenti persone nelle seguenti situazioni.

1. A Maria piace molto fare shopping, ma non ha molti soldi. Cosa farebbe con un regalo di € 50?
   a. Comprerebbe un paio di scarpe.
   b. Li darebbe in beneficenza (*to charity*).
   c. Pagherebbe la pizza ai suoi amici.

2. Mario è un ragazzo serio e molto studioso. Cosa farebbe durante una vacanza al mare?
   a. Prenderebbe il sole e dormirebbe molto.
   b. Leggerebbe molti libri.
   c. Noleggerebbe una barca a vela.

3. Normalmente Sandra è una persona tranquilla ed allegra. Però adesso ha un nuovo lavoro con più responsabilità e lavora 60 ore alla settimana. È molto stressata e nervosa perché lavora molto e dorme poco, ma vuole tornare ad essere tranquilla ed allegra. Cosa farebbe con una vacanza di un mese?
   a. Farebbe sport di giorno e andrebbe spesso a ballare da mezzanotte fino alle sei di mattina.
   b. Prenderebbe un aereo per una destinazione molto lontana e non direbbe a nessuno dove va.
   c. Affitterebbe una casetta in montagna con degli amici e porterebbe con sè il computer, il telefonino e il fax.

4. Michele e Antonio non hanno mai visto gli Stati Uniti. Hanno voglia di viaggiare e vedere tanti posti diversi. Vanno a trovare i loro parenti che abitano in un piccolo paese del Wisconsin. Cosa farebbero con una macchina per una settimana?
   a. Farebbero un giro del paese dove abitano i parenti.
   b. Farebbero le commissioni (*errands*) per la loro zia.
   c. Andrebbero a New York e poi a Washington D.C.

C. Cosa vorresti fare?

Parte prima. Giulia e Michele parlano dei loro programmi (*plans*) per l'estate. Ascolta il loro dialogo e scrivi le forme dei verbi che senti al condizionale. Il dialogo sarà ripetuto due volte.

GIULIA: Allora Michele, cosa _____[1] fare quest'estate?

MICHELE: Non lo so ancora. Mi _____[2] andare al mare con la mia ragazza per

qualche settimana. Lei _____[3] affittare una casa in Sardegna. Ma

sinceramente non _____[4] andare in vacanza quest'anno perché devo

risparmiare (*save*) soldi e poi ho un paio di esami da preparare. E tu che fai?

GIULIA: _____[5] fare un'escursione in montagna, in Svizzera, con alcuni amici,

ma non sono sicura. _____[6] anche andare dagli zii in Calabria e non

mi _____[7] niente. Nemmeno io so bene che cosa fare.

MICHELE: Organizzare le vacanze è davvero stressante!

GIULIA: Lo dici a me!

▶ *Check your answers to this activity in the Answer Key at the back of the workbook.*

Parte seconda. Adesso rispondi alle domande con delle frasi complete.

1. Cosa vorrebbe fare la ragazza di Michele per le vacanze?

   _____

2. Perché Michele non dovrebbe andare in vacanza quest'anno?

   _____

3. Dove potrebbe andare Giulia per le vacanze quest'anno?

   _____

4. Alla fine della conversazione, Michele e Giulia hanno deciso che cosa faranno per le vacanze?

   _____

D. Il verbo giusto. Completa le frasi con la forma giusta dei seguenti verbi al condizionale presente.

(andare)   (cambiare)   (dovere)   (essere)

(potere)   (prenotare)   (smettere)   (studiare)

1. Non _____ meglio visitare il duomo domenica mattina?

2. I genitori di Giulia _____ andare in vacanza da soli (*alone*) quest'anno, ma

   preferiscono portare i figli al mare.

3. Lorenzo _____ a New York con gli amici per Capodanno, ma non ha i soldi

   per pagare il biglietto aereo.

4. (*io*) _____ ingegneria all'università, ma non sono brava in matematica.

5. Tu e Filippo _____ subito di lavorare, ma vi servono (*you need*) dei soldi per

   pagare i libri di questo semestre.

6. Paola e Franco _____ casa, ma devono ancora vendere (*sell*) la casa che hanno.

7. Io e Luca _____ subito l'albergo, ma non sappiamo ancora se Sandro viene con noi.

8. (*tu*) _____ fare tutti i compiti venerdì sera, così non dovrai studiare tutto il

   weekend.

E. In modo più gentile. Leggi le frasi e riscrivile in modo più gentile al condizionale.

   ESEMPIO: *Leggi:* Mamma, mi puoi dare la macchina?
   Scrivi: Mamma, mi __*potresti*__ dare la macchina?

1. Diego, mi dai € 5? _____

2. Ragazzi, potete parlare piano (*quietly*), per favore? _____

3. Voglio un bicchiere di vino rosso. _____

4. Riccardo, mi fai un favore? _____

5. Puoi cucinare tu stasera? _____

6. Vuoi venire a cena con me? _____

F. Cosa dovrebbe fare Cinzia? Ascolta le seguenti situazioni. Dopo scrivi quello che *dovrebbe* fare Cinzia secondo te. Ogni situazione sarà ripetuta due volte.

> ESEMPIO: *Senti:* Cinzia non ha soldi e vuole una macchina nuova.
> *Scrivi:* <u>Cinzia dovrebbe cercare un lavoro</u>.

1. _____
2. _____
3. _____
4. _____
5. _____
6. _____

▶ *Check your answers to this activity in the Answer Key at the back of the workbook.*

G. Tocca a te! Hai vinto la lotteria! Cosa faresti volentieri con i soldi della vincita? Cosa non faresti mai con quei soldi? Scrivi almeno sei frasi e usa il condizionale quando possibile.

_____
_____
_____
_____
_____
_____

13.2 Dimmi tutto! The informal imperative

A. Che cosa dicono? Leggi le situazioni e decidi che cosa direbbero le seguenti persone.

1. _____ Filippo dorme in classe. L'insegnante gli dice…

2. _____ La mamma parla a Gino, ma lui non risponde. La mamma gli dice…

3. _____ Arianna vorrebbe dire qualcosa, ma poi non dice niente. La sua amica le dice…

4. _____ Filippo è a letto e non vuole alzarsi. Suo padre gli dice…

5. _____ Tutti gli studenti hanno preso un brutto voto all'esame. L'insegnante gli dice…

6. _____ Massimo e Paolo hanno appena mangiato i dolci e adesso vanno a letto. La zia gli dice…

7. _____ La cena è pronta, ma tutti parlano e nessuno mangia. Laura dice a tutti…

a. Alzati!
b. Studiate di più!
c. Non dormire!
d. Mangiamo!
e. Rispondimi!
f. Dillo!
g. Lavatevi i denti!

B. Decidi! Ascolta le frasi e decidi se il soggetto dell'imperativo è **tu, noi** o **voi**. Ogni frase sarà ripetuta due volte. Dopo una breve pausa sentirai la risposta giusta.

	tu	**noi**	**voi**
1.	☐	☐	☐
2.	☐	☐	☐
3.	☐	☐	☐
4.	☐	☐	☐
5.	☐	☐	☐
6.	☐	☐	☐
7.	☐	☐	☐
8.	☐	☐	☐

C. In cucina! Completa le istruzioni con i verbi giusti all'imperativo. Dopo mettile in ordine logico.

Parole utili: aggiungere (*to add*), l'albume (*egg white*), bagnare (*to soak*), farcire (*to fill*), i grumi (*lumps*), l'impasto (*mixture*), mescolare (*to mix*), montare (*to whip*), pallido (*pale*), la pirofila (*glass pan*), i savoiardi (*ladyfingers*), sbattere (*to whisk*), spolverare (*to sprinkle*), il tuorlo (*yolk*), una zuppiera (*bowl*)

Il tiramisù

Gli ingredienti
6 tuorli d'uova
225 gr. di zucchero
900 gr. di mascarpone
3 albumi d'uova montati al massimo
600 ml di caffè espresso freddo
42 savoiardi
cacao

Sbattete i tuorli insieme allo zucchero finché l'impasto sia denso e di color giallo pallido. Aggiungete il mascarpone a cucchiaiate e mescolate per eliminare i grumi. Aggiungete infine gli albumi montati e mescolate bene. Mettete l'espresso raffreddato in una zuppiera di media grandezza. Bagnate i savoiardi uno alla volta e distribuiteli in una pirofila. Farcite con metà dell'impasto e spolverate con cacao. Ripetete un'altra volta.

____ a. _____ gli albumi montati.

____ b. _____ con cacao.

____ c. _____ l'espresso in una zuppiera.

____ d. _____ il mascarpone.

____ e. _____ i savoiardi.

_1_ f. _____*Sbattete*_____ i tuorli.

D. Ti dispiacerebbe... ? Ascolta le seguenti frasi all'imperativo e crea domande più gentili usando l'espressione **ti dispiacerebbe** + infinito. Ogni frase sarà ripetuta due volte.

ESEMPIO: *Senti:* Parla piano!

Scrivi: <u>Ti dispiacerebbe parlare piano</u> ?

1. Ti dispiacerebbe _____ ?

2. Ti dispiacerebbe _____ ?

3. Ti dispiacerebbe _____ ?

4. Ti dispiacerebbe _____ ?

5. Ti dispiacerebbe _____ ?

6. Ti dispiacerebbe _____ ?

▶ *Check your answers to this activity in the Answer Key at the back of the workbook.*

E. Dai, vieni! Completa le frasi con l'imperativo del verbo giusto.

(aprire) (darmi) (fare) (girare) (mangiare) (parlare) (stare) (venire)

1. Dai, ragazze, _____ con noi in discoteca stasera.

2. Non (*tu*) _____ mentre l'insegnante fa lezione!

3. Giorgio, _____ la porta alla signora!

4. (*voi*) _____ a destra, poi a sinistra.

5. Anna, _____ i compiti prima di guardare la TV.

6. _____ in camera tua e non uscire per tutta la sera!

7. Pierino, _____ i soldi.

8. Non _____ troppo cioccolato, ti fa male.

F. Cosa gli dice? Leggi le seguenti situazioni e scrivi un imperativo appropriato.

ESEMPIO: *Leggi:* Fausto è in piazza all'ora di cena e suo padre gli telefona. Cosa dice il padre a Fausto?

Scrivi: <u>Vieni a casa</u> !

1. Laura è a tavola e non vuole mangiare gli spinaci. Che cosa le dice suo padre?

   _____

2. Alberto e Francesco vogliono chiedere a Giorgia e Gessica di uscire con loro. Cosa gli dicono?

   _____

3. Mauro ha il libro d'italiano di Lucia e Lucia lo vuole. Che cosa dice Lucia a Mauro?

   _____

4. La nonna vuole dare dei soldi a Fabiana, ma Fabiana non li vuole prendere. Cosa le dice la nonna?

   _____

5. La macchina di Patrizia è sporca e suo padre non è molto contento. Cosa le dice suo padre?

_____

6. L'insegnante sta parlando in classe e gli studenti non lo ascoltano. Cosa gli dice l'insegnante?

_____

13.3 Mi dica! The formal imperative

A. Dove vanno gli imperativi? Inserisci gli imperativi nella categoria giusta.

(Apri la porta!) (Bevi l'acqua!) (Chiuda la finestra!)

(Dammi la valigia!) (Finisca subito!) (Mi dica!)

(Mangia!) (Parli, per favore!) (Si accomodi!) (Vai a casa!)

formale	informale
1. _____	1. _____
2. _____	2. _____
3. _____	3. _____
4. _____	4. _____
5. _____	5. _____

B. Situazioni diverse. Leggi le situazioni e scegli l'imperativo giusto, formale o informale.

1. Il signor Mauri arriva all'albergo e la ragazza alla reception vuole vedere un documento. Cosa dice la ragazza al signor Mauri?
   a. Dammi un documento.   b. Mi dia un documento.

2. Giacomo ha il telefonino di Rita e lei lo rivuole. Cosa dice Rita a Giacomo?
   a. Ridammi il telefonino.   b. Mi ridia il telefonino.

3. Il pranzo è quasi pronto e il padre di Filippo lo chiama a tavola. Cosa dice il padre a Filippo?
   a. Venga a mangiare!   b. Vieni a mangiare!

4. Chiara è in centro e un turista le chiede dov'è il museo di arte antica. Cosa dice Chiara al turista?
   a. Vada diritto, poi a sinistra.   b. Vai diritto, poi a sinistra.

5. Giulio non ha finito i compiti per domani. Cosa gli dice la madre?
   a. Li finisca subito.   b. Finiscili subito.

6. Roberto è al bar con un cliente e gli vuole offrire qualcosa da bere. Cosa dice Roberto al cliente?
   a. Prendi qualcosa.   b. Prenda qualcosa.

7. Enzo fa una domanda a un signore, ma il signore non risponde. Cosa dice Enzo al signore?
   a. Dica qualcosa.   b. Di' qualcosa.

C. Formale o informale? Guarda le immagini e scegli le battute (*quips*) appropriate.

1.

    a.   Apra la bocca, per favore.
    b.   Apri la bocca, per favore.

2.

    a.   Mi dia la bambola (*doll*)!
    b.   Dammi la bambola!

3.

    a.   Parli più forte, non La sento.
    b.   Parla più forte, non ti sento.

4.

    a.   Mi dia la sua carta d'imbarco, per favore.
    b.   Dammi la tua carta d'imbarco, per favore.

5.

    a.   Faccia i compiti per domani.
    b.   Fai i compiti per domani.

D. Ascolta bene! Ascolta i seguenti imperativi e decidi se sono formali o informali. Ogni imperativo sarà ripetuto due volte. Dopo una breve pausa sentirai la risposta giusta.

ESEMPIO: *Senti:* Mi ascolti.
Scegli: **formale** **informale**
☑ ☐

	formale	**informale**
1.	☐	☐
2.	☐	☐
3.	☐	☐
4.	☐	☐
5.	☐	☐
6.	☐	☐
7.	☐	☐

E. Dall'informale al formale. Trasforma i seguenti imperativi dalla forma informale alla forma formale.

ESEMPIO: Aspetta un momento. → Aspetti un momento.

1. Ripeti il tuo nome. →

_____

2. Leggi questo. →

_____

3. Ascoltami, per favore. →

_____

4. Parla piano (*slowly*). →

_____

5. Vai diritto, poi a destra. →

_____

F. All'imperativo. Trasforma le seguenti frasi all'imperativo formale.

ESEMPIO: Mi può telefonare domani mattina? → Mi telefoni domani mattina.

1. Mi può dare il Suo numero di telefono? →

_____

2. Mi può dire qual è il problema? →

_____

3. Le dispiacerebbe mettere la Sua firma? →

_____

4. Le dispiacerebbe aspettare qui per una quindicina di (*about fifteen*) minuti? →

_____

5. Mi può organizzare un viaggio in Inghilterra per quest'estate? →

_____

Ascoltiamo!

Le vacanze degli italiani

A. Come finisce? Scegli la parola giusta per completare le frasi.

1. Di solito, le persone che lavorano hanno <u>un mese / due mesi</u> di vacanza all'anno.

2. Gli studenti, però, sono più fortunati e hanno <u>quattro / sei</u> mesi di vacanza all'anno.

3. Il mese in cui più gente va in vacanza è <u>luglio / agosto</u>.

4. Nel periodo delle ferie gli alberghi sono <u>affollatissimi / deserti</u>.

5. Per le vacanze estive la maggior parte degli italiani va <u>al mare / in montagna</u>.

B. Il Ferragosto. Ascolta le frasi e decidi se sono **vere** o **false.** Se la frase è falsa, scegli l'espressione appropriata della lista per renderla vera. Ogni frase sarà ripetuta due volte.

(il 15 agosto)   (solo i servizi essenziali)   (sulla costa adriatica)

	vero	falso	
1.	☐	☐	espressione: _____
2.	☐	☐	espressione: _____
3.	☐	☐	espressione: _____
4.	☐	☐	espressione: _____
5.	☐	☐	espressione: _____

▶ *Check your answers to this activity in the Answer Key at the back of the workbook.*

C. Che tipo di vacanza? Ascolta le frasi e abbina ciascuna frase alla vacanza giusta. Ogni frase sarà ripetuta due volte. **Attenzione!** Alcune vacanze si ripetono.

1. _____   a. il Ferragosto

2. _____   b. la Settimana bianca

3. _____   c. la Pasquetta

4. _____

5. _____

Leggiamo!

Lettura

Le pubblicità sono scritte per un pubblico specifico. Leggi le due pubblicità e rispondi alle domande per capire a chi sono rivolte (*directed*).

 HOTEL TERME ANTONIANO

Hotel TERME ANTONIANO
Montegrotto Terme (PD)
(tel. 049-794177; fax 794257)

Il segreto della salute che viene dall'antichità.
Vacanze & Cure dei Fanghi*
3 Hotel in Montegrotto Terme (PD)

Nuoto e ginnastica riabilitativa nelle nostre grandi piscine coperte e scoperte e a diverse temperature, 200.000 mq di parchi, campi da tennis, minigolf, bocce, parcheggi a vostra disposizione nei 3 Hotel.

*mud

L'Agriturismo LA VALLE

Sorge[1] a 4 km dal mare, alle spalle delle migliori discoteche della riviera romagnola, è l'ideale per mettere d'accordo tutta la famiglia, dal più piccolo all'adulto.
Offre i prodotti dell'azienda agricola, cucina romagnola; le camere sono dotate di[2] bagno, parcheggio auto, box[3] per cavalli, parco attrezzato per pic-nic e soprattutto molta tranquillità.

Venite a trovarci!!

Per prenotazione:
Agriturismo LA VALLE
S. Andrea In Besanigo
Corlano (RN)
Via Ca' Tommasini, 20
(tel. 0541-657639)

[1]*Located* [2]*dotate… equipped with* [3]*stalls*

A. Quale luogo? Secondo te, in quale luogo potrebbe fare una vacanza chi ha le seguenti preferenze?

	Hotel Terme Antoniano	La Valle
1. chi ama i trattamenti spa per la salute	☐	☐
2. chi ama la natura	☐	☐
3. chi ama la discoteca	☐	☐
4. chi ama lo sport	☐	☐
5. chi ama il relax	☐	☐

B. Puoi identificare il pubblico?

Parte prima. Secondo te, a quali persone sono indirizzate (*addressed*) le pubblicità?

	Hotel Terme Antoniano	La Valle
1. alle famiglie	☐	☐
2. alle persone sportive	☐	☐
3. alle persone che amano la natura	☐	☐
4. alle persone con l'artrite (*arthritis*)	☐	☐
5. alle persone che amano la cucina regionale	☐	☐

Parte seconda. Ritorna alla lista precedente e scrivi accanto ad ogni gruppo di persone le parole della pubblicità che sostengono la tua opinione.

1. _____
2. _____
3. _____
4. _____
5. _____

◐ In Italia, Culture a confronto, Un po' di cultura e Regioni d'Italia

Utilizzando le informazioni delle sezioni **In Italia** e delle attività di cultura contrassegnate da ◐ nel libro, decidi se le frasi seguenti sono **vere** o **false**. Se una frase è falsa, cambia la parola in neretto per renderla vera.

	vero	falso
1. La zona preferita dagli italiani che fanno le vacanze in Italia è il **Sud**.	☐	☐
2. Per le vacanze la maggior parte degli italiani viaggia in **pullman.**	☐	☐
3. Se vai su una spiaggia **libera** in Italia, devi portare il tuo ombrellone e il tuo telo da mare.	☐	☐
4. Le isole **Tremiti** sono composte da un arcipelago di sette isole vulcaniche a nord della Sicilia; l'isola più grande si chiama Lipari.	☐	☐
5. Se devi viaggiare tra Roma e Milano e vuoi arrivare il più velocemente possibile, prenderai il treno **Frecciarossa.**	☐	☐
6. **L'agriturismo** è una popolare alternativa per le vacanze in Italia. Chi sceglie questa vacanza sta in un'azienda agricola e mangia prodotti locali.	☐	☐

Scriviamo!

Strategie di scrittura

Using your five senses in writing. To describe a place, visualize yourself in that location. To bring your writing to life, imagine your dream destination in terms of the five senses (seeing, smelling, hearing, tasting, touching). Incorporate as many of these senses as possible to make your description more colorful and exciting (e.g., food you want to taste, smell of the sea, Italian music on the radio, a delicious **gelato** in your hand, and so on). Once you indentify your destination, jot down one idea for each of the senses and be prepared to turn in this list. By using this technique, your essay is sure to rise to the top!

Genere: Un breve saggio (*essay*)

Tema: Su un foglio di carta, scrivi un breve saggio per vincere un biglietto d'aereo per un viaggio in Italia. Il titolo del saggio è «Destinazione: Paradiso»; devi comunicare perché vuoi andare in Italia e cosa vorresti fare durante il tuo soggiorno. Usa almeno cinque verbi al condizionale e alcuni dei verbi di questa lista.

Vocabolario utile

ascoltare	to listen to
assaggiare	to taste
sentire	to hear, to feel; to smell
toccare	to touch
vedere	to see

Ora prendi in considerazione la strategia di scrittura e il vocabolario utile e scrivi il saggio. Alla fine, rileggi quello che hai scritto tenendo conto dei consigli di **Facciamo la verifica!**

Facciamo la verifica!

I have used:

❑ the **Strategia di scrittura** for this activity;

❑ relevant words and expressions from **Capitolo 13** and the **Vocabolario utile.**

I have proofread my writing and checked:

❑ for spelling errors, including apostrophes and accent marks;

❑ that I have used the correct regular and irregular verb stems for the conditional;

❑ I have conjugated the verb **piacere** for the correct subject and used the appropriate indirect object pronoun (e.g., **mi piacerebbe vedere... ,** and so on;

❑ that I have written a compelling argument that will convince the reader to award me the prize.

Capitolo

14

Chi sono gli italiani?

Strategie di comunicazione

A. Cosa si fa? / Come si fa? Abbina ogni domanda alla risposta corrispondente. **Attenzione!** Usa ogni risposta *una sola volta*. C'è una risposta in più.

1. _____ Come si fa per prendere un voto alto in matematica?

2. _____ Cosa si fa al mare?

3. _____ Cosa si fa per festeggiare il compleanno in Italia?

4. _____ Cosa si fa per mantenersi in forma?

5. _____ Come si fa per imparare un'altra lingua molto bene?

a. Si va al supermercato.

b. Si va all'estero.

c. Si studia molto.

d. Si prende il sole.

e. Si invitano gli amici a cena.

f. Si fa molta ginnastica e un po' di body-building.

B. Qual è l'ordine giusto? Metti le seguenti azioni nell'ordine in cui bisogna farle da 1 (la prima azione) a 5 (l'ultima).

1. Come si fa per prepararsi per un esame?

   a. _____ Si dà l'esame.

   b. _____ Si prendono gli appunti.

   c. _____ Si frequentano le lezioni.

   d. _____ Si fanno i compiti.

   e. _____ Si va a letto presto la sera prima.

2. Come si fa per cambiare casa?

   a. _____ Si cerca un appartamento.

   b. _____ Si fa il trasloco (*move*).

   c. _____ Si va a vedere l'appartamento.

   d. _____ Si firma il contratto.

   e. _____ Si chiede agli amici di venire ad aiutare.

C. Quale domanda si fa? Ascolta le domande e scegli la risposta giusta. Ogni domanda sarà ripetuta due volte.

1. _____ a. Si dorme a lungo.   b. Nel weekend fa sempre bel tempo.

2. _____ a. Le case costano moltissimo.   b. Un annuncio sul giornale può aiutare.

3. _____ a. Si dice: «Auguri! Buon compleanno!»   b. Sì, ho ventidue anni.

4. _____ a. Il Natale è sempre il 25 dicembre.   b. Si fa un cenone con tutta la famiglia.

5. _____ a. C'è un treno diretto.   b. Bologna è lontana da Roma.

Pronuncia

Le lettere *r* e *rr*   Pronunciation of the sounds [r] and [rr]

Le lettere *r* e *rr*.

- The sound [r] is spelled **r** and is pronounced with a single flutter of the tip of the tongue against the ridge behind the upper front teeth.

  Listen and repeat the following words:

  droga   **freddo**   **regione**   **Roma**

- The sound [rr] is spelled **rr** and is produced with a multiple flutter of the tip of the tongue.

  Listen and repeat the following words:

  arrosto   **birre**   **corriamo**   **guerra**

Dettato. Scrivi le parole che senti. Ogni parola sarà ripetuta due volte.

1. _____   6. _____

2. _____   7. _____

3. _____   8. _____

4. _____   9. _____

5. _____   10. _____

▶ *Check your answers to this activity in the Answer Key at the back of the workbook.*

Lessico

La società italiana oggi   Talking about Italian society today

A. I problemi sociali. Segna le parole che indicano un problema sociale.

1. _____ la noia

2. _____ la fame

3. _____ la disoccupazione

4. _____ la tecnologia

5. _____ la chiave

6. _____ la droga

7. _____ la lavatrice

8. _____ il governo

9. _____ la violenza

10. _____ la delinquenza

B. Le coppie di contrari. Ci sono otto coppie di contrari: trovale! (Scrivi negli spazi la lettera corrispondente a ogni parola.)

a. giovane	e. sposarsi	i. godere	m. tempo libero
b. povertà	f. anziano	j. lavoro	n. guerra
c. aumentare	g. divorziare	k. soffrire	o. morte
d. nascita	h. ricchezza	l. diminuire	p. pace

1. __ __

2. __ __

3. __ __

4. __ __

5. __ __

6. __ __

7. __ __

8. __ __

C. I titoli (*headlines*) di giornale.

Parte prima. Ecco alcuni titoli tratti dal *Gazzettino di Livorno*. Abbina le immagini ai titoli corrispondenti. Scrivi la lettera giusta.

1. _____ Disoccupazione: aumentata dell'1,5% in settembre.

    a.

2. _____ L'uso della droga cresce nei quartieri di periferia.

    b.

3. _____ I cittadini di Centocelle uniti contro la delinquenza.

    c.

4. _____ Le pensioni avranno un calo a novembre.

    d.

5. _____ Volontariato in aumento fra i giovani sotto i 20 anni.

    e.

6. _____ L'invecchiamento si vince con la ginnastica.

    f.

Parte seconda. Ascolta la prima frase dei sei articoli della **Parte prima.** Abbina le frasi alle immagini corrispondenti. Scrivi la lettera giusta. Ogni frase sarà ripetuta due volte.

a.

b.

c.

d.

e.

f.

1. _____   2. _____   3. _____   4. _____   5. _____   6. _____

D. Radio aperta. Ogni giovedì la stazione radio *Radio Sole 101.1* lascia spazio ai cittadini che vogliono lamentarsi di ciò che non va bene nella società. Ascolta le tre chiamate (*phone calls*) e decidi a quale persona corrisponde ogni chiamata. Scrivi il numero della chiamata che senti accanto alla lettera giusta. Ogni chiamata sarà ripetuta due volte. **Attenzione!** C'è una foto in più.

a. _____

b. _____

c. _____

d. _____

E. La società moderna. Completa le frasi con una delle parole della lista. **Attenzione!** Ci sono 10 parole; devi usarne solo otto.

(disoccupati)   (emigra)   (età)   (noia)   (pensionato)

(problema)   (sciopero)   (solitudine)   (tasse)   (tasso)

1. Il _____ di disoccupazione indica la percentuale di disoccupati.

2. Un anziano può andare all'università della terza _____.

3. I _____ sono le persone che non hanno un lavoro.

4. La _____ è la mancanza (*lack*) di divertimento.

5. I cittadini pagano le _____ al governo.

6. Una delle ragioni per cui si _____ dal proprio paese è la povertà.

7. Chi si sente solo soffre di _____.

8. La delinquenza è un grande _____ sociale.

F. Criptogramma. Scrivi le parole corrispondenti alle definizioni. Alla fine, in basso, riporta le lettere corrispondenti ai numeri indicati e troverai la risposta alla definizione in neretto.

1. La condizione delle persone che non hanno soldi.

   ___ ___ V ___ ___ ___ ___
   1   2   3   4   5   6   7

2. Le persone che vivono in un paese diverso dal loro.

   I ___ ___ ___ ___ ___ ___ ___ ___
   8 9 10 11 12 13 14 15 16

3. Sinonimo di «unirsi» (to unite) in matrimonio.

   ___ ___ ___ ___ ___ ___ ___ ___
   17 18 19 20 21 22 23 24

4. La parte della vita dopo i sessant'anni.

   V ___ ___ ___ ___ ___ ___ ___ A
   25 26 27 28 29 30 31 32 33

5. L'evento in cui viene al mondo un bambino.

   ___ ___ ___ ___ ___ ___ ___
   34 35 36 37 38 39 40

6. Sono alti quando c'è l'inflazione.

   ___ ___ ___ ___ ___ ___
   41 42 43 44 45 46

7. Gli abitanti di una città.

   C ___ ___ ___ ___ ___ ___ ___ I
   47 48 49 50 51 52 53 54 55

8. Un periodo senza guerre.

   ___ ___ ___ ___
   56 57 58 59

   Quella vera (A true one) è difficile da trovare:

   ___ ___ ___ ___ ___ ___ ___ ___
   14 9 24 27 38 44 48 57

Strutture

14.1 Si può? si + verb

A. Singolare o plurale? Leggi le frasi e scegli la forma giusta.

1. In Italia si studia / si studiano le lingue alla scuola media.
2. A Roma si trova / si trovano molte chiese antiche.
3. In Italia si cena / si cenano verso le otto di sera.
4. In Italia, se possibile, si va / si vanno a casa per il pranzo.
5. Negli Stati Uniti non si fa / si fanno gli esami orali all'università.
6. Si gioca / Si giocano molto a calcio in tutto il mondo.
7. Non si mangia / si mangiano spesso gli hamburger in Italia.

B. La scelta giusta. Ascolta le frasi e scegli il complemento giusto. Ogni frase sarà ripetuta due volte.

> ESEMPIO: *Senti:* A casa si fanno _____.
> *Vedi:* a. i compiti b. yoga
> *Scegli:* a. i compiti

1. _____ a. il caffè b. i cappuccini

2. _____ a. il tema b. le e-mail

3. _____ a. la filosofia politica b. le scienze politiche

4. _____ a. la pasta b. gli spaghetti

5. _____ a. il giubbotto b. i pantaloni

6. _____ a. la carta di credito b. i soldi

7. _____ a. la macchina b. le biciclette

C. Dove si fanno queste cose? Ascolta le descrizioni e decidi dove si fanno le attività. Ogni descrizione sarà ripetuta due volte.

1. _____ a. in biblioteca b. in banca c. alla lezione d'italiano

2. _____ a. all'università b. al museo c. al ristorante

3. _____ a. in farmacia b. a scuola c. all'ospedale

4. _____ a. in macelleria b. al panificio c. nel negozio di frutta e verdura

5. _____ a. in pescheria b. in edicola c. dal tabaccaio

6. _____ a. al cinema b. in duomo c. a teatro

D. Quale verbo si usa? Completa le frasi con **si** + la forma giusta di uno dei verbi seguenti.

andare   cambiare   comprare ✓   conoscere

fare   leggere   mettere   uscire   votare

> ESEMPIO: In edicola __*si comprano*__ i giornali e le riviste.

1. In un corso di letteratura _____ romanzi interessanti.

2. Il primo anno d'università _____ molte persone nuove.

3. Durante il weekend _____ con gli amici.

4. Nelle elezioni nazionali in America e in Italia _____ a 18 anni.

5. In Italia _____ a scuola dal lunedì al sabato.

6. Quando fa bel tempo la sera _____ una passeggiata.

7. Negli Stati Uniti _____ casa spesso.

8. Quando fa caldo _____ i pantaloncini e i sandali.

E. Tante cose! Cosa si fa con le seguenti cose? Scrivi delle frasi complete.

1. il latte, la farina (*flour*), il burro, lo zucchero, le uova

   _____

2. lo zaino, la penna, il quaderno, il libro

   _____

3. il costume da bagno, gli occhiali da sole, l'abbronzante, l'ombrellone

   _____

4. i pomodori, la cipolla, l'aglio, l'olio d'oliva

   _____

5. gli scarponi, il maglione, il giubbotto, la sciarpa, i guanti, il cappello

   _____

6. il computer, il dizionario, la scrivania, la sedia

   _____

F. Cosa si fa? Rispondi alle seguenti domande usando **si** + verbo.

1. Dove si va in vacanza d'inverno?

   _____

2. Cosa si fa per il compleanno di un amico?

   _____

3. A che ora si pranza in Italia?

   _____

4. Dove si va quando fa molto caldo in estate?

   _____

5. Cosa si fa per prendere un bel voto in chimica?

   _____

6. Cosa si fa per guadagnare dei soldi?

   _____

14.2 Penso che sia giusto così   The present subjunctive

A. Le forme giuste. Scrivi il significato dei seguenti verbi e completa le schede con le forme giuste del congiuntivo presente.

	studiare _____	**leggere** *to read*	**aprire** _____	**pulire** _____
io				
tu	studi			pulisca
lui, lei; Lei				
noi			apriamo	
voi				
loro		leggano		

	avere _____	**essere** _____	**fare** _____	**noleggiare** *to rent*	**uscire** _____
io				noleggi	
tu					esca
lui, lei; Lei		sia			
noi					
voi	abbiate				
loro			facciano		

B. Che ne pensi? Scegli la risposta giusta per completare le frasi. (**Un aiuto:** Devi scegliere i verbi al congiuntivo.)

1. Io e i compagni pensiamo che l'università _____.
   a. è difficile
   b. sia facile

2. I miei amici credono che io _____.
   a. studi molto
   b. studio poco

3. L'insegnante d'italiano crede che io _____.
   a. faccia i compiti questo weekend
   b. non studio l'italiano questo weekend

4. Penso che i miei amici _____.
   a. escono con me questo weekend
   b. studino con me in biblioteca questo weekend

5. Crediamo che i professori _____.
   a. capiscano le difficoltà degli studenti
   b. ascoltano gli studenti quando hanno difficoltà

6. Io e i compagni pensiamo che _____.
   a. ci siano troppi esami questa settimana
   b. ci sono pochi giorni per prepararsi agli esami

C. Congiuntivo o indicativo? Ascolta le frasi e decidi se ciascuna frase è al congiuntivo o all'indicativo. Ogni frase sarà ripetuta due volte. Dopo una breve pausa sentirai la risposta giusta.

	congiuntivo	indicativo
1.	☐	☐
2.	☐	☐
3.	☐	☐
4.	☐	☐
5.	☐	☐
6.	☐	☐
7.	☐	☐

D. I verbi giusti. Completa le frasi con la forma giusta del congiuntivo di uno dei seguenti verbi.

ammalarsi   credere   crescere   essere

lamentarsi   organizzare   prenotare

1. La mamma pensa che Alberto _____ se gioca in giardino quando fa freddo.

2. Il professore crede che gli studenti _____ troppo a lezione per il fatto che non

   vogliono studiare durante il weekend.

3. Laura pensa che la delinquenza _____ un grande problema nella sua città.

4. Per il viaggio di nozze a Venezia Carlo vuole che Lisa _____ una camera in un

   albergo di lusso (*luxury*).

5. Enrico vuole che i professori _____ una gita a Roma.

6. Tutti credono che il consumo di droga _____ molto nelle grandi città europee.

7. La mamma di Leonardo non pensa che suo figlio _____ a Babbo Natale.

E. Penso che...

Parte prima. Gianni e Alessia non sanno cosa fare stasera. Ascolta e completa il loro dialogo con i verbi che senti al congiuntivo o all'indicativo. Il dialogo sarà ripetuto due volte.

GIANNI: Pensi che Giacomo e Lucia _____[1] con noi stasera?

ALESSIA: Non lo _____.[2] Ma credo che _____[3] al cinema.

GIANNI: A che ora ci vanno?

ALESSIA: Penso che il film _____[4] alle 8.30.

GIANNI: Vuoi andare al cinema con loro?

ALESSIA: Meglio di no! _____[5] voglia di andare da soli.

GIANNI: Ho capito... pazienza. _____[6] con loro un'altra volta.

▶ *Check your answers to the* **Parte prima** *in the Answer Key at the back of the workbook before doing the* **Parte seconda.**

Parte seconda. Metti nella categoria giusta i verbi che hai scritto nella **Parte prima.**

congiuntivo	indicativo
_____	_____
_____	_____
_____	_____

F. Credo che... Completa le frasi con le tue opinioni. Usa il congiuntivo presente.

1. Credo che l'italiano _____.

2. Non penso che i cittadini _____.

3. Credo che i miei amici _____.

4. Penso che la mia università _____.

5. Non credo che la mia città _____.

6. Penso che le vacanze _____.

7. Credo che la delinquenza _____.

14.3 È bello che tu impari l'italiano

Verbs and expressions followed by the subjunctive

A. Ma che fa Sandro?

Parte prima. Leggi le frasi e scegli la ragione per cui si usa il congiuntivo. **Attenzione!** Una ragione è usata due volte.

a. opinione   b. desiderio   c. sentimento personale

d. giudizio con un'espressione impersonale   e. necessità   f. dubbio

1. _____ La moglie vuole che Sandro si alzi per andare a lavorare. Dovrebbe uscire di casa fra 15 minuti.

2. _____ Dubito che Sandro vada in ufficio domani perché ha mal di gola e la febbre alta.

3. _____ È probabile che Sandro e il suo migliore amico facciano colazione al bar stamattina.

4. _____ Ogni mattina alle 7.00 Carla esce di casa e teme che suo marito Sandro non si svegli in tempo per andare al lavoro.

5. _____ È strano che tu e Sandro giochiate a tennis per due ore tutti i pomeriggi, perché Sandro ha sempre molti appuntamenti con i clienti.

6. _____ Immagino che i colleghi di Sandro siano un po' arrabbiati, perché Sandro lavora poco.

7. _____ Bisogna che Sandro non stia sempre a casa il sabato, perché ha molto lavoro arretrato (*piled up*).

Parte seconda. Adesso rileggi le affermazioni della **Parte prima** e decidi cosa succederà a Sandro.

1. ☐ Tra un mese Sandro sarà disoccupato.

2. ☐ Tra un mese Sandro sarà promosso (*promoted*).

B. Ascolta bene!

Parte prima. Ascolta le conversazioni e scrivi le espressioni che senti che richiedono il congiuntivo. Ogni conversazione sarà ripetuta due volte.

> ESEMPIO: *Senti:* —Dove va Giancarlo?
> —Penso che vada a New York.
>
> *Scrivi:* <u> Penso che </u>

1. _____
2. _____
3. _____
4. _____
5. _____

▶ *Check your answers to this activity in the Answer Key at the back of the workbook.*

Parte seconda. Adesso ascolta di nuovo le conversazioni e scrivi i verbi che senti al congiuntivo. Ogni conversazione sarà ripetuta due volte.

> ESEMPIO: *Senti:* —Dove va Giancarlo?
> —Penso che vada a New York.
>
> *Scrivi:* <u> vada </u>

1. _____
2. _____
3. _____
4. _____
5. _____

▶ *Check your answers to this activity in the Answer Key at the back of the workbook.*

C. Che ne dici tu?
Commenta le seguenti affermazioni, usando un'espressione che richiede il congiuntivo. **Attenzione!** Usa un'espressione diversa per ogni affermazione.

1. Alberto ha comprato una macchina nuova.

   _____ la macchina sia veloce.

2. Gianluca non ha studiato per l'esame di chimica.

   _____ lui prenda un brutto voto all'esame.

3. Rita e Mario non sono andati in chiesa domenica.

   _____ non siano ammalati.

4. Oggi piove e fa freddissimo!

   _____ non faccia bel tempo neanche domani.

5. Sono andata a casa della nonna a prendere il caffè, ma la nonna non c'era.

   _____ la nonna dimentichi sempre quando devo andare a trovarla.

6. Federica oggi non è andata al lavoro e non risponde al telefono.

   _____ dorma ancora.

7. Sofia non vuole andare in Canada con la sua classe quest'anno.

   _____ abbia paura di volare.

D. Non lo voglio fare! Le preferenze dei genitori sono diverse dalle preferenze dei loro figli. Completa le preferenze dei genitori. **Attenzione!** Usa il congiuntivo.

> ESEMPIO: *Vedi:* Gianna vuole andare all'Università di Palermo.
>
> *Scrivi:* Il padre vuole che Gianna ___*vada all'Università di Venezia*___.

1. Carla preferisce studiare storia dell'arte.

   La madre preferisce che Carla _____.

2. Paolo vuole comprare una nuova moto.

   Il padre vuole che Paolo _____.

3. Enrico vuole andare in discoteca stasera.

   I genitori vogliono che Enrico _____.

4. Valerio preferisce andare al mare con la sua ragazza domenica.

   La mamma preferisce che Valerio _____.

5. Lorenzo e Tommaso vogliono stare alla residenza universitaria l'anno prossimo.

   I genitori vogliono che Lorenzo e Tommaso _____.

6. Simona vuole passare un anno dell'università negli Stati Uniti.

   Il padre vuole che Simona _____.

E. Tocca a te!

Parte prima. Abbina ogni elemento dell'insieme A a un elemento dell'insieme B per formare delle domande logiche.

A	B
1. Con chi pensi di _____	a. tu finisca gli studi in tempo?
2. Dove speri di _____	b. tu spenda troppi soldi?
3. I tuoi genitori pensano che _____	c. uscire questo weekend?
4. Cosa pensi di _____	d. fare l'estate prossima?
5. I tuoi genitori sperano che _____	e. vivere tra 10 anni?

Parte seconda. Adesso rispondi alle domande che hai formato nella **Parte prima.**

1. _____

2. _____

3. _____

4. _____

5. _____

Cultura

Ascoltiamo!

La nuova demografia d'Italia

A. Come finisce? Scegli la parola giusta per completare le frasi.

1. Nel prossimo futuro in Italia aumenterà il numero di <u>bambini /
   anziani.</u>
2. Oggi l'Italia è un paese di <u>immigrazione / emigrazione.</u>
3. Nel futuro l'età del pensionamento sarà probabilmente
   <u>a sessanta / a sessantacinque</u> anni per tutti.
4. Un altro modo per indicare gli anziani è «<u>la seconda / la terza</u>
   età.»
5. Tutto indica che nel futuro il numero di immigrati in Italia è
   destinato a(d) <u>aumentare / calare.</u>

B. Vero o falso? Ascolta le frasi e decidi se sono **vere** o **false.** Ogni
frase sarà ripetuta due volte.

	vero	falso
1.	☐	☐
2.	☐	☐
3.	☐	☐
4.	☐	☐
5.	☐	☐

C. Quale industria? Ascolta le descrizioni e abbina ciascuna
descrizione al tipo di industria giusta. Ogni descrizione sarà ripetuta
due volte. **Attenzione!** Alcuni tipi di industria si ripetono.

1. _____   a. l'industria alimentare
2. _____   b. l'industria farmaceutica
3. _____   c. l'industria del tempo libero
4. _____
5. _____

Leggiamo!

Strategie di lettura

Identifying the author's purpose. You've already seen that there are different types of texts and that texts are written for a particular audience. Authors also have a purpose when they write, which may be to inform, to entertain, to persuade, to shock, to warn, or to instigate. Depending on the author's purpose, his/her point of view may be more or less obvious. A critical reader should ask him/herself: Why did the author write this text? Do I, the reader, agree with his/her point of view?

Lettura

La lettera di Claudia

La rubrica (*newspaper/magazine column*) *Ditelo ad Andrea* di Andrea Minoglio è tratta dalla rivista *Focus Junior*, una rivista per ragazzi. In questo numero una ragazza scrive perché altri ragazzi la prendono in giro (*make fun of her*).

Leggi la letterina di Claudia per capire qual è il problema.

DITELO AD ANDREA

a cura di Andrea Minoglio

Siamo tutti razzisti?

Ciao Andrea, ogni anno vado in un campo estivo, spesso al nord. Lì ci sono ragazzi di tutta Italia e molti mi prendono in giro perché sono di Napoli! Mi chiamano «ladra, monnezzara[1]» e offendono la mia famiglia... Io, spesso, quando sono sola piango,[2] ma non posso piangere per tutta la vita!

Claudia

---

[1]*garbage girl,* dialect   [2]*(I) cry*

A. Hai capito? Rispondi alle domande.

1. Secondo Claudia, perché i ragazzi al campo estivo (*summer camp*) la prendono in giro?
   a. È straniera.
   b. È meridionale.
   c. Piange sempre.
   d. È ladra e monnezzara.

2. Secondo te, quali saranno lo scopo e il punto di vista della risposta di Andrea?
   a. Dare strategie per difendersi.
   b. Dire come trovare aiuto professionale ed esprimere comprensione.
   c. Minimizzare il problema e criticare la reazione di Claudia.
   d. Fare capire la situazione ed esprimere solidarietà.

B. La risposta di Andrea. Ora leggi la risposta di Andrea e rispondi alle domande.

Ciao Claudia,

tu scrivi che ti prendono in giro perché sei napoletana. Ma c'è anche Cmis00 che ha un'amica che non vuole mangiare una pizza se l'ha fatta una donna del Burkina Faso. E che dire di Tutenstein007, a cui rubano la merenda perché è egiziana, o di Marcus@, che va in una scuola privata dove prendono in giro una ragazza perché è meticcia (*mixed race*), oppure di Sofia, italiana dalla pelle nera, che ha la sensazione di essere ritornata all'epoca di Martin Luther King... Ne ricevo tante di queste lettere e mi danno sempre tristezza e rabbia. Anche a me, come a Sofia, sembra di essere tornato indietro. [...] La risposta migliore che posso darti è riportare la lettera di un altro lettore, Gabriel, che dice «Ciao Andrea, vivo a Trossingen, in Germania. A scuola una volta, mi hanno detto "l'italiano di m***a". Adesso è finita la storia. Non mi dicono più niente. Però non vorrei che iniziassero a dirmi di nuovo dietro di tutto.» Pensa te... pure in Germania sono razzisti! Solo che stavolta le vittime siamo noi italiani. Forse, allora, il problema è che l'idiozia non ha Paese, regione, città, quartiere, colore politico. Anzi, la cosa più pericolosa del razzismo è che può contagiare tutti. Anche me, che magari ho subito un torto da una persona di colore e inizio a pensare che me l'ha fatto PERCHÉ È DI COLORE. O Francy, che razzista non è, ma ha un compagno indiano che «puzza» e magari inizia a pensare che puzza PERCHÉ È INDIANO. Il razzismo può essere ovunque,[1] anche in un semplice pensiero. Però i razzisti, quelli veri, che fanno di quel pensiero distorto motivo di vanto e bandiera politica, hanno nomi e cognomi. Conviene segnarseli e non dimenticarli: loro non meritano il nostro rispetto, e noi meritiamo di meglio.

[1]*anywhere*

1. Andrea ha raccontato a Claudia altri esempi di ragazzi (Cmis00, Tutenstein007, Marcus@, Gabriel e Francy) che hanno espresso problemi simili. Secondo Andrea, qual è il problema fondamentale?
   a. il razzismo
   b. l'arrivo degli immigrati
   c. la politica

2. Perché Andrea ammette di essere un po' razzista anche lui?
   a. Non gli piacciono le persone di colore.
   b. Ha attribuito la colpa per un torto (*wrong*) ad un gruppo intero di persone quando la colpa è di un solo individuo.
   c. Secondo lui, non c'è una soluzione contro il razzismo.

3. Secondo Andrea, chi sono i veri razzisti che dobbiamo affrontare e combattere?
   a. Le persone che usano il razzismo a proprio vantaggio.
   b. Le persone che sembrano tornate indietro.
   c. I tedeschi.

◖ In Italia, Culture a confronto, Un po' di cultura, Regioni d'Italia

Utilizzando le informazioni delle sezioni **In Italia** e delle attività di cultura contrassegnate da ◖ nel libro, decidi se le frasi seguenti sono **vere** o **false**. Se una frase è falsa, cambia la parola in neretto per renderla vera.

	vero	falso
1. *La Repubblica* e *Il Corriere della Sera* sono i due **mensili** nazionali italiani.	☐	☐
2. La rivista *Starbene* è dedicata alla **cucina**.	☐	☐
3. Gli italiani vanno fieri del loro patrimonio **artistico**.	☐	☐
4. Anche se gli scioperi sono abbastanza **frequenti** in Italia, vengono quasi sempre annunciati in anticipo.	☐	☐
5. Dal 1946 l'Italia è una **monarchia**.	☐	☐
6. Palazzo **Pitti** è la sede del governo italiano dove il Presidente del Consiglio (cioè il Primo Ministro) si occupa degli affari del paese.	☐	☐

Scriviamo!

Strategie di scrittura

Listing pros and cons / Presenting both sides of an argument. Exploring the pros and cons of an issue and the beliefs shared by those on both sides of the argument is an important strategy for critical thinking and writing. When writing an editorial piece, take all possible viewpoints into account by listing the pros and cons of your issue in two columns. What opposing arguments are typically presented by people who are for or against this issue? Once you have considered the problem from different perspectives, you will be better equipped to write your editorial and propose a workable solution. Be prepared to turn in the list of pros and cons (step 2, on the following page), along with your final product.

Genere: Un articolo di commento (*Op-Ed piece*)

Tema: Secondo te, qual è un problema che minaccia il benessere sociale o l'ambiente? Su una foglio di carta, esprimi la tua opinione e offri delle soluzioni al problema in un articolo di commento per il *Corriere della Sera*.

1. Prima, identifica il problema che vuoi trattare. Per esempio, pensi che ci sia troppo inquinamento / poco investimento nell'istruzione pubblica / troppo consumo di... / poco riciclaggio.
2. Poi, fai una lista dei pro e dei contro e pensa a come puoi rispondere alle obiezioni di chi legge il tuo articolo.
3. Spiega quello che si fa adesso per affrontare il problema e perchè non è sufficiente.
4. Infine, proponi una soluzione che, secondo te, potrebbe eliminare il problema.

Alla fine, rileggi quello che hai scritto tenendo conto dei consigli di **Facciamo la verifica!**

Facciamo la verifica!

I have used:

❑ the **Strategia di scrittura** for this activity;

❑ relevant words and expressions from **Capitolo 14** of the textbook.

I have proofread my writing and checked:

❑ for spelling errors, including apostrophes and accent marks;

❑ that I have used the correct regular and irregular stems for the conditional;

❑ that I have used the subjunctive after expressions of opinion that begin with **Penso che, Credo che, Dubito che, È importante che,** and so on;

❑ that I have used both regular and irregular forms of the subjunctive correctly;

❑ that I have used **di** + infinitive as an alternative to using the subjunctive when the subject of both clauses is identical (e.g., **Penso di avere la soluzione**);

❑ that I considered both sides of the argument and presented my opinion in a convincing way.

Capitolo

15

Quali lingue parli?

Strategie di comunicazione

A. Sai/Sa? Abbina ogni domanda alla risposta corrispondente. **Attenzione!** Ci sono sei risposte. Devi usarne solo cinque.

1. _____ Sa sciare?
2. _____ Sai parlare un'altra lingua?
3. _____ Sa ballare il tango?
4. _____ Sai andare a cavallo?
5. _____ Sai cucinare bene?

a. Oddio! Gli animali grossi mi fanno paura!
b. So preparare solo la pizza.
c. No, non mi piace il freddo.
d. Sì, da giovane ho preso alcune lezioni di ballo.
e. So dire solo qualche parola in spagnolo.
f. Sì, faccio la spesa ogni sabato.

B. Quale dialetto si parla? Abbina ogni dialetto al gruppo regionale a cui appartiene. **Attenzione!** Alcuni gruppi si ripetono.

1. _____ il milanese
2. _____ il fiorentino
3. _____ il romano
4. _____ il veneziano
5. _____ il calabrese

a. settentrionale
b. toscano
c. centro-meridionale

C. Cosa puoi/può fare? Leggi le seguenti risposte. Poi ascolta le domande e scrivi il numero della domanda che senti accanto alla risposta corrispondente. Ogni domanda sarà ripetuta due volte.

_____ a. Sì, parlo il francese e il tedesco.

_____ b. Purtroppo no.

_____ c. Perché è una lingua di grande importanza culturale.

_____ d. Molto. È un segno di cultura e di apertura mentale.

_____ e. Sì, soprattutto nel campo dell'informatica in cui si usano parole inglesi.

Pronuncia

Dittonghi e trittonghi Diphthongs and triphthongs

Dittonghi e trittonghi.

- A *diphthong* is a combination of two vowels that is pronounced as a single syllable. **Attenzione!** In Italian, one of the vowels of a diphthong is always an **i** or **u.**

  Listen and repeat the following words:

  auguri   fuori   piano   piedi

- A *triphthong* is a combination of three vowels that is pronounced as a single syllable. Triphthongs are relatively uncommon in Italian.

  Listen and repeat the following words:

  buoi (*oxen*)   **guai** (*woes*)   **miei**   **suoi**

Dettato. Scrivi le parole che senti. Ogni parola sarà ripetuta due volte.

1. _____
2. _____
3. _____
4. _____
5. _____
6. _____
7. _____
8. _____
9. _____
10. _____

▶ *Check your answers to this activity in the Answer Key at the back of the workbook.*

Lessico

Le lingue d'Italia The languages of Italy

A. Vero o falso? Decidi se le seguenti frasi sono **vere** o **false**.

		vero	falso
1.	La lingua nazionale è una lingua germanica.	☐	☐
2.	La lingua parlata è diversa dalla lingua scritta.	☐	☐
3.	L'italiano è una lingua che non cambia mai.	☐	☐
4.	Il fiorentino è un dialetto meridionale.	☐	☐
5.	L'Italia Settentrionale è l'Italia del Nord.	☐	☐
6.	Il napoletano è un dialetto dell'Italia Centrale.	☐	☐
7.	La lingua italiana ha una lunga tradizione letteraria.	☐	☐

B. Lingue e origini. Ascolta le frasi e scegli la conclusione giusta. Ogni frase sarà ripetuta due volte. Dopo una breve pausa sentirai la risposta giusta.

1. _____
   a. solo in Italia.
   b. in molti paesi.

2. _____
   a. uguale in tutta l'Italia.
   b. diversa a seconda della zona geografica.

3. _____
   a. molte parole inglesi.
   b. molte parole tedesche.

4. _____
   a. il francese, il portoghese, lo spagnolo e il rumeno.
   b. il tedesco, l'inglese e il russo.

5. _____
   a. dal latino.
   b. dal greco.

6. _____
   a. vive in un paese che non è il suo.
   b. parla bene due lingue.

C. Un po' di geografia. Ascolta i nomi delle seguenti città italiane e scrivili sotto la zona geografica in cui si trovano. Se non ricordi dove si trovano le città, guarda la cartina d'Italia nel libro. I nomi delle città saranno ripetuti due volte.

Italia Settentrionale	Italia Centrale	Italia Meridionale
_____	_____	_____
_____	_____	_____
_____	_____	_____

▶ *Check your answers to this activity in the Answer Key at the back of the workbook.*

D. Le barzellette.

Parte prima. Leggi le quattro barzellette e trova per ognuna la conclusione giusta.

---

1. A scuola un bambino chiede a Pierino: «Perché fai schioccare (*snap*) continuamente le dita?» Pierino risponde: «Per tenere lontane le tigri!» Il bambino ridendo: «Ma non ci sono tigri in Italia!» _____

---

2. Pierino sta aspettando di giocare in un'importante partita di calcio e un suo amico gli dice: «Ma non vedi che hai una scarpa della Nike e una dell'Adidas?!? Dai, va' a casa a cambiarti!» _____

---

3. Pierino è in macchina con suo padre: «Papà, secondo te, chi è l'inventore più importante della storia?»

«Mah… io penso che sia chi ha inventato la prima ruota (*wheel*).» _____

---

4. Pierino è a scuola. Il maestro lo chiama e gli dice: «Pierino, dimmi *L'Infinito* di Leopardi». _____

---

a. «Beh, no, papà, non sono d'accordo! Il vero genio non è chi ha inventato la prima ruota… è chi ha inventato le altre tre!»
b. Pierino corre a casa, poi torna dal suo amico e gli dice: «Ah Bruno!… M'hai fatto andare a casa per niente! Anche lì ho una scarpa della Nike e una dell'Adidas!»
c. Pierino ci pensa un po', poi si alza tutto contento e risponde «Leopardare!»
d. E Pierino, tutto felice: «Hai visto che funziona!?!»

 Parte seconda. Adesso ascolta le barzellette e controlla se le tue risposte sono giuste.

E. L'anello di fidanzamento (*engagement ring*). Lorena è arrabbiata e racconta il motivo alla sua amica Rosa. Completa la loro conversazione con le forme appropriate dei verbi seguenti. Usa ogni verbo *una sola volta*.

(discutere)   (fare)   (litigare)   (rispondere)   (sentire)

ROSA: Che cos'hai?

LORENA: _____[1] con il mio ragazzo.

ROSA: Perché? Che cosa ti _____[2]?

LORENA: Mi ha chiesto di prestargli i soldi per comprarmi un anello di fidanzamento! Immagina! Ti sembra una cosa da fare?

ROSA: Beh, non è una cosa molto carina (*cute*). E tu che cosa gli _____[3]?

LORENA: Che era una cosa ridicola!

ROSA: Ti ha chiesto scusa?

LORENA: No, ma io non volevo _____[4] con lui tutta la sera, quindi mi sono alzata e me ne sono andata. Non potevo _____[5] una parola di più.

ROSA: Mi dispiace. Vedrai che capirà l'errore che ha fatto e tornerà a chiederti scusa con un mazzo (*bouquet*) di rose rosse.

F. Tocca a te! Nel tuo paese ci sono delle zone in cui si parla una lingua diversa dalla lingua nazionale? Dove? Scrivi almeno cinque frasi.

_____

_____

_____

_____

_____

Strutture

15.1 Penso che sia andata in vacanza   The past subjunctive

A. Le forme giuste. Scrivi il significato dei seguenti verbi e completa le schede con le forme giuste del **congiuntivo passato**.

	avere *to have*	**essere** _____
io		
tu		
lui, lei; Lei		sia stato/a
noi		
voi	abbiate avuto	
loro		

	andare _____	**leggere** *to read*	**raccontare** _____	**nascere** _____	**alzarsi** _____
io				sia nato/a	
tu			abbia raccontato		
lui, lei; Lei	sia andato/a				
noi					
voi		abbiate letto			
loro					si siano alzati/e

B. *Avere o essere?*

Parte prima. Scegli la forma giusta di **avere** o **essere** per completare le frasi.

1. Lorenzo crede che i suoi amici <u>abbiano</u> / <u>siano</u> usciti alle 9.00.

2. Dubito che il cane <u>abbia</u> / <u>sia</u> già mangiato. Dobbiamo dargli qualcosa.

3. Fausto spera che i suoi genitori gli <u>abbiano</u> / <u>siano</u> comprato un nuovo computer per il suo compleanno.

4. Immagino che tu ti <u>abbia</u> / <u>sia</u> lavata i denti prima di andare dal dentista.

5. Sembra che tu e Filippo <u>abbiate</u> / <u>siate</u> risolto i vostri problemi perché adesso andate d'accordo.

6. È strano che Gianna non <u>abbia</u> / <u>sia</u> visto questo film: va al cinema ogni settimana.

Parte seconda. Completa le frasi con la forma giusta di **avere** o **essere**.

1. Siamo contenti che Giulio _____ finito presto di lavorare. Stasera abbiamo molte cose da fare insieme.

2. Credi che la nonna _____ già stata a Londra? Vorremmo portarla lì per Capodanno.

3. È impossibile che gli studenti _____ capito tutto. La lezione era davvero difficile oggi!

4. Alessio teme che la sua ragazza _____ preso un brutto voto all'esame di filosofia.

5. Sembra che Paola e Renata si _____ licenziate dal negozio, perché non le vedo più quando ci vado.

6. È strano che tuo padre non _____ telefonato. Di solito arriva a casa alle otto e sono già le otto e mezzo.

C. Il verbo giusto.
Completa le frasi con la forma giusta di uno dei seguenti verbi al congiuntivo passato. Usa ogni verbo *una sola volta.*

andare   arrivare   cucinare   fare   nascere   prenotare

risparmiare   sposarsi

1. È possibile che Vincenzo _____ una camera in un albergo a quattro stelle a Milano.

2. Immagino che quella signora non _____ negli Stati Uniti, perché non sa bene l'inglese.

3. Credo che mio nonno _____ in pensione l'anno scorso, perché era stanco di lavorare.

4. Dubito che _____ Pietro stasera, perché la cena non era insipida (*tasteless/bland*).

5. Spero che Tommaso _____ molte foto a Berlino. Voglio vedere come sono tutti i suoi amici tedeschi.

6. Penso che Laura _____ in maggio. Ma non so perché non ci abbia invitato al matrimonio.

7. Il treno doveva arrivare alle 16.10, ma temo che _____ in anticipo (*early*).

8. Immagino che Gigi _____ molti soldi prima di andare a vivere a Roma, perché la vita in città è cara.

D. Che cosa ha fatto Marco veramente? Quando Marco telefona dall'università, non dice sempre la verità ai suoi genitori. Ascolta le frasi di Marco e riscrivile con l'opinione della mamma al congiuntivo passato. Ogni frase sarà ripetuta due volte.

> ESEMPIO: *Senti:* Ieri sera sono uscito con Enrico e Gianni.
> *Scrivi:* Credo che Marco ___*sia uscito*___ con Anna, la sua ragazza.

1. È probabile che Marco _____ poco per l'esame di economia.

2. Immagino che stamattina Marco _____ alle 10.00.

3. Credo che Marco _____ il bucato con l'aiuto della sua ragazza.

4. Temo che Marco _____ molti dolci questa settimana.

5. Immagino che Marco _____ a ballare con Anna sabato sera.

6. Non credo che Marco _____ la sua camera.

▶ *Check your answers to this activity in the Answer Key at the back of the workbook.*

E. Tocca a te! Che cosa ha fatto Francesca durante le vacanze? Guarda l'immagine e scrivi almeno cinque frasi al congiuntivo passato con la tua opinione.

_____

_____

_____

_____

_____

15.2 Sono sicura che è partita per le vacanze
The subjunctive versus the indicative

A. Congiuntivo o indicativo? Leggi le affermazioni e decidi se hanno un verbo al congiuntivo o se tutti e due i verbi sono all'indicativo.

	congiuntivo	indicativo
1. È importante che Carlo vada al lavoro oggi.	☐	☐
2. Sono certo che Silvia ha mangiato tutta la torta.	☐	☐
3. Vedo che i giovani non ascoltano più la musica classica.	☐	☐
4. La mamma non vuole che Luciano guardi molto la TV.	☐	☐
5. Si sa che gli italiani mangiano bene.	☐	☐
6. Sembra che Stefania non abbia molti problemi a scuola.	☐	☐
7. È impossibile che Alberto conosca quattro lingue!	☐	☐
8. È vero che le lingue romanze sono simili.	☐	☐

B. Qual è il verbo giusto? Scegli la forma giusta del verbo per completare le frasi.

1. È un fatto che l'italiano di oggi è / sia basato (*based*) sul fiorentino.
2. Credo che gli italiani comprano / comprino più quotidiani degli americani.
3. È strano che la disoccupazione continua / continui a crescere nei paesi industrializzati.
4. È chiaro che la musica techno non piace / piaccia agli anziani.
5. Vogliamo che nostro figlio passa / passi un anno negli Stati Uniti per imparare bene l'inglese.
6. Penso che Giulia ha / abbia difficoltà con la matematica quest'anno.
7. So che Lucia non studia / studi più filosofia. Ha cambiato facoltà.
8. Non c'è dubbio che Michele guadagna / guadagni di più con il suo nuovo lavoro.

C. Congiuntivo o no? Decidi se le frasi che senti hanno un verbo al congiuntivo o se tutti e due i verbi sono all'indicativo. Ogni frase sarà ripetuta due volte.

	congiuntivo	indicativo
1.	☐	☐
2.	☐	☐
3.	☐	☐
4.	☐	☐
5.	☐	☐
6.	☐	☐
7.	☐	☐

D. L'espressione giusta. Scegli l'espressione giusta per completare le frasi.

1. È strano che / È chiaro che l'italiano deriva dal latino.
2. Temiamo che / Non c'è dubbio che il problema della droga si diffonda in tutto il paese.
3. Pare che / È ovvio che mia sorella sogna troppo e lavora poco.
4. Spero che / Sono sicura che tuo nonno racconti delle barzellette domani sera a cena.
5. È essenziale che / È un fatto che i giovani aiutino gli anziani che vivono da soli.
6. Voglio che / Si sa che la mia famiglia parla napoletano a casa.
7. Credo che / Sono certo che la lingua nazionale sia ormai diffusa in tutta la penisola italiana.

E. Problemi in città. Leggi le frasi e decidi se i verbi seguenti devono essere all'indicativo presente o al congiuntivo presente. Poi inserisci la forma giusta del verbo appropriato.

(aumentare)   (diventare)   (essere (2))   (lamentarsi)   (risparmiare)   (trasferirsi)

	congiuntivo	indicativo	
1.	☐	☐	Sembra che la tossicodipendenza (*drug addiction*) _____ un problema soprattutto nelle grandi città.
2.	☐	☐	Sappiamo che ci _____ molti dialetti in Italia.
3.	☐	☐	È importante che gli anziani _____ molti soldi prima di andare in pensione.
4.	☐	☐	Non è bene che il tasso di disoccupazione _____ proprio quest'anno.
5.	☐	☐	È vero che molte persone _____ dello smog e del traffico.
6.	☐	☐	Bisogna che gli immigrati _____ cittadini integrati nella società.
7.	☐	☐	È ovvio che molte famiglie _____ in città per avere più opportunità di lavoro.

F. Tocca a te! Adesso completa le frasi. Attenzione! Alcune espressioni richiedono il congiuntivo, altre l'indicativo.

1. Non c'è dubbio che _____.

2. Spero che _____.

3. Sembra che _____.

4. Si sa che _____.

5. È necessario che _____.

6. Sono sicuro che _____.

15.3 Se vincessi un viaggio...   Hypotheticals of possibility

A. Se avessi € 100.000... Abbina ogni frase ipotetica dell'insieme A alla conseguenza corrispondente nell'insieme B.

A	B
1. Se avessi una buona memoria _____	a. comprerei una casa grandissima.
2. Se parlassi molto bene l'italiano _____	b. non potrei svegliarmi presto.
3. Se avessi una famiglia numerosa _____	c. farei un CD con Andrea Bocelli.
4. Se fossi molto ricco _____	d. comprerei una Ferrari.
5. Se uscissi tutte le sere _____	e. non dimenticherei niente.
6. Se cantassi molto bene _____	f. la fame nel mondo non esisterebbe.
7. Se non ci fosse la povertà _____	g. andrei a vivere a Roma.

B. Se la nonna fosse... Ascolta le ipotesi che riguardano la nonna di Daria e poi scegli la conseguenza giusta. Ogni ipotesi sarà ripetuta due volte.

1. _____   a. imparerebbe l'inglese.   b. imparerebbe il tedesco.

2. _____   a. mangeremmo peggio.   b. mangeremmo a casa sua.

3. _____   a. dovrebbe lavorare molto.   b. potrebbe viaggiare molto.

4. _____   a. rimarrebbe a casa.   b. andrebbe in Canada.

5. _____   a. i nipoti sarebbero contenti.   b. i nipoti sarebbero stanchi.

6. _____   a. imparerebbe a guidare.   b. prenderebbe sempre la metropolitana.

C. Le coniugazioni. Completa i verbi con le desinenze (*endings*) giuste dell'imperfetto del congiuntivo o del condizionale.

1. Se io ave_____ quel nuovo lavoro, guadagner_____ bene.

2. Se Massimo parla_____ in dialetto, la nonna sar_____ contenta.

3. I tuoi amici verr_____ a trovarti spesso se tu decide_____ di andare a vivere a Londra.

4. Se l'insegnante non scherza_____ in classe, gli studenti non si divertir_____ così tanto.

5. Marta comprer_____ il pesce stasera per cena se la pescheria foss_____ aperta.

6. Se vole_____ fare una passeggiata, Silvia porter_____ il cane.

7. Se tu noleggia_____ una macchina, io pagher_____ la metà (*half*) del noleggio.

D. Che farebbe Giulio?

Parte prima. Giulio vuole andare a lavorare in America per un anno dopo la laurea. Ascolta la conversazione fra i suoi genitori e scrivi le forme giuste dei verbi all'imperfetto del congiuntivo o al condizionale. La conversazione sarà ripetuta due volte.

LA MAMMA: Se Giulio _____[1] in America a cercare un lavoro, cosa

_____[2] fare?

PAPÀ : Giulio è bravo con le lingue. _____[3] sempre insegnare l'italiano.

LA MAMMA: È vero, ma ti ricordi che lui ha alcuni amici a New York che lavorano in un ristorante?

_____[4] vivere con loro per qualche mese e lavorare al ristorante.

PAPÀ: Ma non so se lui _____[5] lavorare lì. Comunque, se

_____[6] un po' di soldi prima di partire, _____[7] tutto

più facile, no?

LA MAMMA: Lo so, ma Giulio vuole partire subito dopo l'università. Il viaggio costa molto. E se io

gli _____[8] il biglietto aereo?

PAPÀ: Assolutamente no! Se tu gli _____[9] il viaggio, non

_____[10] l'importanza del lavoro e dei soldi.

LA MAMMA: Hai ragione. Deve guadagnare un po' di soldi qui prima di partire per l'America.

▶ *Check your answers to the* **Parte prima** *in the Answer Key at the back of the workbook before doing the* **Parte seconda.**

Parte seconda. Rileggi la conversazione e rispondi alle seguenti domande.

1. Secondo il padre, che lavoro potrebbe fare Giulio in America?

_____

2. Dove potrebbe vivere e dove potrebbe lavorare secondo la mamma?

_____

3. Secondo suo padre, cosa dovrebbe fare Giulio prima di partire per l'America?

_____

4. Quando vuole partire Giulio?

_____

5. Cosa vorrebbe fare la mamma?

_____

Cognome _____ Data _____ Classe _____

E. Cosa farebbe Eleonora?

Parte prima. Guarda l'immagine di Eleonora e decidi cosa farebbe nelle seguenti situazioni. Usa la fantasia.

1. Se avesse tanti soldi, comprerebbe _____.

2. Se potesse vivere all'estero, vivrebbe _____.

3. Se non fosse studentessa, lavorerebbe _____.

4. Se potesse andare a cena con un attore famoso, andrebbe a cena con _____.

5. Se decidesse di comprare un animale domestico, sceglierebbe _____.

6. Se avesse uno yacht, andrebbe _____.

7. Se dovesse comprare una macchina nuova, comprerebbe _____.

Parte seconda. Adesso cambia le frasi della **Parte prima** per dire quello che faresti tu. **Attenzione!** Ricordati di cambiare tutti i verbi.

1. Se avessi tanti soldi, comprerei _____.

2. _____.

3. _____.

4. _____.

5. _____.

6. _____.

7. _____.

Ascoltiamo!

Una breve storia della lingua italiana

A. Come finisce? Scegli la parola giusta per completare le frasi.

1. Le lingue che derivano dal latino si chiamano lingue <u>romantiche</u> / <u>romanze</u>.

2. La lingua italiana nasce dal latino, in particolare dal latino <u>scritto</u> / <u>parlato</u>.

3. I «Tre Grandi» delle letteratura italiana scrissero le loro opere in volgare <u>fiorentino</u> / <u>milanese</u>.

4. L'unificazione d'Italia e i massmedia nel Novecento hanno favorito <u>l'unificazione</u> / <u>la differenziazione</u> linguistica.

5. L'uso del dialetto è ancora molto diffuso nelle isole, nel Sud e <u>nel Centro</u> / <u>nel Nord-Est</u>.

B. Vero o falso? Ascolta le frasi e decidi se sono **vere** o **false.** Ogni frase sarà ripetuta due volte.

	vero	falso
1.	☐	☐
2.	☐	☐
3.	☐	☐
4.	☐	☐
5.	☐	☐

C. Quale periodo? Ascolta le frasi e abbina ciascuna frase al periodo storico giusto. Ogni frase sarà ripetuta due volte.

1. _____   a. Antica Roma

2. _____   b. Il Duecento

3. _____   c. Il Trecento

4. _____   d. Il Quattrocento

5. _____   e. Il Cinquecento

Leggiamo!

Strategie di lettura

Identifying the major points of an argument. Whatever the purpose for writing a text, an author must decide the order in which to present the points of his/her argument. For example, an author might begin with a question, then attempt to answer it. Or, the author may start with an existing problem and work his/her way backwards to explain how it came about. In a narrative, the author may even jump back and forth between the present and the past, using flashbacks. (This last technique can be very difficult for non-native readers to follow until they recognize its use.) Paying attention to how the author has constructed the argument can aid your understanding of a text.

Lettura

In quest'articolo, tratto dalla rivista *Focus*, lo scrittore vuole informare il pubblico su una nuova lingua. Mentre leggi l'articolo, cerca di identificare le informazioni principali.

Hola mon ami, do you speak europanto?

L'europanto, cioè[1] la combinazione casuale di parole inglesi, francesi, tedesche, spagnole e italiane, è una lingua emergente[2] che ha avuto un forte impulso con l'unificazione dell'Europa. Nasce come parodia[3] dell'esperanto, la lingua artificiale creata per le comunicazioni internazionali. Ma, a differenza dell'esperanto che non ce l'ha fatta a imporsi,[4] l'europanto si sta affermando[5] sempre più. Ha infatti un grande vantaggio: è «de only lingua étrangér dat man puode apprendre ohne estudy», è l'unica lingua straniera che l'uomo può imparare senza studiare.

L'inventore è un interprete. Ed è anche l'unica che si può affrontare[6] senza paura di sbagliare. Basta una piattaforma di «basic english» infarcita[7] di tutte le possibili parole tratte da altre lingue europee personalizzate sull'accento di chi parla. Il suo inventore Diego Marani, interprete al Consiglio dei Ministri dell'Unione Europea, dà una sola regola:[8] una frase è in europanto se contiene parole di almeno tre lingue.

[1]*that is* [2]*emerging* [3]*parody* [4]non... *didn't establish itself* [5]*asserting* [6]*face*
[7]*infused* [8]*rule*

Hai capito? Scegli la risposta giusta.

1. Lo scrittore inizia l'articolo con _____.
   a. la descrizione della struttura dell'europanto
   b. la descrizione dell'importanza attuale dell'europanto
   c. a e b

2. Poi lo scrittore dà le seguenti informazioni. In quale ordine le presenta?
   a. i vantaggi dell'europanto, l'origine dell'europanto, un esempio dell'europanto
   b. l'origine dell'europanto, i vantaggi dell'europanto, un esempio dell'europanto
   c. l'origine dell'europanto, un esempio dell'europanto, i vantaggi dell'europanto

3. Il vantaggio dell'europanto è che _____.
   a. non si deve studiare per impararlo
   b. non si deve avere paura di sbagliare
   c. a e b

4. Secondo lo scrittore, per saper parlare europanto si deve assolutamente sapere _____.
   a. l'inglese
   b. il francese
   c. a e b

5. Il titolo dell'articolo, *Hola mon ami, do you speak europanto?*, è scritto in europanto. Puoi identificare le lingue rappresentate oltre all'inglese? Scegli le lingue.
   a. l'italiano, il francese
   b. lo spagnolo, il francese
   c. il tedesco, il francese

◖❙ In Italia, Culture a confronto, Un po' di cultura e Regioni d'Italia

Utilizzando le informazioni delle sezioni **In Italia** e delle attività di cultura contrassegnate da ◖❙ nel libro, decidi se le frasi seguenti sono **vere** o **false**. Se una frase é falsa, cambia la parola in neretto per renderla vera.

	vero	falso
1. La lingua italiana può essere divisa in **due** principali gruppi di varietà regionali.	☐	☐
2. I giovani parlano un linguaggio speciale, il «linguaggio **giovanile**», che utilizza alcune parole in modo diverso e crea anche parole nuove.	☐	☐
3. **L'inglese** è la lingua straniera più conosciuta in Italia.	☐	☐
4. La maggior parte degli italiani è bilingue: parla l'italiano standard e il proprio **dialetto.**	☐	☐
5. Ci sono delle comunità che parlano lingue **diverse** dall'italiano in molte zone della penisola.	☐	☐
6. A differenza del francese, l'italiano tende ad **evitare** parole dall'inglese nel suo lessico.	☐	☐

Scriviamo!

Strategie di scrittura

Free writing. Sometimes, the purpose and intended audience for a written piece—and even its format (prose, poetry, dialogue, and so on)—might emerge only after the actual writing process begins. A minimal amount of organization can often facilitate such free writing and enhance the creative process. Be prepared to submit your notes on how you originally organized the words (see step 2 below) and your logic for doing so, along with the final product.

Genere: Racconto (*Short story*) / Dialogo / Poesia

Tema: Su un foglio di carta, scrivi un breve racconto, un dialogo o una poesia che incorpora le tue dieci parole preferite in italiano. Mentre scrivi, prova a seguire questi suggerimenti.

1. Prima rifletti e poi scrivi le tue dieci parole preferite.
2. Poi, se le tue parole sono simili (per esempio, condividono certe combinazioni di lettere, appartengono allo stesso gruppo semantico o si associano nel loro significato), organizza le parole secondo questi criteri (come hai fatto in **Capitolo 2**).
3. Rispondi alla domanda: Che cosa evocano in te queste parole? Ti fanno pensare a un luogo particolare, a certe persone o a un evento preciso (reale o fantastico)? Scegli uno o più di questi elementi come soggetto del tuo racconto, del tuo dialogo o della tua poesia.
4. Metti le dieci parole in ordine logico in relazione al soggetto che hai scelto.
5. Infine, scrivi il tuo racconto, il dialogo o la poesia.

Alla fine, rileggi quello che hai scritto tenendo conto dei consigli di **Facciamo la verifica!**

Facciamo la verifica!

I have used:
- ❏ the **Strategia di scrittura** for this activity;
- ❏ relevant words and expressions from **Capitolo 15** of the textbook.

I have proofread my writing and checked:
- ❏ for spelling errors, including apostrophes and accent marks;
- ❏ that I have used the correct regular forms of verbs and the correct irregular forms of **essere** for the imperfect subjunctive in a **se** clause that expresses a hypothetical possibility;
- ❏ that I have used the correct form of the conditional in the consequence clause following a **se** clause that expresses a hypothetical possibility;
- ❏ that my reader will enjoy finding out what my favorite words are and why.

Capitolo

16

Sono famosi

Strategie di comunicazione

A. È un buon consiglio? Abbina ogni risposta al consiglio corrispondente. Usa ogni risposta *una sola volta*.

1. Leggi la storia del Risorgimento. _____

2. Fai un corso su Boccaccio. _____

3. Impara un'altra lingua: ti sarà utile per un lavoro futuro. _____

4. Viaggia molto. _____

5. Vai in Italia durante la bassa stagione. _____

a. Sì, lo farò. Credo che sia importante vedere altri luoghi e conoscere altre culture.

b. Volentieri! La letteratura mi interessa molto.

c. Perfetto! Sono molto interessato all'Ottocento.

d. Mi piacerebbe, ma devo frequentare l'università in quel periodo.

e. Lo so. Infatti è per questo che sto studiando l'italiano.

B. I consigli. Ascolta cinque consigli per avere successo nello studio dell'italiano. Decidi se si tratta di una cosa consigliabile o sconsigliabile (*ill advised*). Ogni consiglio sarà ripetuto due volte.

	consigliabile	sconsigliabile
1.	☐	☐
2.	☐	☐
3.	☐	☐
4.	☐	☐
5.	☐	☐

Pronuncia

Gli scioglilingua italiani   Italian tongue twisters*

Gli scioglilingua italiani.

- Tongue twisters consist of one or more sentences whose pronunciation is difficult because they contain several similar sounds that are repeated.

  For example:

  Sopra la panca la capra canta, sotto la panca la capra crepa (*On the bench the goat sings, under the bench the goat dies*) is based on the combination of the letters **c, p,** and **r.**

  Tigre contro tigre (*Tiger against tiger*) plays on the different position of the letters **t** and **r.**

- Tongue twisters exist in dialect too, as in the following example in **dialetto milanese. Ti che te tachet i tac, tacum a mi i mi tac! Mi tacat i tac a ti? Tacus ti i to tac, ti che tachet i tac!**

  The Italian equivalent is:

  Tu che attacchi i tacchi, attacca a me i miei tacchi! Io attaccare i tacchi a te? Attacca tu i tuoi tacchi, tu che attacchi i tacchi! (*You who're gluing heels, glue some heels for me! Me gluing heels for you? You glue your own heels, you who're gluing heels!*)

- Tongue twisters can aid in achieving dexterity and fluency with a language. The goal is to try and say them quickly as many times as possible without making a mistake.

Gli scioglilingua.   Ripeti i seguenti scioglilingua. Ogni scioglilingua sarà ripetuto due volte.

1. Trentatrè trentini andarono a Trento trotterellando.
   (*Thirty-three people from Trentino went to Trento trotting.*)

2. Ponte ponente ponteppì, tappe tapperugia, ponte ponente ponteppì, tappe tapperì.*

3. Apelle, figlio di Apollo, fece una palla di pelle di pollo. Tutti i pesci vennero a galla, per vedere la palla di pelle di pollo fatta da Apelle figlio di Apollo.
   (*Apelle, son of Apollo, made a ball of chicken skin. All the fish came to the surface to see the chicken skin ball made by Apelle, son of Apollo.*)

4. Orrore, orrore, un ramarro verde su un muro marrone!
   (*Horror, horror, a green lizard on a brown wall!*)

---

*Since tongue twisters play with the sounds of the language, they are often nonsensical and therefore, exact translations aren't always possible.

Lessico

I personaggi storici   Talking about historical people and events

A. Doppio puzzle.

Parte prima. Scrivi nelle caselle a destra i nomi dei personaggi famosi nascosti. Alla fine, scrivi in basso le lettere che sono sopra le caselle numerate. Le lettere formeranno il nome di un famoso italiano.

a. GEIPUPSE LIDGAIRAB   ☐☐☐☐☐☐☐☐ ☐☐☐☐☐☐☐☐
                                    16   3

b. NETDA RIALIHGIE   ☐☐☐☐☐ ☐☐☐☐☐☐☐☐
                        5

c. LONDAEARSS ALTOV   ☐☐☐☐☐☐☐☐☐ ☐☐☐☐☐
                          4   17

d. RELDANSAOS NIAZNOM   ☐☐☐☐☐☐☐☐☐ ☐☐☐☐☐☐☐
                                 12   8

e. LOGGIULEM NIARMOC   ☐☐☐☐☐☐☐☐ ☐☐☐☐☐☐☐
                            15 14   1

f. SNA CEAROCSNF   ☐☐☐ ☐☐☐☐☐☐☐☐
                        2   11

g. CENRIO FIMRE   ☐☐☐☐☐☐ ☐☐☐☐☐
                       10   7

h. REOLANDO AD NCIVI   ☐☐☐☐☐☐☐ ☐☐ ☐☐☐☐☐
                       13   9

i. LOALEIG LIALIGE   ☐☐☐☐☐☐☐ ☐☐☐☐☐☐
                              6

☐☐☐☐☐☐☐☐☐☐ ☐☐☐☐☐☐☐
1 2 3 4 5 6 7 8 9 10   11 12 13 14 15 16 17

Parte seconda. Adesso abbina i personaggi famosi della **Parte prima** alla ragione per cui sono famosi.

1. _____ Scrisse *La Divina Commedia*.

2. _____ Inventò la prima pila elettrica.

3. _____ Diede tutti i suoi beni ai poveri.

4. _____ Inventò la radio e la comunicazione senza fili.

5. _____ Scoprì per primo che la Terra si muove e gira intorno al Sole.

6. _____ Fu «l'Eroe (Hero) dei due mondi» e combatté per l'unificazione d'Italia.

7. _____ Dipinse il quadro *La Gioconda*.

8. _____ Scoprì l'energia nucleare.

9. _____ Scrisse il romanzo *I promessi sposi*.

B. Le associazioni di idee. Ascolta le parole e scrivile sotto l'immagine corrispondente. A ogni immagine corrispondono quattro parole. Ogni parola sarà ripetuta due volte.

a.

_____

_____

_____

_____

b.

_____

_____

_____

_____

c.

_____

_____

_____

_____

d.

_____

_____

_____

_____

▶ *Check your answers to this activity in the Answer Key at the back of the workbook.*

C. Chi sono? Ascolta le descrizioni di alcuni personaggi famosi italiani e indovina chi sono. Scrivi la lettera corrispondente al personaggio. Ogni descrizione sarà ripetuta due volte. Dopo una breve pausa sentirai la risposta giusta.

a.	Cristoforo Colombo	e.	Santa Caterina da Siena	i.	Raffaello Sanzio
b.	Maria Gaetana Agnesi	f.	Giuseppe Verdi	j.	Michelangelo Buonarroti
c.	Benito Mussolini	g.	Francesco Petrarca	k.	San Francesco d'Assisi
d.	Maria Montessori	h.	Luciano Pavarotti	l.	Artemisia Gentileschi

1. _____   3. _____   5. _____   7. _____

2. _____   4. _____   6. _____

D. La professione nascosta. Scrivi accanto a ogni frase dell'insieme A la lettera corrispondente dell'insieme B. Le lettere, nell'ordine, formeranno il nome della professione di Alessandro Volta ed Enrico Fermi.

	A	**B**
1.	_____ È l'opera più importante di Manzoni.	**E** = la Spedizione dei Mille
2.	_____ Sono i candidati alla presidenza.	**I** = l'energia
3.	_____ Il generale gli dà gli ordini.	**I** = i soldati
4.	_____ La comandò Garibaldi.	**T** = la vittoria
5.	_____ La scrisse Dante.	**N** = *La Divina Commedia*
6.	_____ È sinonimo di novella (*story*).	**Z** = racconto
7.	_____ Può essere elettrica o nucleare.	**S** = *I promessi sposi*
8.	_____ È il capo della Chiesa cattolica.	**I** = indipendenza
9.	_____ La raggiunge (*reach*) chi vince.	**C** = i politici
10.	_____ Significa liberazione di una nazione dal dominio di un'altra	**A** = il Papa

E. Donne italiane famose. Completa le frasi con uno dei verbi della lista. Usa i verbi *una sola volta*. **Attenzione!** Non si usano tutti i verbi.

(ebbe)　(fecero)　(fondarono)　(fu)　(si laureò)　(pubblicò)　(scrisse)

1. Artemisia Gentileschi _____ una delle prime donne a diventare famosa nel mondo artistico del Barocco, un mondo dominato dagli uomini.

2. Maria Gaetana Agnesi _____ la sua opera più importante, *Istituzioni analitiche*, alla giovane età di 20 anni.

3. Molti studenti dell'Università degli Studi di Bologna _____ pratica con i modelli anatomici creati dall'artista Anna Morandi Manzolini.

4. Maria Montessori _____ all'Università di Roma.

5. Vittoria Colonna _____ molte amicizie intellettuali con scrittori e artisti, fra cui Michelangelo Buonarroti.

6. La sorella di Gaspara Stampa _____ l'opera *Rime* dopo la morte della famosa poetessa.

F. Tocca a te! Scegli i due personaggi storici che secondo te sono i più importanti nel tuo paese e scrivi perché.

1. _____

2. _____

Strutture

⟳ Torniamo all'inizio! The infinitive and present indicative

A. Le desinenze giuste. Completa le frasi con le desinenze giuste del presente indicativo.

1. Giulio e Stefania rischi_____ di prendere un brutto voto in matematica se non fin_____ tutti i compiti.

2. Pietro non si ammal_____ mai in inverno, ma oggi non si sent_____ bene e ha mal di gola.

3. Lorenzo e Giada risparmi_____ in questo periodo perché costru_____ una nuova casa in campagna.

4. Tu e Renata scherz_____ sempre con i bambini e vi divert_____ tanto con loro.

5. Io mi lament_____ poco perché altrimenti (*otherwise*) il direttore si arrabbi_____ con me.

6. Quando Carlo ti chied_____ un consiglio, tu rispond_____ sempre in modo positivo e rassicurante (*reassuring*).

B. I verbi al presente. Completa le frasi con la forma giusta dei verbi della lista. Usa il presente indicativo.

(affittare)   (cercare)   (chiacchierare)   (crescere)   (lamentarsi)   (risparmiare)   (trasferirsi)

1. Mia sorella e la sua amica _____ un appartamento nel centro di Napoli, con due camere da letto e un bagno.

2. Io e Luigi abbiamo trovato un lavoro a Milano e _____ lì il primo marzo.

3. Giacomo e Matteo _____ i soldi per il loro viaggio in Canada.

4. Laura e Marcella _____ al telefono tutte le sere prima di andare a letto.

5. Quando i clienti non sono contenti _____ con il direttore del reparto (*department*).

6. In Italia, il numero degli immigrati _____ e tutti gli immigrati _____ un lavoro.

C. La vita di Giuseppe.

Parte prima. Ascolta la descrizione della vita di Giuseppe e completa il testo con i verbi che senti al presente indicativo o all'infinito. La descrizione sarà ripetuta due volte.

Giuseppe _____[1] un tipo molto stressato e nervoso. Tra un mese Giuseppe

_____[2] e sta cercando un lavoro. Preferirebbe trovare un lavoro vicino a casa,

perché la sua ragazza, Paola, studia ancora all'università, ma in questo periodo il tasso di

disoccupazione sta aumentando e Giuseppe _____[3] accettare il primo lavoro che gli

viene offerto (*is offered to him*), anche se è fuori dalla sua città. Paola e Giuseppe _____[4]

spesso e _____[5] perché Paola non _____[6] che Giuseppe vada a

_____[7] in un'altra città. Che deve _____[8] Giuseppe?

▶ Check your answers to the **Parte prima** in the Answer Key at the back of the workbook before doing the **Parte seconda.**

Parte seconda. Adesso rileggi il testo della **Parte prima** e rispondi alle domande con delle frasi complete.

1. Perché Giuseppe non vuole andare a vivere lontano da casa?

   _____

2. Perché Giuseppe deve prendere il primo lavoro che gli viene offerto?

   _____

3. Che cosa non vuole Paola?

   _____

4. Secondo te, che cosa deve fare Giuseppe?

   _____

D. Tocca a te! Completa le frasi con un verbo all'infinito.

1. Quando non devo studiare, mi piace _____.
2. Durante il weekend amo _____.
3. Questo weekend devo _____.
4. Domani non posso _____.
5. Stasera voglio _____.
6. Preferisco _____ quando fa caldo.

⊚ L'abbiamo già studiato! The present perfect

A. Ha senso? Completa le frasi dell'insieme A con gli elementi dell'insieme B.

A	B
1. Giulio e Maria hanno affittato _____	a. a Torino per frequentare l'università.
2. Paola si è rilassata _____	b. perché non gli piaceva il suo lavoro.
3. Ho ricevuto _____	c. la vita durante la guerra.
4. Sei stata ricoverata _____	d. una casa in montagna.
5. Ci siamo trasferiti _____	e. un regalo dalla signora Simonetti.
6. Antonio si è licenziato _____	f. sulla spiaggia.
7. Avete risparmiato _____	g. all'ospedale lunedì scorso?
8. Hanno rischiato _____	h. € 100 in quel negozio!

B. Qual è la sua professione? Ascolta la descrizione di quello che alcune persone hanno fatto ieri. Che lavoro fanno? Scrivi la lettera della professione corrispondente. Ogni descrizione sarà ripetuta due volte. **Attenzione!** Due professioni non si usano.

a. l'artista   c. la dottoressa   e. l'insegnante   g. la scrittrice
b. l'atleta   d. la giornalista   f. la musicista

1. _____   2. _____   3. _____   4. _____   5. _____

C. *Essere* o *avere*?

Parte prima. Metti i verbi nella categoria giusta, secondo l'ausiliare necessario per il passato prossimo.

(andare)   (arrabbiarsi)   (dimenticare)   (governare)   (nascere)

(noleggiare)   (organizzare)   (rimanere)   (rompersi)   (scherzare)

essere	avere
_____	_____
_____	_____
_____	_____
_____	_____
_____	_____

Parte seconda. Completa le seguenti frasi con i verbi della **Parte prima** al passato prossimo. **Attenzione!** Due verbi non si usano.

1. Mia sorella _____ il 25 luglio e adesso ha quasi un anno.

2. Gianluca stava giocando a calcio quando _____ la gamba.

3. I miei nonni _____ in pensione tre anni fa e adesso sono sempre in vacanza e si divertono molto.

4. Laura _____ i compiti a casa e la maestra l'ha rimproverata (*scolded her*).

5. Io e Giorgio _____ a casa venerdì sera perché pioveva e faceva freddo.

6. Tu e Gianna _____ con me perché non vi ho voluto dare i miei appunti di fisica. Mi dispiace!

7. L'anno passato il professor Bassani _____ una gita in Francia con i suoi studenti di francese.

8. L'anno scorso, quando erano in California, i miei genitori _____ una Ford.

D. Chi fu Gaspara Stampa?

Parte prima. Leggi il seguente testo dal sito Internet liberliber.it e sottolinea i verbi al passato remoto.

Gaspara Stampa nacque nel 1523 a Padova. Nel 1531, dopo la morte del padre, la madre e i figli si trasferirono a Venezia dove iniziarono un'educazione letteraria e artistica. Molti letterati, pittori ed artisti frequentarono la casa della famiglia Stampa e la bella Gaspara ebbe molti corteggiatori (*suitors*). Dopo molte relazioni amorose su cui scrisse le sue opere, Gaspara morì suicida nel 1554, a 31 anni. Le varie opere di Gaspara furono pubblicate dopo la sua morte.

Parte seconda. Adesso scrivi tutti i verbi al passato remoto che hai trovato nella **Parte prima** e poi scrivi la forma corrispondente del passato prossimo.

	passato remoto	passato prossimo
1.	_____	_____
2.	_____	_____
3.	_____	_____
4.	_____	_____
5.	_____	_____
6.	_____	_____
7.	_____	_____
8.	_____	_____

E. Mario e Luisa.

Parte prima. Ascolta la storia di Mario e Luisa e scrivi i verbi nella categoria giusta, secondo l'ausiliare necessario per il passato prossimo. La storia sarà ripetuta due volte.

avere	essere
_____	_____ *sono andati* _____
_____	_____
_____	_____
_____	
_____	

▶ *Check your answers to the **Parte prima** in the Answer Key at the back of the workbook before doing the **Parte seconda**.*

Parte seconda. Ascolta di nuovo la storia e rispondi alle seguenti domande. **Attenzione!** Leggi le domande prima di ascoltare.

1. A che ora sono usciti di casa ieri sera Mario e Luisa?

   _____

2. Dove sono andati prima di andare a teatro?

   _____

3. Chi hanno incontrato al bar?

   _____

4. Che cosa ha fatto Mario durante l'opera?

   _____

5. Che cosa ha fatto Luisa durante lo spettacolo?

   _____

F. Tocca a te! Ti sei mai trovato/a in una situazione pericolosa (*dangerous*)? In quale momento della tua vita sei stato/a particolarmente allegro/a? Descrivi una di queste situazioni. Scrivi almeno sei frasi al passato prossimo.

_____

_____

_____

_____

_____

_____

Cognome _____ Data _____ Classe _____

◑ Era così bello! The imperfect

A. Che facevano?

Parte prima. Abbina ogni gruppo di parole dell'insieme B al soggetto corrispondente nell'insieme A per creare delle frasi complete.

A	B
1. Tu e Carlo _____	a. studiavi fisica ogni sera.
2. Io _____	b. dormivate tutti i giorni fino a mezzogiorno.
3. Giuseppina _____	c. scherzavamo sempre con i nostri amici.
4. Tu _____	d. giocavano a pallavolo il giovedì sera e a pallacanestro il sabato mattina.
5. Io e Diego _____	e. avevo sempre il raffreddore in inverno.
6. Stefano e Gabriele _____	f. faceva spesso volontariato.

Parte seconda. Adesso scegli l'aggettivo adatto alle persone della **Parte prima** e usalo per scrivere una frase all'imperfetto.

(ammalato) (divertente) (generoso) (pigro ✓) (sportive) (studioso)

1. *Tu e Carlo eravate molto pigri.* _____

2. _____

3. _____

4. _____

5. _____

6. _____

B. Perché è all'imperfetto? Leggi le seguenti frasi all'imperfetto e decidi la ragione per cui si usa l'imperfetto.

a. descrivere le persone, i luoghi o le cose del passato
b. parlare di un'azione che stava succedendo e non era ancora (*yet*) finita
c. dire la data, l'ora o l'età nel passato
d. parlare di avvenimenti abituali e ripetuti nel passato

1. _____ Mentre Marco giocava al computer, Stefano guardava la TV e parlava al cellulare.

2. _____ Da piccolo, Gianluca andava ogni giorno dalla nonna dopo la scuola.

3. _____ Era l'una quando Lucia è tornata a casa per pranzo.

4. _____ Beatrice era allegra e tranquilla.

5. _____ Quando avevo cinque anni i miei genitori mi hanno portato al mare.

6. _____ Quel giorno pioveva e faceva freddo.

C. Il verbo giusto. Completa le frasi con la forma giusta dell'imperfetto dei seguenti verbi.

affittare   andare   arrabbiarsi   dare   emigrare   essere

fare   guardare   lavorare   prendere   volere

1. Quando Maria _____ piccola, sua madre _____ a tempo pieno all'ospedale come infermiera.

2. La mia famiglia _____ al mare in Sicilia ogni estate e i miei genitori _____ una casa insieme agli zii.

3. Molti anni fa gli italiani _____ dall'Italia in altri paesi, a causa della povertà e della disoccupazione.

4. Vincenzo non _____ mai andare a scuola da piccolo e suo padre _____ con lui ogni mattina.

5. Io e Chiara _____ un caffè al bar tutti i giorni prima di andare a lezione.

6. Mio nonno mi _____ dei soldi ogni domenica per comprare le gomme (*gum*).

7. La domenica la mamma _____ il bucato, mentre mio padre _____ la partita alla televisione.

D. Chi è? Ascolta le descrizioni di alcune persone quando erano piccole e scegli l'immagine giusta.

a.

b.

c.

d.

e.

1. _____   2. _____   3. _____   4. _____   5. _____

Cognome _____ Data _____ Classe _____

E. L'imperfetto o il passato prossimo? Leggi le seguenti frasi e decidi se bisogna usare l'imperfetto o il passato prossimo. Poi completa le frasi con l'imperfetto o il passato prossimo del verbo tra parentesi.

	imperfetto	passato prossimo	
1.	☐	☐	I miei nonni _____ (cambiare) casa l'anno scorso.
2.	☐	☐	Tu e Roberto _____ (fare) sempre trekking in montagna.
3.	☐	☐	_____ (essere) le due del pomeriggio quando Cinzia è tornata a casa.
4.	☐	☐	Mia zia _____ (andare) in pensione due anni fa.
5.	☐	☐	_____ (nevicare) molto forte quando sono arrivata in ufficio.
6.	☐	☐	Io e Paolo _____ (avere) dieci anni quando siamo andati in Italia per la prima volta.
7.	☐	☐	Laura e Sara _____ (licenziarsi) ieri.
8.	☐	☐	Da piccolo Marcello _____ (essere) alto e magro.

F. La storia di Valeria.

Parte prima. Completa la storia con il passato prossimo o l'imperfetto dei verbi tra parentesi.

Da giovane, Valeria _____[1] (essere) bassa e _____[2] (avere) i capelli neri. Anche se _____[3] (essere) timida, _____[4] (avere) molti amici perché _____[5] (giocare) a tennis e a calcio, _____[6] (interessarsi) di musica e _____[7] (suonare) il violino. Quando _____[8] (cominciare) l'università _____[9] (sentirsi) molto sola perché non _____[10] (conoscere) nessuno. Un giorno mentre _____[11] (correre) nel parco, Valeria _____[12] (vedere) due compagne del suo corso di biologia che _____[13] (giocare) a tennis e _____[14] (fermarsi) a guardare la partita. Le due ragazze _____[15] (chiedere) a Valeria se _____[16] (volere) giocare con loro. _____[17] (fare) bel tempo e le tre ragazze _____[18] (giocare) insieme per tre ore e _____[19] (divertirsi) moltissimo.

Parte seconda. Tocca a te! Adesso continua la storia di Valeria. Ricordati di usare il passato prossimo e l'imperfetto.

Dopo la partita...

_____
_____
_____
_____

🌀 Lo vedo e gli parlo   Object pronouns

A. Complemento diretto o indiretto? Leggi le seguenti frasi e decidi se i pronomi *in corsivo* hanno la funzione di complemento diretto o indiretto.

		complemento diretto	complemento indiretto
1.	*Lo* compro ogni giorno in edicola.	☐	☐
2.	Non *le* chiedo mai un consiglio!	☐	☐
3.	*Li* portano sempre a scuola.	☐	☐
4.	*Gli* offriamo sempre qualcosa da bere.	☐	☐
5.	*La* preparo ogni anno per Natale.	☐	☐
6.	Non *vi* invita mai a casa sua.	☐	☐
7.	Mio padre *gli* dà € 100 al mese.	☐	☐
8.	Quest'estate non *ti* ho scritto.	☐	☐

B. Di che parla? Trova a chi / che cosa si riferiscono i pronomi complemento diretto usati nelle seguenti frasi.

ESEMPIO: Carlo ha perso il suo gatto, ma penso che *l'*abbia trovato la mia vicina di casa.
l' = <u>il gatto</u>

1. MILENA: Dove sei stata oggi pomeriggio? *Ti* ho cercata a casa, ma non c'eri.
   ROBERTA: Sono andata a fare shopping in centro con Michele.
   MILENA: Cosa hai comprato?
   ROBERTA: Una sciarpa di lana (*wool*).
   MILENA: Dove *l'*hai presa?
   ROBERTA: Da Benetton.

   ti = _____   l'= _____

2. Chiara ha visto Michele e Roberta in centro, ma non *li* ha salutati perché andava di fretta.

   li = _____

3. STEFANO: Non sapevo che al nonno piacesse così tanto il vino.

   LUCA: Eh sì, *lo* beve tutti i giorni a pranzo e a cena.

   lo = _____

4. VALERIA: Hai parlato con Alice di recente?

   CARLA: No. Non *la* vedo quasi mai.

   la = _____

5. Ho visto delle bellissime gonne in vetrina oggi. *Le* volevo comprare tutte!

   le = _____

C. In altre parole. Scegli la frase corrispondente a ogni frase con il pronome complemento, diretto o indiretto.

1. *Le* offre una pizza.
   a. Offre una pizza a Paolo.
   b. Offre una pizza a Gessica.

2. *Li* accetta.
   a. Accetta i soldi.
   b. Accetta le scarpe.

3. *Gli* rispondiamo male.
   a. Rispondiamo male a Francesco.
   b. Rispondiamo male a Giulia.

4. Non *la* capiscono.
   a. Non capiscono il fenomeno.
   b. Non capiscono la violenza.

5. *Lo* leggono questo weekend.
   a. Leggono la rivista questo weekend.
   b. Leggono il romanzo questo weekend.

6. *Gli* diamo l'ombrellone.
   a. Diamo l'ombrellone a loro.
   b. Diamo l'ombrellone a Lucia.

7. *Le* regalo a Teresa.
   a. Regalo le collane a Teresa.
   b. Regalo gli accessori a Teresa.

D. Come rispondi tu? Ascolta le domande e scegli le risposte giuste. Ogni domanda sarà ripetuta due volte. Ripeti la risposta.

1. _____ a. Le noleggio a Roma. b. La noleggio a Roma. c. Lo noleggio a Roma.
2. _____ a. Gli telefono domani. b. Vi telefono domani. c. Le telefono domani.
3. _____ a. Lo metto in soggiorno. b. Le metto in soggiorno. c. Li metto in soggiorno.
4. _____ a. Vi offro un caffè. b. Gli offro un caffè. c. Ti offro un caffè.
5. _____ a. Gli piace la scultura di Michelangelo. b. Ci piace la scultura di Michelangelo. c. Mi piace la scultura di Michelangelo.
6. _____ a. Le scrivo stasera. b. Gli scrivo stasera. c. La scrivo stasera.

E. Rispondi tu. Scrivi una risposta appropriata per ogni domanda sostituendo le parole *in corsivo* con un pronome complemento diretto o indiretto.

1. Lasci *i cani* con tua madre questo weekend?

_____

2. Dai gli orecchini *a tua sorella* per il suo compleanno?

_____

3. Compri un regalo *per Anna e Giovanni*?

_____

4. Volete prendere *il pullman* per andare in campagna domani?

_____

5. Affitti *la casa* per un anno o due?

_____

6. Scrivi un'e-mail *a Carlo* oggi o domani?

_____

7. Leggi *le riviste* quando viaggi?

_____

Ascoltiamo!

L'arte attraverso i secoli

A. Quale movimento? Abbina le descrizioni ai movimenti artistici.

1. _____ Usa oggetti ordinari in una maniera distorta per produrre degli effetti strani.

2. _____ Rappresenta la realtà in maniera quasi fotografica e molto dettagliata.

3. _____ Si basa sull'idea della modernità, della tecnologia e sull'importanza della velocità e del dinamismo.

4. _____ È il movimento rivoluzionario che rappresenta la figura umana in maniera più realistica rispetto al passato e fa uso della prospettiva.

5. _____ Rappresenta le figure umane e in maniera piatta, cioè senza prospettiva.

a. il Medioevo

b. il Futurismo

c. il Rinascimento

d. la Pittura Metafisica

e. il Neorealismo

B. In quale periodo? Ascolta l'inizio della frase e completala con il periodo giusto.

1. _____   3. _____   a. vedutista   c. neoclassico

2. _____   4. _____   b. rinascimentale   d. barocco

C. Chi? Ascolta le descrizioni di cinque artisti famosi. Abbina ciascuna descrizione all'artista giusto. Ogni frase sarà ripetuta due volte.

1. _____   a. Giorgio De Chirico

2. _____   b. Giotto

3. _____   c. Francesco Hayez

4. _____   d. Botticelli

5. _____   e. Antonio Canova

Leggiamo!

Strategie di lettura

Synthesis. Use all of the reading strategies that you've learned so far to understand this text about why non-Italians are interested in Italian culture and language.

Lettura

Il testo sotto è tratto da un articolo più lungo apparso sul *Corriere della Sera* nella sezione *Esteri* (*News from abroad*). L'autore dell'articolo è Dacia Maraini, una scrittrice italiana di fama internazionale, che qui parla di una recente visita a Harvard.

Leggi il testo e poi fai le attività.

Nel tempio americano di Harvard l'Italia è ancora un sogno

Qui la nostra cultura non appare né vecchia né in crisi

Angela Boscolo Berto è una veneziana giovane e bella che insegna ad Harvard da un anno. «Sono stata fortunata: ho fatto la richiesta[1] e sono stata ammessa. So di tanti che non ce la fanno[2]», dice con la dolce cantilena[3] dei veneziani. «Quello che mi piace di questo Paese è la meritocrazia. Sai che se lavori e fai bene, andrai avanti. Se invece ti impigrisci[4] e non combini un gran ché,[5] perdi tutto. Se vuoi che il tuo lavoro ti sia riconosciuto sia professionalmente che economicamente, devi sgobbare.[6] Alle volte sono anche spietati.[7] E ti spremono come un limone. Ma ti prendono sul serio, anche se sei una donna». [...] «Però ho tanta nostalgia dell'Italia», [...]

(*Dacia Maraini parla.*) È lei (Angela) che ha organizzato la mia conferenza con gli studenti di Harvard. [...]

Pensavo che un dialogo pubblico, condotto in una aula magna,[8] fra una anziana scrittrice e una giovane studiosa, tutte e due italiane e piene di domande da farsi, avrebbe interessato veramente pochissimi studenti. E invece la sala si riempie e come sempre mi stupisco[9] per l'attenzione che il pubblico dimostra verso una cultura che noi tendiamo a vedere come vecchia, scontata,[10] in crisi. Cosa ci può essere di interessante in un piccolo Paese litigioso[11] e frammentato, indietro su tutti i fronti? E invece poi scopriamo che l'attenzione verso la nostra lingua e il nostro pensiero resiste e si rinnova. Solo merito di quella grande pittura, di quella grande musica, di quella grande architettura di cui ancora godiamo l'eredità? O c'è dell'altro? Siamo ancora capaci, vivendo in questo strano stivale che affonda le sue radici in un Mediterraneo sporco e inquinato, di farci ascoltare? La risposta sembra positiva e stupisce anche me. La domanda che segue è: non sarebbe il caso di puntare ostinatamente sulle nostre eccellenze anziché metterci in competizione con i jeans a poco prezzo di Pechino? Ricordo ancora la piccola studentessa vietnamita che l'anno scorso all'Università di Hanoi mi ha detto: «Voi siete una grande potenza culturale e a noi piace ascoltarvi». Veramente sorprendente! Ma anche istruttivo. Proprio mentre ci accingiamo[12] a tagliare le spese, a chiudere e accorpare[13] tanti Istituti Italiani di Cultura in giro per il mondo, perché non fermarci un momento a riflettere che solo investendo su ciò che abbiamo di unico e di migliore possiamo crescere, non certo piangendoci addosso e lasciando cadere a pezzi le nostre richezze, come è successo con quella meraviglia di Pompei?

[1]ho... *applied for a fellowship* [2]non... *don't make it* [3]melodia [4]ti... *you get lazy* [5]non... *don't get much done* [6]*to put your nose to the grindstone* [7]crudeli [8]aula... *lecture hall reserved for important occasions* [9]mi meraviglio [10]ridotta, estinta [11]polemico, aggressivo [12]ci... *we tighten our belts* [13]unire

A. Identifying the audience. Scegli la risposta giusta.

Secondo me, questo testo è scritto soprattutto per _____.

    a. gli americani
    b. gli italiani
    c. gli asiatici
    d. i professori di Harvard

B. Identifying the author's purpose and point of view. Scegli la risposta giusta.

    1. Lo scopo della Maraini è _____.
        a. convincere
        b. informare
        c. divertire

    2. La Maraini crede che _____.
        a. l'Italia non interessi più agli stranieri perché rappresenta una vecchia cultura
        b. l'Italia interessi agli stranieri per il suo grande patrimonio culturale
        c. l'Italia interessi agli stranieri perché gli italiani sono belli e parlano con una dolce cantilena

C. Identifying the major points of an argument. Le frasi seguenti contengono le informazioni principali dell'articolo oppure no? Decidi se ogni frase è **vera** o **falsa**.

	vero	falso
1. Angela Boscolo Berto si sente fortunata di insegnare ad Harvard perché molti laureati italiani non riescono a trovare lavoro.	☐	☐
2. Secondo Angela, l'Italia è una meritocrazia.	☐	☐
3. La Maraini è sorpresa perchè molti studenti vogliono ascoltare una scrittrice anziana.	☐	☐
4. Gli italiani sono molto critici nei confronti dell'Italia, ma gli stranieri la trovano ancora molto importante e affascinante.	☐	☐
5. Gli italiani dovrebbero prendere miglior cura dei beni culturali.	☐	☐

In Italia, Culture a confronto, Un po' di cultura e Regioni d'Italia

Utilizzando le informazioni delle sezioni **In Italia** e delle attività di cultura contrassegnate da ❶ nel libro, decidi se le frasi seguenti sono **vere** o **false**. Se una frase è falsa, cambia la parola in neretto per renderla vera.

	vero	falso
1. Alessandro Manzoni è uno dei personaggi italiani più illustri del **secondo** millennio.	☐	☐
2. Alessandro Volta inventò la pila **nucleare**.	☐	☐
3. Artemisia Gentileschi dipinse importanti scene storiche e religiose durante il **Barocco**.	☐	☐
4. Il capolavoro di Dante Alighieri è la *Divina **Tragedia.***	☐	☐
5. Vittoria Colonna, la famosa poetessa del Rinascimento, fu amica di scrittori e artisti come **Caravaggio**.	☐	☐
6. Maria Montessori, nota per il suo lavoro educativo, fu fra le prime donne a ricevere una laurea in **matematica**.	☐	☐

Scriviamo!

Strategie di scrittura

Synthesis. In this activity you will be writing a film review (**una recensione di film**). This is your opportunity to reuse some of the writing strategies you learned in **Capitoli 1–12,** as well as some of those encountered in the previous three chapters: using your five senses in writing (an especially appropriate strategy here!), presenting both sides of an argument (an important strategy for giving as objective an account of a film as possible), and free writing (not letting concerns about format and organization block your creativity in the initial stages). Make a list of the strategies you used in your review and be prepared to turn it in.

Genere: Recensione di film

Tema: Qui sotto trovi la recensione del film *Pranzo di Ferragosto*. Leggila e usala per scrivere, su un foglio di carta, la recensione di uno dei film che hai visto in classe o di un altro film che hai visto recentemente.

1. Fai un riassunto della trama (*plot*) in poche frasi, menzionando le scene più importanti.
2. Descrivi i personaggi.
3. Scrivi la recensione e valuta il film, dando da una a cinque stelle. È un film da vedere o da evitare? Perché?

SCHEDA DEL FILM

Film: *Pranzo di Ferragosto*

Genere: Commedia

Durata: 75 minuti

Regia: Gianni Di Gregorio

Trama: *Gianni ha un lavoro: occuparsi dell'anziana madre. Nel bel mezzo dell'afa[1] estiva Alfonso, l'amministratore, si presenta alla loro porta per riscuotere[2] quanto gli è dovuto, ma propone a Gianni l'estinzione di tutte le spese condominiali in cambio di un favore: ospitare la madre per la notte e il successivo pranzo di Ferragosto. L'accordo non prevede però l'arrivo di una seconda signora, la zia di Alfonso, una simpatica anziana con qualche problema di memoria...*

Recensione: *Pranzo di Ferragosto*, di Gianni Di Gregorio, rappresenta un vero e proprio caso cinematografico, dato che nonostante i bassissimi costi di realizzazione, con l'utilizzo della casa del regista come location principale (anche se non sono da dimenticare i finanziamenti ricevuti dal Ministero dei Beni Culturali) e l'impiego di quattro simpaticissime anziane signore al loro esordio[3] in un film, è riuscito a ricevere diversi consensi da parte della critica, aggiudicandosi[4] il premio come migliore opera prima al Festival del Cinema di Venezia 2008. Un consenso a cui si è accompagnata un'inaspettata e più che soddisfacente risposta del pubblico, con due milioni di euro incassati[5] che hanno ampiamente compensato i costi di produzione.

[...]

In conclusione, Gianni Di Gregorio ci regala una commedia allo stesso tempo godibile[6] e divertente, ma anche capace di far riflettere, e che fortunatamente è riuscita ad arrivare nelle sale[7] grazie anche al coraggio del produttore Matteo Garrone, noto ai più come il regista di *Gomorra*.

Indice di gradimento: [3.8 / 5 stars]

[1]caldo umido   [2]*collect*   [3]*debut*   [4]*winning*   [5]*collected*   [6]*enjoyable, pleasant*   [7]*theaters*

Source: http://filmedvd.dvd.it

Alla fine, rileggi quello che hai scritto tenendo conto dei consigli di **Facciamo la verifica!**

Facciamo la verifica!

I have used:
- ☐ the **Strategie di scrittura** introduced in earlier chapters;
- ☐ relevant words and expressions from **Capitoli 1–16** of the textbook.

I have proofread my writing and checked:
- ☐ my spelling, including apostrophes and accent marks;
- ☐ all verb conjugations and subject-verb agreement;
- ☐ that I have used the **passato prossimo** and **imperfetto** correctly and that I have made the appropriate agreement of the past participle, as needed;
- ☐ that I have used the appropriate interrogative words when asking questions;
- ☐ that I have used the correct object pronouns as needed;
- ☐ that I have given the reader enough information to make an informed decision about whether or not to see the film.

Per saperne di più

Capitolo 1
1.1 Gender

A. Maschile o femminile? Decide if each word is **maschile** or **femminile** and write it in the appropriate category with its definite article.

attore   bici   cinema   dottoressa   mano   pittrice

problema   professore   programma   radio   sistema   studentessa

maschile	femminile
_____	_____
_____	_____
_____	_____
_____	_____
_____	_____
_____	_____

B. Le abbreviazioni. Listen to each word and decide if it is **maschile** or **femminile**. You will hear each word twice. After a brief pause, you will hear the correct answer.

	maschile	femminile
1.	☐	☐
2.	☐	☐
3.	☐	☐
4.	☐	☐
5.	☐	☐

C. *Lui o lei?* Write the appropriate form of each profession.

	maschile	femminile
1.	_____	attrice
2.	studente	_____
3.	_____	pittrice
4.	professore	_____
5.	_____	dottoressa

1.3 Number

A. Singolare o plurale? Decide whether each word you hear is **singolare** or **plurale**. You will hear each word twice. After a brief pause, you will hear the correct answer.

	singolare	plurale
1.	☐	☐
2.	☐	☐
3.	☐	☐
4.	☐	☐
5.	☐	☐
6.	☐	☐
7.	☐	☐
8.	☐	☐

B. I plurali irregolari. Write the plural form of each of the following words.

1. la crisi   _____
2. l'amica   _____
3. il re   _____
4. il cinema   _____
5. l'albergo   _____
6. la barca   _____
7. la targa   _____
8. il lago   _____
9. lo psicologo   _____

C. Come finisce? Choose the appropriate plural ending for each of the following words ending in **-co. Attenzione!** To help you, the stressed syllable is underlined in each word.

		-chi	-ci
1.	medico → **medi-**	☐	☐
2.	sacco → **sac-**	☐	☐
3.	sindaco (*mayor*) → **sinda-**	☐	☐
4.	pacco → **pac-**	☐	☐
5.	tabacco → **tabac-**	☐	☐
6.	amico → **ami-**	☐	☐

Cognome _____ Data _____ Classe _____

D. La forma giusta. Write the plural form of each of the following singular nouns. **Attenzione!** To help you, the stressed syllable is underlined in each word.

1. bacio _____
2. valigia _____
3. viaggio _____
4. figlio _____
5. provincia _____
6. studio _____
7. bugia _____
8. spiaggia _____

E. Tutti insieme. Write the appropriate singular or plural form of each of the following nouns.

singolare	plurale
1. _____	i programmi
2. il medico	_____
3. _____	gli zii
4. la mano	_____
5. _____	le arance
6. la camicia	_____
7. _____	gli sci
8. l'uomo	_____

Capitolo 2
2.1 Adjectives

A. I plurali irregolari.

Parte prima. Write the plural form of each of the following phrases.

1. una barca larga   due _____
2. un cane stanco   due _____
3. una ragazza simpatica due _____
4. un amico italiano   due _____
5. un vestito largo   due _____

Parte seconda. Listen and write the plural forms of the phrases you hear. You will hear each phrase twice. Repeat the response.

1. due _____   4. due _____

2. due _____   5. due _____

3. due _____

▶ *Check your answers to this activity in the Answer Key at the back of the workbook.*

B. Il singolare.

Parte prima. Write the singular form of each of the following phrases.

1. due amiche belle   _____

2. due vie (*streets*) larghe   _____

3. due giochi (*games*) nuovi   _____

4. due bambini simpatici   _____

5. due dialoghi lunghi   _____

Parte seconda. Listen and write the singular form of the words you hear. You will hear each phrase twice. Repeat the response.

1. un _____   4. una _____

2. un _____   5. una _____

3. un _____

▶ *Check your answers to this activity in the Answer Key at the back of the workbook.*

C. Chi è quello? Listen and decide who or what each question is referring to based on the form of **quello** that you hear.

ESEMPIO: *You hear:*   Chi è quella?
You see: a. il padre di Mario   b. la madre di Mario
You choose: b. la madre di Mario

1. _____   a. il professore di Giuseppe   b. la professoressa di Giuseppe

2. _____   a. gli amici di Paolo   b. le amiche di Paolo

3. _____   a. Alberto   b. Silvana

4. _____   a. un libro di filosofia   b. un'enciclopedia

5. _____   a. i bicchieri di plastica   b. le bottiglie di plastica

6. _____   a. un CD italiano   b. una canzone americana

Cognome _____ Data _____ Classe _____

D. *Questo e quello.* Complete each statement with the appropriate form of **questo** or **quello**.

vicino	lontano
1. _____ è la macchina di Veronica,	_____ è la macchina di Luisa.
2. _____ è il mio quaderno,	_____ è il tuo quaderno.
3. _____ è il padre di Enzo,	_____ è la madre di Alessia.
4. _____ sono le penne di Pippo e	_____ sono le penne di Isabella.
5. _____ sono i tuoi CD e	_____ sono i CD di Sandro.
6. _____ sono le amiche di Giulia e	_____ sono gli amici di Mauro.

E. È bello o buono?

Parte prima. Complete each of the following phrases with the indefinite article and then with the correct form of **buono**.

ESEMPIO: film
un film → un buon film

1. ____ caffè   ____ _____ caffè
2. ____ pizza   ____ _____ pizza
3. ____ aranciata   ____ _____ aranciata
4. ____ panino   ____ _____ panino

Parte seconda. Complete each phrase with the definite article and then with the correct form of **bello**.

ESEMPIO: ragazzo
il ragazzo → il bel ragazzo

1. ____ libro   ____ _____ libro
2. ____ macchina   ____ _____ macchina
3. ____ orologio   ____ _____ orologio
4. ____ zaino   ____ _____ zaino

F. *Bello e buono.* You will hear a series of nouns. Insert **buono** or **bello** in front of the noun and write the phrase in the space provided. You will hear each noun twice.

ESEMPIO: *You hear:*   un cappuccino
You write: _un buon cappuccino_

buono	bello
1. _____	5. _____
2. _____	6. _____
3. _____	7. _____
4. _____	8. _____

▶ *Check your answers to this activity in the Answer Key at the back of the workbook.*

2.2 The verbs essere (*to be*) and avere (*to have*)

A. Hai ragione! Complete each of the following sentences with one of the following idiomatic expressions with **avere** based on the illustrations. Be sure to use the appropriate form of **avere.**

(avere bisogno di)   (avere paura di)   (avere ragione)   (avere torto)   (avere voglia di)

1.   Marco ha fame. _____ un panino.

2.   Francesca ed Eleonora _____ nuotare (*to swim*).

3.   A lezione Stefano _____ e il professore ha sempre ragione.

4.   Anna _____ acqua.

5.

La madre di Michele _____ e Michele
ha sempre torto.

Capitolo 3

3.4 Irregular verbs

A. I verbi irregolari. Write the meanings of the verbs, then complete the chart.

	venire _____	rimanere _____	scegliere _____
io		rimango	
tu			
lui, lei; Lei			
noi	veniamo		
voi			
loro			scelgono

B. *Rimanere, scegliere e venire.* Repeat each sentence replacing the verb you hear with the correct form for the subject pronoun provided. Repeat the response.

      ESEMPIO: *You hear:* Dite grazie a Lisa.
                    You see: loro
                    You say: ___*Dicono*___ grazie a Lisa.

  1. Lei…   2. voi…   3. noi…   4. io…   5. loro…   6. tu…

C. Quale verbo irregolare? Complete each dialogue with the appropriate forms of the verbs. You may use each verb more than once.

Dialogo 1

(rimanere) (venire)

RITA: Gianfranco e Marco _____[1] con noi alla festa stasera?

ISABELLA: No. _____[2] a casa perché c'è un bel film alla TV.

Dialogo 2

(scegliere) (essere)

DAVIDE: Ci _____[3] due corsi alle 9.00: matematica e letteratura inglese. Quale _____[4]?

TOMMASO: È difficile! Mi piacciono tutti e due (*both*)! Tu cosa fai?

Dialogo 3

(andare) (avere) (venire)

FRANCESCA E LISA: Luciano, dove _____[5]?

LUCIANO: _____[6] in biblioteca. Perché non _____[7] anche voi?

FRANCESCA E LISA: No, grazie. Ma perché _____[8] a studiare quando fa bel tempo?

LUCIANO: Purtroppo (*Unfortunately*) _____[9] un esame domani.

FRANCESCA E LISA: Va bene. (Noi) _____[10] al mare (*to the sea*). Divertiti! (*Have fun!*)

Capitolo 4

Lessico

Suffixes

A. Tante parole!

Parte prima. Write each noun without the suffix, then choose which meaning the suffix gives the noun.

			cattivo	grande	piccolo
1.	nasone	_____	☐	☐	☐
2.	ragazzaccio	_____	☐	☐	☐
3.	fratellino	_____	☐	☐	☐
4.	esamone	_____	☐	☐	☐
5.	sorellina	_____	☐	☐	☐
6.	libraccio	_____	☐	☐	☐
7.	regalino	_____	☐	☐	☐
8.	donnina	_____	☐	☐	☐

Parte seconda. Write each noun in the correct category according to its meaning: **finestrina, librone, macchinona, manina, nasino, parolaccia, ragazzina, ragazzone, tempaccio.**

cattivo/brutto	grande	piccolo/caro (*endearment*)
1. _____	1. _____	1. _____
2. _____	2. _____	2. _____
	3. _____	3. _____
		4. _____

B. Parole diverse. Complete each sentence with the correct suffix.

1. Compri i libr_____ di storia oggi o domani? Sono grossi (*big*), no?

2. Vedi quella ragazz_____? Sembra (*She looks*) tanto piccola, ma ha 15 anni.

3. Mia nonna non ha un naso grande. È proprio un nas_____.

4. Federico ha una piccola Fiat. È una macchin_____.

5. Quei ragazzi sono molto cattivi. Sono dei ragazz_____!

6. La nuova bambina di Sara è molto piccola. Piange (*cries*) sempre e muove (*moves*)

   molto le man_____.

C. Trasformazioni. Listen to the definitions and write each noun with the correct suffix. Each description will be repeated twice.

> ESEMPIO: *You hear:* un grande naso
> *You write:* __*un nasone*__

1. _____ 4. _____

2. _____ 5. _____

3. _____ 6 _____

▶ *Check your answers to this activity in the Answer Key at the back of the workbook.*

4.4 The comparative

A. La parola giusta. Choose the word that best completes each of the following sentences.

1. I tuoi fratelli amano giocare a tennis più di / che studiare filosofia.

2. Vostra zia Maria è meno simpatica di / che vostro zio Nino.

3. La mia amica Chiara è più seria di / che mia sorella.

4. Vado più spesso in discoteca di / che in biblioteca.

5. Un computer è più costoso (*expensive*) di / che un cellulare.

6. Mia nonna ha meno CD di / che cassette.

7. La nostra professoressa parla più in italiano di / che in inglese.

8. Silvia segue meno corsi di / che Paolo questo semestre.

B. *Di o che?* Complete each of the following sentences with **di** or **che**.

1. Lucia è meno triste _____ Manuela.

2. Elisabetta ha più cani _____ gatti.

3. Mio padre è più serio _____ severo.

4. Una tigre è più veloce _____ una tartaruga (*turtle*).

5. Vogliamo andare in Italia più _____ in Francia.

6. Una collina (*hill*) è meno alta _____ una montagna.

7. Mi piace più uscire _____ studiare.

8. Una macchina è meno economica _____ una bicicletta.

C. Diversi o uguali? You will hear a series of statements. Listen and determine if the objects or people being compared are the same (**uguali**) or different (**diversi**). You will hear each statement twice.

	diversi	uguali
1.	☐	☐
2.	☐	☐
3.	☐	☐
4.	☐	☐
5.	☐	☐
6.	☐	☐
7.	☐	☐
8.	☐	☐

D. Ma sei così bello! Compare the following people and things using **più... di** (+), **meno... di** (−), or **(così)... come / (tanto)... quanto** (=) and the adjective in parentheses.

ESEMPIO: Laura / Stefania (= / alto)
        Laura è (così) alta come Stefania.

1. Antonio / Renato (+ / piccolo)

   _____

2. un corso di storia / un corso di filosofia (= / interessante)

   _____

3. un'italiana / un'americana (− / stressato)

   _____

4. Daniela / Giulia (+ / magro)

   _____

5. gli hamburger / un piatto di pasta (= / buono)

_____

6. una chitarra / un pianoforte (− / grande)

_____

7. mio padre / mio zio (= / simpatico)

_____

Capitolo 5
5.3 Prepositions

A. Quale preposizione? Scegli la preposizione giusta.

1. Domani è il compleanno <u>da</u> / <u>di</u> mia sorella. Ha 25 anni.

2. Io e Stefano andiamo a casa <u>a</u> / <u>di</u> Marta dopo pranzo.

3. Questo semestre odiamo il corso <u>da</u> / <u>di</u> chimica!

4. Silvia riceve un'e-mail <u>da</u> / <u>con</u> Massimo ogni giorno.

5. La macchina <u>da</u> / <u>di</u> Fabiana è vecchissima, ma funziona (*it runs*) bene.

6. Federica va <u>da</u> / <u>di</u> Paola oggi perché devono studiare insieme.

7. Luca parte <u>da</u> / <u>di</u> Roma con l'aereo delle 13.15 ed arriva a Milano alle 14.30.

8. Il mio nuovo compagno di stanza (*roommate*) è <u>per</u> / <u>di</u> Napoli.

B. *Da* o *di*? Completa le frasi con le forme giuste di **da** o **di. Attenzione!** Usa la preposizione articolata quando è necessaria.

1. Il nostro professore _____ storia conosce bene la storia europea.

2. Marco arriva _____ Parigi domani sera alle 17.00.

3. Parto _____ stazione centrale alle 8.45.

4. La madre _____ Giulia lavora in banca in centro.

5. La palla (*ball*) _____ cane è in cucina.

6. Il mio compagno di stanza è toscano. È _____ Firenze.

7. Luigi e Giacomo vanno _____ Stefano a studiare per l'esame di chimica.

8. Papà ha un appuntamento _____ medico oggi pomeriggio alle 16.15.

C. Mini-dialoghi. Completa le frasi con **ci** o **c'**, quando è necessario. Se non è necessario, non scrivere niente.

Dialogo 1

MARCO: Alfredo, vai in biblioteca stasera?

ALFREDO: Sì, _____[1] vado verso le sei.

Dialogo 2

MARIA E ANDREA: Andate al museo di arte moderna?

ROSARIA E STEFANO: No, _____[2] andiamo in centro a vedere il Duomo.

Dialogo 3

IL PADRE: Quanti studenti _____[3] sono nella tua classe?

ROCCO: Tanti! Almeno (*At least*) 35.

Dialogo 4

BEATRICE: Venite alla festa stasera?

DIANA E SALVATORE: Prima _____[4] andiamo a trovare una nostra amica e poi _____[5] veniamo alla festa. Pensiamo di arrivare verso le undici.

Dialogo 5

VINCENZO: _____[6] è qualcosa (*something*) da mangiare?

LA MADRE: Non _____[7] è molto. Vado al supermercato nel pomeriggio.

Capitolo 6
6.4 Adverbs

Molto and *poco*

A. Sei molto bravo! Scegli la forma giusta di **molto** o **poco** per completare le frasi.

1. La cugina di Paola ha poco / pochi amici a scuola.

2. La lezione di informatica oggi è stata molto / molta interessante.

3. Questo semestre gli studenti della mia classe sono poco / pochi divertenti.

4. Stamattina Gianluca deve scrivere molto / molte e-mail ai suoi amici in America.

5. Devo studiare molto / molta per l'esame di storia perché non voglio prendere un brutto voto.

6. Lisa e Mauro vogliono comprare poco / pochi libri quest'anno.

7. Sono molto / molta stanca e ho bisogno di una bella vacanza.

8. Il nuovo ragazzo di Manuela non è molta / molto bello, ma è intelligentissimo!

B. Come si scrive? Scrivi le forme giuste di **molto** o **poco** per completare le frasi.

1. Spesso Sandrino mangia molt_____ gelato e poi si sente male.

2. Marina balla poc_____, ma ama andare in discoteca.

3. Silvana non è vegetariana, ma mangia poc_____ carne.

4. La madre di Giorgia è molt_____ arrabbiata e Giorgia non può uscire stasera.

5. Come si chiama la ragazza della nostra classe che fa sempre molt_____ domande?

6. Cucino poc_____ perché vivo da solo e non mi piace molt_____ cucinare.

7. Renata mangia poc_____ in questi giorni.

8. I miei genitori hanno molt_____ amici e andiamo spesso a trovarli (*visit them*).

Buono/cattivo versus *bene/male*

A. Mangia bene! È buono! Scegli la parola giusta per completare le frasi e segna ✓ se la parola che hai scelto è un aggettivo o un avverbio.

	aggettivo	avverbio
1. Nostra sorella parla <u>buono / bene</u> l'inglese e vuole andare a studiare in America.	☐	☐
2. Questa torta è <u>buona / bene</u>!	☐	☐
3. Dici che giochi <u>cattivo / male</u> a calcio, ma non è vero!	☐	☐
4. Non toccare (*touch*) il cane! È <u>cattivo / male</u> e aggredisce (*attacks*) le persone.	☐	☐
5. Carla suona <u>buona / bene</u> il sassofono. Studia la musica.	☐	☐
6. Questa birra è <u>cattiva / male</u>.	☐	☐
7. Oggi Filippo si sente <u>cattivo / male</u> e non va a scuola.	☐	☐
8. La pasta in questo ristorante è veramente <u>buona / bene</u>. Vuoi provarla?	☐	☐

B. Scrivi il contrario. Completa le frasi con il contrario dell'avverbio o dell'aggettivo che trovi nella prima parte di ogni frase.

ESEMPIO: La signora non ha **pochi** gatti, ha ___*molti*___ gatti.

1. Il signor Marinucci non ha molte macchine, ha _____ macchine.

2. Lo zio di Mario non gioca bene a carte, gioca veramente _____.

3. Questa pizza non è buona per niente (*at all*)! È proprio _____!

4. Il coro (*choir*) della nostra chiesa non canta male. Al contrario, canta molto _____.

5. Il bambino nuovo della classe non ha più pochi amici, adesso ha _____ amici.

6. La nostra professoressa di matematica parla poco con gli studenti in classe; abbiamo sentito che il nuovo professore, invece, parla _____.

Capitolo 7

7.1 The present perfect

Sapere and conoscere

A. Sapere o conoscere? Scegli il verbo giusto per completare le frasi.

1. Marco <u>ha conosciuto</u> / <u>ha saputo</u> Alessia ad una festa l'anno scorso.

2. Gianluca <u>ha conosciuto</u> / <u>ha saputo</u> oggi che Maria non esce più con Matteo.

3. <u>Ho conosciuto</u> / <u>Ho saputo</u> molte persone nuove all'università quest'anno.

4. Laura e Giulia <u>hanno conosciuto</u> / <u>hanno saputo</u> che Paolo stasera va in discoteca.

5. Tu e Filippo <u>avete conosciuto</u> / <u>avete saputo</u> tante ragazze in Spagna quest'anno.

6. <u>Abbiamo conosciuto</u> / <u>Abbiamo saputo</u> perché non sei andato alla partita la settimana scorsa.

7. <u>Hai conosciuto</u> / <u>Hai saputo</u> perché Massimo non ha superato (*did not pass*) l'esame di filosofia?

B. Chi hai conosciuto? Completa le seguenti frasi con la forma giusta di **conoscere** o **sapere** al passato prossimo.

1. Laura _____ il suo ragazzo l'estate scorsa in vacanza.

2. Questa mattina (*io*) _____ il mio nuovo compagno di stanza ed è simpaticissimo.

3. Ieri sera la mamma di Filippo _____ che lui non va più a lezione d'italiano e si è arrabbiata.

4. Tu e Sandra _____ i vostri mariti all'università, non è vero?

5. Oggi i nonni di Lisa _____ che lei va in America per un anno e sono tristi.

6. (*tu*) _____ molti ragazzi simpatici in Italia?

7. La mia ragazza _____ che sono uscito con Sandra e mi ha piantato (*dropped me*).

Piacere

A. Mi è piaciuto.

Parte prima. Scegli, per i seguenti cibi, la forma giusta di **piacere** al passato prossimo.

ESEMPIO: *Vedi:* gli spaghetti
Scegli: c. Mi sono piaciuti...

a. Mi è piaciuto...   b. Mi è piaciuta...   c. Mi sono piaciuti...   d. Mi sono piaciute...

1. ____ le zucchine.   4. ____ i tortellini.   7. ____ i funghi.

2. ____ il pesce.   5. ____ il sugo.   8. ____ le patate fritte.

3. ____ la torta.   6. ____ la birra.

Parte seconda. Ti sono piaciute tante cose durante le tue vacanze in Italia l'estate scorsa. Ascolta le parole e scegli la forma giusta di **piacere** al passato prossimo. Le parole saranno ripetute due volte. Ripeti la risposta.

> ESEMPIO: *Senti:* le bistecche
> *Scegli:* d. Mi sono piaciute le bistecche.

a. Mi è piaciuto...   b. Mi è piaciuta...   c. Mi sono piaciuti...   d. Mi sono piaciute...

1. _____   3. _____   5. _____   7. _____   9. _____

2. _____   4. _____   6. _____   8. _____   10. _____

B. A Laura è piaciuto...
Laura ed i suoi amici parlano di quello che hanno fatto lo scorso weekend. Scrivi per ognuno una frase che indica ciò che gli è piaciuto fare. Usa il verbo **piacere** al passato prossimo.

> ESEMPIO: Dino ha letto molto sabato pomeriggio.
> <u>A Dino è piaciuto leggere</u>.

1. Laura ha cantato in chiesa.

   _____

2. Mario ha studiato in biblioteca.

   _____

3. Stefania e Gessica hanno lavorato al negozio sabato sera.

   _____

4. Marco ha suonato il piano.

   _____

5. Carla ha scritto nel suo diario venerdì.

   _____

6. Luigi e Pietro hanno fatto un giro in bici domenica mattina.

   _____

C. Ti è piaciuto?
Ieri sera hai mangiato in un ristorante elegante con i tuoi amici. Rispondi alle domande del tuo compagno / della tua compagna di casa (*housemate*).

> ESEMPIO: Ti è piaciuto il vino?
> <u>Sì, mi è piaciuto. (No, non mi è piaciuto.)</u>

1. Ti è piaciuto il dolce? _____

2. Ti è piaciuta la musica? _____

3. Ti sono piaciuti i biscotti? _____

4. Ti è piaciuta la birra? _____

5. Ti sono piaciute le patate fritte? _____

7.3 Negative expressions

Other negative expressions

A. Gli esami. Giacomo e Veronica devono studiare per gli esami questa settimana, ma Veronica non vuole studiare. Ascolta la loro conversazione e completa le frasi con le espressioni negative che senti. La conversazione sarà ripetuta due volte.

GIACOMO: Veronica, hai già studiato per l'esame di scienze politiche?

VERONICA: No, _____ ho _____ studiato_____[1]. Questa settimana proprio non mi

va di studiare! _____ ho guardato _____ scienze politiche _____[2]

matematica. Che disastro!

GIACOMO: E allora? Cosa pensi di fare?

VERONICA: Non lo so. _____ posso _____[3] evitare (avoid) il problema. Gli esami sono tra

due giorni e _____ ho fatto _____.[4]

GIACOMO: Ma perché non vuoi studiare? _____ sei _____[5] così pigra! Dai, studiamo

insieme!

VERONICA: OK, va bene.

▶ *Check your answers to this activity in the Answer Key at the back of the workbook.*

B. Tutto al negativo. Metti in ordine le parole in modo da formare delle frasi negative.

1. Emanuela / mai / ho / non / a / telefonato

   _____

2. né / abbiamo / gli gnocchi / mangiato / né / le lasagne / non

   _____

3. Filippo / niente / pranzo / ha / non / mangiato / a

   _____

4. ancora / la nonna / non / ha / il tiramisù / preparato

   _____

5. hanno / né / la chitarra / il pianoforte / non / suonato / né

   _____

C. Non hai ancora finito? Le seguenti persone non fanno mai quello che devono fare. Rispondi alle domande con le espressioni negative tra parentesi.

ESEMPIO: Hai già studiato per l'esame di fisica? (non... ancora)
   No, non ho ancora studiato per l'esame di fisica .

1. Hai studiato italiano e matematica questo weekend? (non... né... né)

   _____

2. Giacomo ha lavato la sua macchina? (non... mai)

   _____

3. Avete già fatto i compiti per domani? (non... ancora)

   _____

4. Devi ancora andare a comprare il pane per la nonna? (non... più)

   _____

5. Siete già andati al mercato oggi? (non... ancora)

   _____

6. Hanno mangiato la frutta e la verdura oggi a pranzo? (non... né... né)

   _____

Capitolo 8
The present perfect

The present perfect of *dovere, potere,* and *volere*

A. Quale verbo metti?

Parte prima. Leggi le frasi e scegli l'infinito giusto, in base all'ausiliare usato.

1. Tu e Benedetta non siete voluti _____ in classe lunedì scorso.
   a. cantare   b. entrare

2. Ieri sera Marco e Lorenzo hanno dovuto _____ alle 8.00.
   a. mangiare   b. partire

3. Lunedì io e Gessica abbiamo voluto _____ prima di tornare a casa.
   a. fare shopping   b. andare al bar

4. A che ora sei potuto _____ sabato sera?
   a. mangiare   b. uscire

5. Marco si è sentito male e giovedì non ha potuto _____.
   a. lavorare   b. uscire

6. Io e Marta ieri sera siamo dovute _____ a casa di Giacomo fino alle 11.00.
   a. studiare   b. rimanere

▶ Check your answers to the **Parte prima** in the Answer Key at the back of the workbook before doing the **Parte seconda.**

Parte seconda. Adesso riscrivi le frasi con l'altro infinito. **Attenzione!** Devi fare tutti i cambiamenti necessari.

1. *Tu e Benedetta non avete voluto cantare in classe lunedì scorso.* _____

2. _____

3. _____

4. _____

5. _____

6. _____

B. Dove sei dovuto andare? Scrivi la forma giusta del verbo fra parentesi al passato prossimo.

1. Silvio _____ (volere) uscire con gli amici.

2. Io non _____ (potere) guardare la partita in TV perché _____ (dovere) fare i compiti.

3. La settimana scorsa tu e Mario non _____ (potere) andare al mare perché ha piovuto tutta la settimana.

4. Purtroppo la zia di Cristiano _____ (volere) cucinare, quindi io e lui _____ (dovere) restare a mangiare da lei.

5. Stefania non _____ (potere) venire alla festa ieri sera perché _____ (dovere) studiare per l'esame di storia dell'arte.

6. Perché tu non _____ (volere) visitare il museo con noi? È stupendo!

7. I miei cugini _____ (dovere) partire mercoledì scorso per andare in montagna in Svizzera. Io non li ho accompagnati perché non so sciare.

⟲ Prepositions

The pronoun *ne*

A. Ne hai? Per ogni frase scrivi la lettera dell'espressione corrispondente al pronome **ne**.

a. amiche   c. biscotti   e. quaderni
b. d'acqua   d. della scuola   f. di zucchero

1. _____ <u>Ne</u> metto due cucchiaini (*spoonfuls*) nel caffè.

2. _____ Federico <u>ne</u> ha due nuovi nello zaino.

3. _____ Elisabetta <u>ne</u> ha molte a scuola.

4. _____ <u>Ne</u> mangiamo sempre molti a casa della nonna.

5. _____ L'insegnante <u>ne</u> parla sempre con le sue colleghe.

6. _____ <u>Ne</u> hai voglia quando fa molto caldo.

B. Le preferenze di Carlo. Ascolta le domande e scegli la risposta giusta. Ogni domanda sarà ripetuta due volte. **Attenzione!** Leggi le risposte prima di ascoltare le domande. Ripeti la risposta.

ESEMPIO: *Senti:*   Quante lezioni di ballo preferisce prendere?
            Scegli: e. Preferisce prenderne molte.

a. Ne vuole comprare due.   d. Ne deve seguire cinque.
b. Preferisce farne pochi.   e. Preferisce prenderne molte.
c. Ne può prendere tre.   f. Ne vuole guardare tre.

1. ...   2. ...   3. ...   4. ...   5. ...

C. Ne mangi? Ascolta le domande e scrivi una risposta con il pronome **ne**. Ogni domanda sarà ripetuta due volte.

> ESEMPIO: *Senti:* Mangi verdura?
> *Scrivi:* <u>Sì, ne mangio molta. (No, non ne mangio molta.)</u>

1. _____

2. _____

3. _____

4. _____

5. _____

6. _____

7. _____

▶ *Check your answers to this activity in the Answer Key at the back of the workbook.*

Capitolo 9

9.2 The imperfect versus the present perfect

da/per + expressions of time

A. L'uno o l'altro.

Parte prima. Scegli **da** o **per** per completare le frasi.

1. Marco ha giocato a calcio <u>da / per</u> quattro anni quando era giovane.

2. Studio all'università <u>da / per</u> tre anni e mi piace moltissimo.

3. Giorgia e Renato vivono a Milano <u>da / per</u> dieci anni ma adesso si trasferiscono a Firenze.

4. Io e Diego abbiamo frequentato la stessa scuola <u>da / per</u> cinque anni.

5. Hai la stessa macchina <u>da / per</u> sette anni. Non ti va di cambiarla?

Parte seconda. Leggi le frasi e decidi se il verbo deve essere al presente o al passato prossimo.

1. Lucio <u>parla / ha parlato</u> al telefono per due ore ieri sera.

2. Valerio e Gabriella <u>escono / sono usciti</u> insieme da due anni.

3. Io e Cristiano non <u>ci vediamo / ci siamo visti</u> da tre settimane.

4. Non <u>vado / sono andata</u> a lezione per tre giorni perché ero ammalata.

5. Non <u>esci / sei uscito</u> da quasi (*almost*) una settimana. C'è qualcosa che non va?

B. *Da* o *per*? Completa le frasi con **da** o **per.**

1. Elisabetta e Carlo hanno lavorato alla gelateria _____ cinque mesi.

2. Giulia non ha lavorato _____ quattro mesi ma finalmente ha trovato un lavoro fisso (*steady*).

3. Gli zii vivono in Sardegna _____ vent'anni e non vogliono più tornare a Torino.

4. Annalisa non ha controllato (*to check*) le sue e-mail _____ una settimana e aveva più di cinquanta messaggi.

5. Bambini, guardate la TV _____ tre ore! Perché non andate fuori a giocare?

6. Sai che Gianluca conosce la sua ragazza _____ sette anni? In autunno, finalmente, si sposano.

7. Io e Paola abbiamo risparmiato _____ un anno per poter andare in vacanza quest'estate.

8. Marcello ha la patente (*driver's license*) _____ due anni, ma non guida (*drives*) tanto bene.

C. E tu? Rispondi alle domande con delle frasi complete.

1. Da quanto tempo studi l'italiano?

    _____

2. Quante ore hai studiato ieri sera?

    _____

3. Da quanto tempo studi all'università?

    _____

4. Quante ore hai guardato la televisione la settimana scorsa?

    _____

5. Da quanti anni sai usare il computer?

    _____

Sapere and *conoscere*

A. Al passato prossimo o all'imperfetto? Leggi le frasi e decidi se bisogna usare il passato prossimo o l'imperfetto di **conoscere** o **sapere.**

conoscere

1. Ieri sera in discoteca Matteo _____ una bella ragazza spagnola.
    a. ha conosciuto   b. conosceva

2. Paola, quando aveva 10 anni, _____ già la sua migliore amica.
    a. ha conosciuto   b. conosceva

3. Per fortuna _____ molti colleghi simpatici il primo giorno del mio nuovo lavoro.
    a. ho conosciuto   b. conoscevo

4. Quando viveva in Italia, Sandra _____ un buon ristorante dove si mangiava bene e si spendeva poco.
    a. ha conosciuto   b. conosceva

(sapere)

1. Filippo e Diego non _____ andare in bicicletta da piccoli.
   a. hanno saputo   b. sapevano

2. _____ perché Stefania non voleva parlare con Marco a cena. Stefania mi ha raccontato tutto stamattina.
   a. Ho saputo   b. Sapevo

3. Siamo andate a fare shopping, ma Eleonora non _____ cosa comprare.
   a. ha saputo   b. sapeva

4. Ieri Giovanna _____ che Enrico non vive più a Bologna. Si è trasferito a Chicago due mesi fa.
   a. ha saputo   b. sapeva

B. Conoscere o sapere? Completa i mini-dialoghi con la forma giusta di **conoscere** o **sapere** al passato prossimo o all'imperfetto.

Dialogo 1

(conoscere)

 CINZIA: (*tu*) _____[1] già il ragazzo con cui parlavi al bar ieri sera?

 GIADA: No, (*io*) l' _____[2] ieri sera. Mi ha offerto una birra e abbiamo cominciato a parlare.

Dialogo 2

(sapere)

 MATTEO: (*io*) Non _____[3] che Ugo e Simona stavano insieme!

 LUCA: Io _____[4] tre settimane fa che Simona era innamorata cotta[a] di Ugo.

Dialogo 3

(sapere)

 PATRIZIA: (*tu*) _____[5] parlare bene quando avevi due anni?

 ELISABETTA: No, ma (*io*) _____[6] parlare bene l'inglese e l'italiano quando avevo quattro anni.

[a]innamorata... *madly in love*

Capitolo 10

10.2 The future

The future of probability

A. Dove sarà? Scegli l'ipotesi più probabile per le seguenti situazioni.

1. Sono le 11.30 di sera e Marco non è in soggiorno. Dove sarà?
   a. Sarà a scuola.   b. Sarà a letto.

2. È ora di mangiare. Il cane ti guarda e abbaia (*barks*).
   a. Avrà fame.   b. Avrà freddo.

3. Luca e Federica non si parlano e non si guardano.
   a. Saranno arrabbiati.   b. Saranno allegri.

4. Antonio, uno studente serio, ha un esame.
   a. Uscirà con gli amici.   b. Studierà.

5. È domenica. Sono le 10.00 di mattina e i tuoi nonni non rispondono al telefono.
   a. Saranno in chiesa.   b. Saranno in banca.

6. Marcella ha appena fatto una passeggiata e fa molto caldo fuori.
   a. Avrà sete.   b. Avrà paura.

7. La mamma prepara il pranzo in cucina.
   a. Saranno le 20.00.   b. Saranno le 13.00.

B. Che ne dici tu? Leggi le situazioni. Dopo scrivi una risposta alle domande usando un'ipotesi appropriata al futuro.

> ESEMPIO: *Leggi:* Sono le 11.00 di mattina e Sofia non è a casa. Dove sarà?
> *Scrivi:* _Sarà al lavoro_.

1. È tardi e Maria è molto stanca. Che vorrà fare?

   _____

2. Giulia e Susanna non vogliono uscire domani sera. Che faranno?

   _____

3. Paola non mangia a casa oggi. Dove mangerà?

   _____

4. Alberto non esce di casa. Perché?

   _____

5. I genitori di Lucia sono partiti per le vacanze stamattina. Dove saranno andati?

   _____

6. Mario non è a lezione. Dove sarà?

   _____

Capitolo 11

11.1 Object pronouns

Object pronouns and the present perfect

A. Chi l'ha visto?

Completa le frasi con un pronome complemento diretto (**lo, la, li, le, l'**) o indiretto (**gli, le**) e cambia la vocale finale del verbo se necessario.

1. Io e Fausto abbiamo comprato le scarpe ieri al negozio.

   Io e Fausto _____ abbiamo comprat_____ ieri al negozio.

2. La nonna ha visto le bambine al parco.

   La nonna _____ ha vist_____ al parco.

3. Francesca e Sara hanno mangiato la torta dopo pranzo.

   Francesca e Sara _____ hanno mangiat_____ dopo pranzo.

4. Con chi hai fatto gli esercizi?

   Con chi _____ hai fatt_____?

5. Questo weekend gli studenti non hanno fatto i compiti.

   Questo weekend gli studenti non _____ hanno fatt_____.

6. A che ora hai inviato l'e-mail?

   A che ora _____ hai inviat_____?

7. Rosalba ha telefonato a Laura.

   Rosalba _____ ha telefonat_____.

8. Io e Carla abbiamo risposto a Giacomo e Vincenzo ieri.

   Io e Carla _____ abbiamo rispost_____ ieri.

9. Marco ha spiegato i pronomi a Patrizia.

   Marco _____ ha spiegat_____ i pronomi.

10. La signora Giannini ha offerto il caffè agli ospiti.

    La signora Giannini _____ ha offert_____ il caffè.

B. Tante frasi. Riscrivi le frasi usando un pronome complemento diretto o indiretto. **Attenzione!** Decidi dov'è necessario l'accordo del participio passato.

1. Marco ha messo *i bicchieri* sul tavolo.

   _____

2. Federico ha scritto una lettera *a Paola*.

   _____

3. Chiara ha dato *le chiavi* (*keys*) a Marcello stamattina.

   _____

4. Valeria e Giancarlo hanno inviato un SMS *a Maria*.

   _____

5. La mamma ha preparato *i tortellini* per cena.

   _____

6. Alberto ha messo *le lampade nuove* nel soggiorno.

   _____

7. Elisa ha spedito *la cartolina* (*postcard*) dalla Sicilia.

   _____

8. I genitori hanno telefonato *alla figlia* con il telefonino.

   _____

11.2 Indefinite pronouns

Indefinite adjectives

A. L'aggettivo indefinito giusto. Scegli l'aggettivo indefinito giusto per completare le frasi.

1. Durante la lezione di fisica, <u>qualche / alcuni</u> studenti dormono mentre la professoressa parla.
2. Oggi in centro ho visto <u>qualche / alcuni</u> vestiti che mi piacciono molto.
3. Quest'estate vorrei passare <u>qualche / alcuni</u> giorno a casa di mio zio in campagna.
4. <u>Qualche / Alcune</u> donne preferiscono non lavorare fuori casa e fanno le casalinghe (*housewives*).
5. Io e Mario abbiamo trovato <u>qualche / alcuni</u> libri interessanti in libreria ieri.
6. Il fratello di Lorenzo ha detto che ci sono <u>qualche / alcuni</u> bei negozi in Via Dante, vicino alla piazza.
7. C'è <u>qualche / alcune</u> buon ristorante cinese in questa zona?

B. Singolare o plurale?

Parte prima. Scegli la parola giusta per completare le frasi.

1. La signora Parodi ha visto qualche _____ al mercato.
   a. borsa b. borse

2. Stefania segue alcuni _____ difficili all'università questo semestre.
   a. corso b. corsi

3. Comprerai qualche _____ di vino quando andrai in Toscana?
   a. bottiglia b. bottiglie

4. Io e Lorenzo studieremo con alcuni _____ di classe per l'esame di biologia.
   a. compagno b. compagni

5. La mia ragazza ha visto alcune _____ che vuole quest'anno per Natale.
   a. collana b. collane

Parte seconda. Adesso riscrivi le frasi con la parola che non hai scelto e fai tutti i cambiamenti necessari.

1. _____
2. _____
3. _____
4. _____
5. _____

C. *Alcuni, alcune o qualche?* Completa le frasi con **qualche, alcuni** o **alcune**.

1. Federico conosce _____ architetto che in questo periodo sta cercando lavoro.

2. Abbiamo sentito che _____ insegnanti della scuola hanno deciso di non tornare l'anno prossimo.

3. Mi sono vestito bene perché oggi vengono in ufficio _____ dirigenti importanti.

4. Marilena ha scritto _____ lettera a sua sorella, ma non ha ancora avuto una risposta.

5. Hanno visto che _____ magliette nel negozio di Via Dante costano veramente troppo.

11.3 The relative pronoun che

The relative pronoun *cui* (whom/which)

A. *Che o cui?* Scegli il pronome relativo giusto.

1. Il ragazzo che / con cui esce Maria stasera, è medico.
2. Ho saputo ieri che / di cui mia madre verrà in Italia a Pasqua. Ti va bene o no?
3. Il signore che / a cui ho scritto l'e-mail è professore all'Università di Bologna.
4. Il film che / di cui parla Gianni è conosciutissimo in Italia.
5. Mi piace leggere i libri che / a cui parlano della guerra in Europa.
6. Silvia è una bambina che / con cui ascolta sempre i genitori e non crea mai problemi.
7. La bambina che / a cui ho regalato la maglietta rossa è mia nipote. È carina, no?

B. Decidi tu! Completa le frasi con il pronome relativo giusto.

che   a cui   con cui   di cui

1. Il concerto _____ tutti parlano è stasera alle 21.30.

2. La settimana scorsa Marco ha conosciuto un signore _____ conosce suo nonno.

3. La ragazza _____ vado all'università tutti i giorni frequenta il mio stesso corso di fisica.

4. Quel ristorante _____ ti piace tanto ha dei dolci favolosi (*fabulous*)!

5. Il cane _____ ho dato la carne viene a casa nostra ogni sera verso l'ora di cena.

6. L'uomo _____ sposa la tua amica è poco socievole (*friendly*).

7. Il film _____ ho visto l'altra sera non mi è piaciuto. A te è piaciuto?

Capitolo 12

Object pronouns

Double object pronouns

A. In un altro modo.

Parte prima. Sottolinea il complemento diretto e fai un cerchio intorno al complemento indiretto.

ESEMPIO: Marco scrive un'e-mail a Gessica.

1. Mi manderanno i biglietti a casa.

2. Mario e Massimo hanno fatto un regalo ad Antonello.

3. Alessandro vi compra sempre il pane.

4. Arianna prepara la cena per i bambini tutte le sere.

5. Ti hanno restituito (*gave back*) le tue matite?

6. I bambini vi hanno chiesto questi biscotti?

Parte seconda. Adesso scegli gli equivalenti pronomi doppi per le frasi della **Parte prima.**

ESEMPIO: *Vedi:*   Marco scrive un'e-mail a Gessica.
            a. Glielo scrive.
            b. Gliela scrive.
            c. Gliele scrive.
    Scegli: b

1. ___ a. Me li manderanno.	b. Me le manderanno.	c. Me lo manderanno.
2. ___ a. Gliel'hanno fatta.	b. Glieli hanno fatti.	c. Gliel'hanno fatto.
3. ___ a. Ve la compra.	b. Ve le compra.	c. Ve lo compra.
4. ___ a. Gliele prepara.	b. Gliela prepara.	c. Glieli prepara.
5. ___ a. Te l'hanno restituito?	b. Te l'hanno restituita?	c. Te le hanno restituite?
6. ___ a. Ve le hanno chieste?	b. Ve li hanno chiesti?	c. Ve l'hanno chiesto?

Cognome _____ Data _____ Classe _____

B. I pronomi giusti.

Parte prima. Completa le frasi con il pronome doppio giusto.

(ce lo)   (gliele)   (glielo ✓)   (glieli)   (me li)   (te la)   (ve lo)

ESEMPIO: Carlo offre il caffè a suo fratello.
Carlo ___*glielo*___ offre.

1. Gianna e Valeria comprano sempre le birre per Matteo e Diego.

   Gianna e Valeria _____ comprano sempre.

2. Ti preparo io la cena questa sera.

   _____ preparo io questa sera.

3. Laura restituirà i libri a Paolo stasera.

   Laura _____ restituirà stasera.

4. La nonna ci porterà il panettone a Natale.

   La nonna _____ porterà a Natale.

5. Marco mi regala gli ultimi CD dei miei gruppi preferiti per il mio compleanno.

   Marco _____ regala per il mio compleanno.

6. Vi prendiamo noi il vino.

   _____ prendiamo noi.

Parte seconda. Adesso trasforma le nuove frasi al passato prossimo.

1. _____
2. _____
3. _____
4. _____
5. _____
6. _____

C. Che ne dici? Rispondi alle domande con i pronomi doppi.

ESEMPIO: *Vedi:* Dai tu gli appunti a Giuseppina?
Scrivi: Sì, _glieli do io_.

1. Marco presta i soldi a Stefano?

   Sì, _____.

2. Tu e Vincenzo scriverete un SMS a Marcello?

   No, _____.

3. Prepari il pollo arrosto per gli zii?

   Sì, _____.

4. Luca e Giulio serviranno il caffè agli ospiti (*guests*)?

   No, _____.

5. Michele prende il giornale per il nonno tutti i giorni?

   Sì, _____.

6. Patrizia e Giacomo hanno fatto la torta per Renata?

   No, _____.

7. Hai comprato le magliette per le bambine?

   Sì, _____.

8. Avete comprato le riviste per Elena?

   No, _____.

Capitolo 13

13.1 The present conditional

The past conditional

A. L'ausiliare giusto. Completa le frasi con l'ausiliare giusto.

1. _____ fatto i compiti ieri sera, ma ero molto stanco e sono andato a letto presto.
   a. Avrei   b. Sarei

2. Marco _____ partito per la Cina questa settimana, ma non aveva ancora il passaporto.
   a. avrebbe   b. sarebbe

3. Carla e Patrizia _____ nuotato volentieri in piscina, ma non avevano i costumi da bagno.
   a. avrebbero   b. sarebbero

4. Martino _____ dovuto portare un ombrello a scuola oggi, ma l'ha lasciato (*left*) a casa.
   a. avrebbe   b. sarebbe

5. _____ visitato la Cappella Sistina ieri a Roma, ma non avevamo tempo.
   a. Avremmo   b. Saremmo

6. Mia zia _____ arrivata ieri da Milano, ma ha perso (*missed*) il treno.
   a. avrebbe   b. sarebbe

7. Io e Angelo _____ venuti a ballare con voi sabato sera, ma non avevamo i soldi.
   a. avremmo   b. saremmo

8. Tu e Pino _____ telefonato a Valeria, ma lei aveva il telefonino spento (*turned off*).
   a. avreste
   b. sareste

9. _____ venuta alla festa, ma dovevi andare al cinema con Gianni.
   a. Avresti
   b. Saresti

10. Cinzia e Rita _____ volute andare in vacanza in agosto, ma Cinzia si è licenziata e ora non ha soldi.
    a. avrebbero
    b. sarebbero

B. Avrei dovuto... Completa le frasi con la forma giusta di **dovere**, **potere** o **volere** al condizionale passato.

1. Francesca _____ portare i sandali oggi, ma ha piovuto tutto il giorno.

2. Tu e Aldo _____ andare al mare con gli zii. Si sono divertiti molto.

3. Io e Valerio _____ guardare la partita di calcio alla TV. Dicono che è stata stupenda!

4. I miei nonni _____ visitare l'America, ma adesso non vogliono viaggiare in aereo.

5. Io _____ venire in macchina con Silvio, ma ho preferito venire a piedi.

6. Tu _____ mangiare i tortellini della zia Carmela. Erano veramente buoni!

7. Franco _____ rimanere a casa invece di uscire perché aveva promesso di badare (*take care of*) al suo fratellino.

8. Silvia _____ cantare in chiesa domenica, ma aveva il raffreddore e le faceva male la gola (*throat*).

9. Gianfranco e Tommaso _____ arrivare stasera alle 8.00, ma hanno avuto problemi con la macchina.

C. Cosa avresti fatto tu? Leggi le seguenti situazioni e scrivi quello che avresti fatto tu. Usa il condizionale passato.

1. Marco aveva un esame alle 10.00. Mentre andava all'università, l'autobus ha avuto un guasto (*broke down*) e tutti sono dovuti scendere. Il prossimo autobus doveva (*was supposed to*) arrivare alle 10.05. Cosa avresti fatto tu?

   _____

2. Emiliano ha comprato la macchina del suo migliore amico, ma dopo una settimana non riusciva più a metterla in moto (*couldn't start it anymore*). Cosa avresti fatto tu?

   _____

3. Mario e i suoi compagni sono andati a lezione, ma la professoressa non c'era. Cosa avresti fatto tu?

   _____

4. Alessia è salita sull'aereo e il suo posto (*seat*) era già occupato. Cosa avresti fatto tu?

   _____

5. Carlo è andato a cena con una ragazza che ha appena conosciuto, ma i due hanno immediatamente scoperto di non andare molto d'accordo (*get along well*). Cosa avresti fatto tu?

   _____

6. Salvatore e Benedetta sono andati a ballare, ma quando sono arrivati la discoteca era chiusa. Cosa avresti fatto tu?

   _____

Capitolo 14

14.2 The present subjunctive

More irregular verbs in the subjunctive

A. I verbi irregolari. Scrivi il significato dei seguenti verbi e completa la scheda con le forme giuste del congiuntivo presente.

	bere *to drink*	**dire** _____	**potere** _____	**volere** _____	**venire** _____
io			possa		
tu					venga
lui, lei; Lei	beva				
noi					
voi				vogliate	
loro		dicano			

 B. Che situazione! Ascolta le seguenti situazioni e poi scegli l'ipotesi giusta. Ogni situazione sarà ripetuta due volte.

1. a. Credo che Maria piaccia a Roberto.
    b. Credo che Roberto piaccia a Maria.
    c. Credo che a Roberto piaccia stare a casa da solo.

2. a. Non penso che abbiano tanti amici.
    b. Penso che studino poco.
    c. Penso che abbiano un esame importante questa settimana.

3. a. È possibile che Lucia non abbia molti soldi.
    b. È possibile che Lucia abbia tantissimi soldi.
    c. Credo che Lucia debba dormire.

4. a. Rita pensa che Silvia voglia ballare anche lei.
    b. Rita non vuole che Silvia vada a ballare.
    c. Rita non vuole che le altre amiche vadano a ballare.

5. a. Piero non vuole che i suoi genitori sappiano dove va.
    b. Piero vuole che questa sera sua sorella esca con lui.
    c. Piero vuole che questa sera sua sorella rimanga a casa.

C. Qual è la forma al congiuntivo? Completa le frasi con la forma al congiuntivo.

1. Credo che Mario <u>può / possa</u> venire al mare con noi domani.

2. È importante che Stefania e Rita non <u>bevano / bevono</u> troppo stasera.

3. Non voglio che Silvia <u>venga / viene</u> a teatro perché parla sempre.

4. La mamma è contenta che i ragazzi <u>fanno / facciano</u> i compiti subito dopo la scuola.

5. Penso che tu e Diego <u>dobbiate / dovete</u> parlare con Stefano domani.

6. Non crediamo che la scuola <u>è / sia</u> facile quest'anno.

7. Bisogna che tutti <u>stiano / stanno</u> a casa stasera perché fa brutto tempo.

8. Voglio che tu <u>sai / sappia</u> la verità.

D. Quale verbo? Completa le frasi con la forma giusta di uno dei seguenti verbi.

(avere) (bere) (dare) (essere) (fare) (piacere) (uscire) (volere)

1. Enrico crede che Benedetta _____ andare al cinema con lui questo weekend.

2. Voglio che la mamma mi _____ dei soldi per comprare un nuovo CD.

3. Penso che a Laura _____ lavorare al ristorante.

4. È importante che gli studenti _____ delle domande durante la lezione.

5. Bisogna che tu _____ molta acqua quando fai sport.

6. Paola è contenta che tu e Mario _____ con lei stasera.

7. Credo che Stefania e Luca _____ molti nuovi amici all'università.

8. Carlo pensa che Roma _____ troppo grande e vuole vivere in una città più piccola.

14.3 Verbs and expressions followed by the subjunctive

a/di + infinitive

A. A o *di*? Completa le seguenti frasi con la preposizione **a** o **di**.

1. Ho finito <u>a / di</u> studiare e adesso devo pulire la cucina.

2. Laura viene <u>a / di</u> guardare un film a casa nostra stasera.

3. Vorrei imparare <u>a / di</u> cucire (*to sew*) come la mia mamma.

4. È importante che lo zio smetta <u>a / di</u> fumare perché fa male alla salute.

5. Io e Giorgio cerchiamo sempre <u>a / di</u> andare a letto presto nei giorni lavorativi.

6. Ho paura che tuo fratello non riesca <u>a / di</u> capire la gravità (*seriousness*) della situazione.

7. Papà non crede <u>a / di</u> finire presto al lavoro stasera.

B. Preposizione o no? Scegli il verbo giusto per completare le frasi.

1. Luisa _____ di chiudere la porta quando è uscita di casa stamattina.
   a. ha dimenticato   b. ha dovuto

2. Io e Giacomo _____ comprare una casa al mare.
   a. pensiamo   b. vogliamo

3. Lorenzo e Fabio non _____ a mangiare una pizza stasera perché hanno molti compiti.
   a. possono   b. vanno

4. _____ di vedere quel nuovo film venerdì sera.
   a. Speriamo   b. Andiamo

5. Paola _____ lavorare la domenica, ma ha bisogno di soldi.
   a. viene   b. odia

6. _____ a piovere quando siamo arrivate a Bologna.
   a. Ha cominciato   b. Ha smesso

7. Filippo _____ di venire alla festa di compleanno di Giulia.
   a. è potuto   b. ha promesso

8. Maria _____ ad andare a lezione, ma non arriva prima delle 9.00.
   a. continua   b. preferisce

C. Che cosa dicono?

Parte prima. Ascolta le domande e scrivi il **verbo** + **a/di** + **infinito** che senti. Ogni frase sarà ripetuta due volte.

1. _____ trekking in montagna quest'anno?

2. _____ medico un giorno?

3. _____ le lezioni d'italiano?

4. _____ la pizza questo weekend?

5. _____ a casa presto sabato sera?

6. _____ alla tua famiglia?

▶ *Check your answers to the Parte prima in the Answer Key at the back of the workbook before doing the Parte seconda.*

Parte seconda. Adesso scrivi una risposta appropriata alle domande della **Parte prima.**

1. _____

2. _____

3. _____

4. _____

5. _____

6. _____

Capitolo 15

15.2 The subjunctive versus the indicative

Conjunctions followed by the subjunctive

A. Completa le frasi. Abbina gli elementi dell'insieme A agli elementi dell'insieme B per formare delle frasi complete.

A

1. Il professore racconta una barzelletta perché _____

2. Alessandro deve decidere cosa preparare per cena prima che _____

3. Tu e Lucio vi siete lasciati benché _____

4. Marco mi presta la macchina a condizione che _____

5. Diego e Rita devono cambiare casa sebbene _____

6. Io e Paola vogliamo parlare senza che _____

B

a. qualcuno ci senta.

b. siano contenti della casa dove abitano adesso.

c. vi vogliate ancora molto bene.

d. arrivino gli ospiti.

e. gli studenti ridano (*laugh*) un po'.

f. la porti dal meccanico domani mattina.

B. La congiunzione giusta. Completa le frasi con la congiunzione giusta.

1. L'insegnante ripeta la spiegazione <u>perché / a condizione che</u> gli studenti capiscano meglio.

2. Giacomo e Silvia non vogliono andare a Livorno <u>purché / sebbene</u> la nonna viva lì.

3. Alberto parte presto tutti i giorni per andare al lavoro, <u>affinché / prima che</u> ci sia troppo traffico.

4. Federico non esce di casa <u>senza / senza che</u> dare un bacio a sua moglie.

5. Marilena può saltare (*skip*) le lezioni domani <u>affinché / purché</u> studi e faccia tutti i compiti.

6. I miei amici non possono spendere molti soldi quando escono <u>benché / perché</u> tutti abbiano un buon lavoro a tempo pieno.

7. Leggo un capitolo del libro d'italiano tutti i giorni <u>prima che / prima di</u> andare a lezione.

C. Frasi tue! Completa le frasi. **Attenzione!** Alcune frasi non saranno al congiuntivo.

1. Cerco un lavoro part-time affinché _____.

2. Vado a lezione senza _____.

3. Do venti dollari al mio amico a condizione che _____.

4. Le tasse universitarie aumentano sebbene _____.

5. La sera mi rilasso prima di _____.

6. La vita universitaria è bella benché _____.

15.3 Hypotheticals of possibility

The imperfect subjunctive

A. L'imperfetto del congiuntivo. Scrivi il significato dei seguenti verbi e completa la scheda con le forme giuste dell'imperfetto del congiuntivo.

	cambiare _____	discutere _____	costruire *to build*	dare _____	fare _____
io					facessi
tu	cambiassi				
lui, lei; Lei				desse	
noi			costruissimo		
voi					
loro		discutessero			

B. Completa i verbi. Completa i verbi con le desinenze giuste dell'imperfetto del congiuntivo o del condizionale.

1. Se Giacomo e Lucia fo_____ liberi stasera, io e Franco potr_____ uscire con loro.

2. I nonni non viagg_____ in aereo se i biglietti costa_____ molto.

3. Se tu e Fausto de_____ i soldi a Marcella, lei li spender_____ subito.

4. Riccardo dormir_____ un po' in treno se le signore non parl_____ così tanto.

5. Se i suoi amici non vole_____, Irene non partir_____ per Milano.

6. Se io e Laura non organizz_____ un viaggio in Africa, non ci rilasser_____ mai.

7. Paolo non cercher_____ mai un lavoro se i suoi genitori non gli dice_____ mai niente.

C. Il verbo mancante. Completa le frasi con l'imperfetto del congiuntivo di uno dei seguenti verbi.

(ascoltare) (chiedere) (dire) (essere) (fare) (raccontare) (scherzare)

1. Se gli impiegati _____ un aumento di stipendio, il manager li

   licenzierebbe.

2. Se io e Laura _____ i compiti insieme, finiremmo prima.

3. Se Giuseppe e Leonardo _____ gli insegnanti, avrebbero migliori

   risultati a scuola.

4. Se Gianluca _____ sempre la verità, i suoi genitori si fiderebbero di

   (*would trust*) lui.

5. Se tu e Gianna _____ buone amiche, lei ti inviterebbe di sicuro alla sua festa.

6. Se io e Filippo _____ troppo con la mamma, lei si arrabbierebbe con noi.

7. Se i nonni non _____ le loro storie, il Natale non sarebbe così divertente.

D. Se tutto fosse possibile... Completa le frasi usando l'imperfetto del congiuntivo o il condizionale.

1. Se Teresa e Marta andassero al mare, _____.

2. _____, i nonni non andrebbero in pensione.

3. Se Giulio discutesse di tutto con i suoi genitori, _____.

4. _____, non ci sarebbero problemi di delinquenza.

5. Se i dialetti scomparissero, _____.

6. _____, non litigherebbero più.

Capitolo 16
◑ Object pronouns
Stressed pronouns

A. Con chi? Completa i mini-dialoghi con i pronomi tonici giusti.

(lei)   (Lei)   (loro)   (lui)   (me)   (noi)   (sé)   (te)   (voi)

1. ALESSIO: Federica sa che vai al mare domani?

   BENEDETTA: Sì, ho già parlato con _____ e ha detto che non può venire.

2. PATRIZIA: Io e Roberto usciamo stasera. Tu che fai?

   LORENZO: Mi piacerebbe uscire con _____, ma devo uscire con Valentina.

3. LA MAMMA: Anche Marco e Giada studiano in biblioteca?

   VINCENZO: Sì, ma io non studio con _____. Studio con Diego e Carlo.

4. FILIPPO: Vado in montagna a fare trekking domani. Vuoi venire con _____?

   GIUSEPPE: No, mi dispiace. Non posso venire con _____.

5. GIANLUCA: Professor Ranieri, posso discutere del mio voto con _____?

   PROF. RANIERI: Certo. Vuole venire nel mio ufficio?

6. TOMMASO: Io e Stefano andiamo al museo oggi. Volete venire con _____?

   LUIGI: Sì, ma a che ora andate?

7. VALENTINA: Hai visto Massimo al mare ieri?

   SARA: No, non ho visto _____, ma ho visto Luca.

8. LAURA: Enrico è davvero egoista!

   GIANNA: Lo so. Parla sempre di _____ e non pensa agli altri.

B. Sono più bravo di te! Completa i comparativi con i pronomi tonici giusti.

1. Giacomo è alto e io sono basso. Giacomo è più alto di _____.

2. Io sono nervoso e tu sei tranquillo. Io sono più nervoso di _____.

3. Paolo ha 55 anni e Marco ha 47 anni. Paolo è più grande di _____.

4. Io gioco a calcio e a tennis. Tu e Rita non fate nessuno sport. Io sono più attivo di _____.

5. I miei genitori lavorano molto e io sto tutto il giorno a casa. Io sono più pigro di _____.

6. Voi avete finito i compiti alle 5.00. Io e Sandro abbiamo finito i compiti alle 6.00. Voi siete stati più veloci di _____.

Pronominal verbs and the idiomatic expressions: *andarsene, farcela, avercela con qualcuno*

A. Non ce la facciamo più! Ascolta le seguenti situazioni e scegli l'espressione giusta. Le situazioni saranno ripetute due volte.

1. _____ a. Non ce la faccio più! b. Ce l'ho con te!

2. _____ a. Ce l'hai con me? b. Me ne vado!

3. _____ a. Ce l'ho con lei! b. Me ne vado!

4. _____ a. Non ce la faccio più! b. Ce l'hai con me?

5. _____ a. Non ce la facciamo più! b. Ce l'abbiamo con loro!

B. Perché te ne vai? Completa le frasi con le forme giuste di **andarsene** al presente.

1. A Carlo e Lorenzo non piace la festa, quindi _____ tra mezz'ora.

2. Gessica _____ a casa perché deve alzarsi presto domani mattina.

3. Tra poco Renzo ed io _____ perché abbiamo un appuntamento con l'architetto alle 4.00.

4. Perché non (tu) _____ adesso, così non perdi l'autobus?

5. A che ora _____ tu e Sofia? È tardi e fa freddo fuori.

6. Quando Alessio viene a casa mia non _____ mai! Gli devo chiedere io di andarsene!

7. Questo film non è molto bello, quindi (io) _____ adesso.

Answer Key

This Answer Key includes the answers to the written activities. The correct responses for the audio activities are given on the audio program unless otherwise indicated in the chapters. For many open-ended activities, suggested answers have been provided.

Capitolo 1

Strategie di comunicazione

A. Saluti! 1. a 2. c 3. a, c 4. b 5. a 6. c **B. Mario, ti piace?** *Answers will vary.*

Pronuncia

L'alfabeto e la pronuncia   The alphabet

Ascolta: L'alfabeto. Parte seconda. 1. d 2. c 3. r 4. m 5. f 6. e 7. v **Parte terza.** 1. c 2. m
3. d 4. z 5. f 6. n 7. q 8. t 9. g 10. r 11. s 12. v 13. h 14. l 15. b

Lessico

A come *amore*, B come *buon giorno*   Alphabet and pronunciation

A. Come comincia la parola? 1. p 2. d 3. m 4. s 5. s 6. b 7. c 8. v **B. Dettato.** 1. tu 2. agosto
3. matematica 4. sera 5. Elena 6. trenta 7. fisica 8. novembre 9. ventuno 10. festa **C. Che cos'è?**
1. aereo 2. bicicletta 3. cane 4. dizionario 5. esame 6. festa 7. gatto 8. hamburger 9. inverno
10. libro 11. macchina 12. numero 13. orologio 14. penna 15. quaderno 16. residenza 17. studente
18. televisione 19. università 20. voto 21. zaino **D. Lettere doppie o no?** 1. pala 2. nonno 3. ditta
4. cassa 5. sera 6. sonno 7. alla 8. capelli **E. Combinazioni speciali:** *c* o *ch*? 1. ch 2. c 3. c
4. ch 5. c 6. c 7. C 8. c **F. Combinazioni speciali:** *g* o *gh*? 1. g 2. gh 3. gh 4. g 5. g 6. g
7. gh 8. g **G. Le città italiane. Parte prima.** 1. Firenze 2. Roma 3. Cagliari 4. Palermo 5. Bologna
6. Venezia 7. Perugia 8. Bari 9. Napoli **Parte seconda.** a. 6 b. 5 c. 1 d. 7 e. 2 f. 9 g. 8
h. 4 i. 3

I mesi e le stagioni   Months and seasons

A. I mesi e le stagioni. 1. primavera: marzo, aprile, maggio 2. estate: giugno, luglio, agosto 3. autunno:
settembre, ottobre, novembre 4. inverno: dicembre, gennaio, febbraio **B. Che mese o che stagione è?**
1. luglio 2. la primavera 3. marzo 4. febbraio 5. l'inverno 6. l'estate 7. settembre 8. gennaio
9. l'estate

I numeri da 0 a 9.999   Numbers from 0 to 9,999

A. Che numero è? 1. b 2. c 3. a 4. b 5. c 6. a 7. b 8. c **B. I numeri. Parte prima.** 1. 5
2. 15 3. 28 4. 67 5. 76 6. 317 7. 555 8. 1.601 9. 3.744 10. 5.988 **Parte seconda.** 1. trentasette
2. quarantanove 3. centosettantasei 4. duecentoventicinque 5. cinquecentosessantaquattro
6. settecentotrenta 7. millecentodiciotto 8. duemilacinquecentotredici 9. quattromilaottocentosedici
10. novemilanovecentonovantanove **C. La data.** 1. il venticinque dicembre 2. il quattordici febbraio
3. il primo gennaio 4. il trentuno ottobre 5. il trenta settembre 6. il trentuno dicembre 7. il diciassette
marzo **D. Tocca a te!** *Answers will vary.*

Strutture

1.1 Maschile o femminile?   Gender

A. Il genere. 1. femminile   2. maschile   3. maschile   4. femminile   5. femminile   6. femminile   7. maschile   8. maschile   9. maschile   10. maschile   **B. È maschile o femminile?** 1. casa   2. film   3. orologio   4. università   5. porta   6. quaderno   7. studentessa   8. zaino

1.2 Un cappuccino, per favore   Indefinite articles

A. Un, uno, una o un'? **un:** aereo, animale, cane, voto, dizionario **uno:** sport, studente, zaino **una:** festa, materia, religione **un':** amica, università   **C. Quale articolo va bene?** 1. una   2. un   3. un   4. una   5. un'   6. un   7. un   8. uno   9. un'   10. una

1.3 Due cappuccini, per favore   Number

A. Singolare o plurale? 1. plurale   2. singolare e plurale   3. singolare   4. plurale   5. singolare   6. plurale   7. singolare   8. singolare e plurale   **B. Uno o due?** 1. regioni   2. città   3. fotografie   4. gelati   5. mesi   6. piazze   7. giorni   8. pub   **C. Tre, due, uno...** 1. un cappuccino   2. un film   3. un esame   4. una porta   5. un anno   6. un aereo   7. una lezione   8. un'università   **D. Il plurale.** 1. religioni   2. zaini   3. caffè   4. voti   5. notti   6. macchine   7. residenze   8. telefoni   **E. Il ritorno a scuola.** *Answers will vary but may include:* un dizionario italiano, uno zaino, un libro di chimica, un libro di psicologia, le penne, i quaderni, un dizionario italiano-inglese

1.4 L'università è fantastica!   Definite articles

A. L'articolo giusto. 1. la bicicletta   2. lo studio   3. le scienze politiche   4. l'orologio   5. gli studi internazionali   6. i cellulari   7. il succo d'arancia   8. la festa   **B. Quale articolo?** 1. il   2. le   3. la   4. l'   5. gli   6. i   7. il   8. la   9. l'/gli   10. lo   **C. Il plurale.** 1. le informazioni   2. i bambini   3. le ore   4. i bar   5. gli zaini   6. le case   7. i giorni   8. le città   **D. Il singolare.** 1. lo studente   2. la bicicletta   3. il film   4. la materia   5. l'italiano   6. il gelato   7. la ragazza   8. il corso

1.5 Mi piace l'italiano!   The verb **piacere**

A. Piace o piacciono? *True/false answers will vary.* 1. piace   2. piacciono   3. piacciono   4. piace   5. piacciono   6. piace   7. piace   8. piacciono   **E. Tocca a te! Che cosa ti piace?** *Answers will vary.*

Cultura

Ascoltiamo!

A. I gesti degli italiani. 1. c   2. a   3. d   4. b   **B. Quale gesto?** 1. a   2. b   3. a   4. a   **C. Il problema di Marco.** 1. d   2. e   3. c   4. b

Leggiamo!

A. Parole simili. 1. d   2. f   3. a   4. b   5. c   6. e   **B. Cosa significa?** 1. c   2. a   3. b   **C. Le regole per essere brillanti.** 1. c   2. g   3. a   4. b   5. f   6. e   7. d

In Italia, Culture a confronto, Un po' di cultura e Regioni d'Italia

1. vero   2. falso; centrale   3. falso; period (separating)   4. vero   5. falso; (quite) different   6. vero

Capitolo 2

Strategie di comunicazione

A. Salve! 1. c, e   2. a, d   3. b   4. a, d   5. c, e   **B. Di dov'è?** 1. b   2. c   3. a   4. c   5. b   6. c

Pronuncia

Le vocali   Vowels

B. Tocca a te! Parte prima. 1. e   2. u   3. o   4. a   5. i   **Parte seconda.** 1. ora   2. Umberto   3. Ivo
4. orto   5. Africa   6. ama   7. moro   8. amore   9. posta   10. uva   11. elefante   12. sei   13. cura
14. luna   15. cene

Lessico

Sono allegro!   Describing people, places, and things

A. Dove va il colore? Parte prima. 1. bianco   2. azzurro   3. giallo   4. nero   5. rosso   6. rosa   7. verde
8. marrone   9. viola   **Parte seconda.** a. 4   b. 8   c. 6   d. 7   e. 9   f. 2   g. 3   h. 1   i. 5   **B. I colori.**
1. verde   2. grigio   3. azzurro   4. giallo   5. bianco   **C. L'intruso.** 1. simpatico   2. tranquillo   3. giovane
4. attivo   5. magro   6. impegnato   **D. Qual è il contrario? Parte prima.** 1. grasso   2. debole   3. basso
4. lento   5. cattivo   6. brutto   7. spiritoso   8. vecchio   **E. Come stanno e come sono? Parte prima.**
Dialogo 1: contento, arrabbiata, difficile   **Dialogo 2:** stanca, innamorata   **Dialogo 3:** nuova   **F. Adesso
tocca a te!** *Answers will vary.*

Strutture

2.1 L'italiano è divertente!   Adjectives

B. L'accordo. Parte prima. 1. a   2. i   3. o   4. e, i   5. i   6. a, a   7. a   8. i, i   9. e   10. i   **Parte seconda.**
1. i ragazzi intelligenti   2. le macchine viola   3. le signore sincere   4. i bambini stanchi   5. molti
gelati italiani   **Parte terza.** 1. lo studente pigro   2. uno zaino verde   3. la studentessa impegnata
4. il telefonino piccolo   5. una città grande   **C. *Questo* o *quello*?** 1. quei   2. quest'   3. quel   4. questa
5. quelle   6. quest'   7. queste   8. quell'   9. questa   10. quegli   **D. Ti piace questo o quello? Parte
prima.** (near table) computer, pens; (far table) backpack, glasses, watch   **Parte seconda.** 1. questo
2. quello   3. quegli   4. queste   5. quell'   **E. Ancora *questo* e *quello*.** 1. questa, quella   2. quest', quell'
3. queste, quelle   4. questo, quel   5. questi, quei   6. quest', quell'   7. questi, quegli   8. questa, quella
F. Moltissimo! Parte prima. 1. lentissimo   2. bassissima   3. buonissimo   4. fortissimo   5. grandissima
6. bellissima   **Parte seconda.** 1. un gatto velocissimo   2. una ragazza altissima   3. un gelato cattivissimo
4. un cane debolissimo   5. una casa piccolissima   6. una macchina bruttissima   **G. *Molto* o *poco*?**
1. pochi   2. poca   3. molto   4. pochi   5. molte   6. poche

2.2 Quanti anni hai?   The verbs **essere** (*to be*) and **avere** (*to have*)

A. Chi? Parte prima. 1. b   2. e   3. a   4. d   5. c   **Parte seconda.** 1. e   2. d   3. b   4. a   5. c   **C. *Essere* o
avere?** 1. è   2. ho   3. hanno   4. siete   5. è   6. ha   7. hai   8. abbiamo   9. ha   10. hanno   **E. Il verbo
giusto.** 1. è, ha   2. Sono, ho   3. è   4. hanno, sono   5. siete, avete   6. abbiamo   7. è, sono   8. è, ha
9. Sei, hai   10. ha, ho   **G. Tocca a te! Come sei?** *Answers will vary.*

2.3 Cosa c'è nello zaino   *There is / There are*

A. Cosa c'è in aula? 1. Ci sono   2. C'è   3. C'è   4. Ci sono   5. Ci sono   6. C'è   7. Ci sono   8. C'è
C. Cosa c'è nella macchina di Guido? *Answers may be in any order.* 1. C'è uno zaino.   2. Ci sono
quattro CD.   3. C'è un libro di filosofia.   4. Ci sono due bottiglie d'acqua minerale.   5. Ci sono tre
penne.   6. C'è un computer.   **D. Tocca a te! Nella mia camera.** *Answers will vary.*

2.4 I miei corsi sono interessanti! Possessive adjectives

A. Il possessivo giusto. 1. I miei 2. La loro 3. La sua 4. La vostra 5. Il suo 6. I tuoi 7. I suoi 8. Il nostro **C. Scrivi il possessivo.** 1. la tua 2. le sue 3. I loro 4. I miei 5. Il nostro 6. Le mie **E. Tocca a te! Che cos'hanno?** *Answers will vary.*

Cultura
Ascoltiamo!

A. Qual'è l'origine? 1. d 2. a 3. a 4. d 5. a 6. c 7. b

Leggiamo!

A. In Italia si scrive così. 1. a 2. c 3. c **B. Un biglietto da visita.** Line 1: Via G. Temporini 97; Line 2: 80070 Baia–Napoli–Italia; Line 3: Tel: +39 0848287865; Line 4: E-mail: ildelfino@ildelfinohotel.com

In Italia, Culture a confronto, Un po' di cultura e Regioni d'Italia

1. vero 2. falso; (gli) Azzurri 3. falso; (un) giallo 4. falso; (numero) verde 5. falso; Rossi 6. falso; verde

Capitolo 3

Strategie di comunicazione

A. Cosa dici? 1. a 2. b 3. a 4. a 5. b

Lessico

Che fai di bello? Talking about your daily activities

A. Che faccio? 1. f 2. h 3. e 4. c 5. d 6. a 7. g 8. b **C. Il verbo nascosto.** 1. lunedì 2. domenica 3. venerdì 4. giovedì 5. martedì 6. sabato **D. La settimana di Salvatore. Parte prima.** Lunedì, giovedì, venerdì 9.00 università; giovedì 15.00 biblioteca; giovedì 19.00 piano; mercoledì 21.00 a casa di Giorgio con amici; venerdì 15.00 calcio **E. La vita di Luisa. Parte prima.** 1. studio 2. frequento 3. gioco 4. guardo 5. leggo 6. lavoro 7. Prendo 8. ballo 9. suono 10. faccio **F. Le attività di Marco.** *Answers will vary but may include:* 1. Bevo un caffè. 2. Prendo l'autobus. 3. Leggo un libro. 4. Esco con gli amici. 5. Suono il pianoforte.

Strutture

3.1 Mi piace studiare l'italiano! The infinitive of the verb

B. Non mi va. 1. d 2. f 3. e 4. g 5. c 6. b 7. a **D. Che cosa ti piace fare?** 1. leggere 2. mangiare 3. ballare 4. studiare 5. giocare

3.2 Studio l'italiano The present indicative of regular verbs

A. I verbi regolari. (answers appear from top to bottom, left to right) **suonare** (*to play an instrument*): suono, suoni, suona, suonate, suonano; **lavorare** (*to work*): lavori, lavora, lavoriamo, lavorate, lavorano; **chiudere** (*to close*): chiudo, chiude, chiudiamo, chiudete, chiudono; **aprire:** apri, apre, apriamo, aprite, aprono; **scrivere** (*to write*): scrivo, scrivi, scrive, scrivete, scrivono **B. Chi fa che cosa?** 1. b 2. c 3. e 4. d 5. a 6. e 7. c 8. c 9. b 10. d **D. La giornata di Eleonora. Parte prima.** 1. a 2. a 3. a 4. a 5. a 6. a 7. ano 8. a 9. a 10. e **E. Che cosa fanno Gianni e Massimo il sabato? Parte seconda.** 1. Pranzano a casa di Massimo. 2. Leggono il giornale. 3. Tornano al bar alle tre del pomeriggio. 4. Vanno a ballare con gli amici in discoteca la sera. 5. Vanno con gli amici. **F. Cosa fate di bello oggi?** *Answers will vary.*

3.3 Capisco l'italiano Verbs with spelling and/or pronunciation changes

A. I verbi. (answers appear top to bottom, left to right) **spedire** (*to send*): spedisci, spedisce, spediamo, spedite, spediscono; **dormire** (*to sleep*): dormo, dormi, dorme, dormiamo, dormite, dormono; **scaricare** (*to download*): scarico, scarichi, scarichiamo, scaricate, scaricano; **spiegare** (*to explain*): spiego, spieghi, spiega, spieghiamo, spiegate; **iniziare** (*to begin, start*): inizio, inizi, inizia, iniziamo, iniziano **B. La pronuncia. Parte seconda.** 1. hi 2. scono 3. ono 4. iano 5. hiamo 6. ano 7. sce 8. i **D. Cosa facciamo? Parte prima.** 1. Giochiamo 2. Prendiamo 3. Scarichiamo 4. Puliamo 5. Studiamo 6. Prendiamo **Parte seconda.** 1. 5 2. 6 3. 1 4. 2 5. 4 6. 3 **E. Le preferenze. Parte prima.** 3, 7, 8 **Parte seconda.** 1. preferisce spedire un'email 2. preferiamo andare a letto presto 3. preferisco uscire con i miei amici 4. preferisci suonare il sassofono 5. preferite pranzare alla mensa **F. Tocca a te! Parte prima.** *Answers will vary but may include:* 1. Dimentichi spesso le tue chiavi? 2. Spedisci molte lettere? 3. Capisci lo spagnolo? 4. Paghi molto per una pizza? 5. Giochi a tennis? **Parte seconda.** *Answers will vary but may include:* 1. Sì, dimentico spesso le mie chiavi. 2. No, non spedisco molte lettere. 3. Sì, capisco lo spagnolo. 4. No, non pago molto per una pizza. 5. No, non gioco a tennis.

3.4 Dove vai? Irregular verbs

B. Dove andiamo? *Answers may vary.* 1. Andiamo al bar. 2. Andiamo al cinema. 3. Va alla mensa. 4. Vado a casa. 5. Andiamo in pizzeria. 6. Andiamo all'università. **C. Le espressioni con** *fare.* 1. bello, una passeggiata, una foto 2. caldo, yoga 3. una domanda, uno spuntino 4. i piedi, le gambe **D. La nostra giornata. Parte prima.** 1. facciamo 2. esce 3. lavora 4. esco 5. ho 6. arrivano 7. andiamo 8. prendiamo 9. abbiamo 10. va 11. prende 12. andiamo 13. usciamo **Parte seconda.** 1. tutte e due 2. Stefania 3. Marina 4. Marina 5. Stefania 6. tutte e due **F. Una famiglia impegnata. Parte seconda.** 1. Paolo guarda Marco e Filippo. 2. Argo mangia un panino. 3. Il nonno guarda il cane. **G. Ti piace il weekend?** *Answers will vary.*

Cultura
Ascoltiamo!

C. L'orario italiano. 1. a 2. a 3. a 4. a

Leggiamo!

A. Prima di leggere. c **B. Vero o falso?** 1. falso 2. vero 3. vero 4. falso **C. Parole nuove.** 1. distribuzione 2. percentuale 3. settimana 4. riposo

In Italia, Culture a confronto, Un po' di cultura e Regioni d'Italia

1. vero 2. vero 3. falso; leggera 4. vero 5. vero 6. vero

Capitolo 4

Strategie di comunicazione

A. Ripasso. 1. Come stai? 2. Come ti chiami? 3. Di dove sei? 4. Quanti anni hai? 5. Che cosa fai? **B. Che bello!** 1. c 2. e 3. b 4. a 5. d

Pronuncia

La lettera c Pronunciation of the letter c

Dettato. Parte prima. 1. c 2. ch 3. c 4. c 5. ch 6. c 7. ch 8. c **Parte seconda.** 1. cosa 2. chitarra 3. Cina 4. cento 5. chiave 6. cane 7. merce 8. cantante 9. cinquanta

Lessico

Che bella famiglia! Talking about your family

A. I parenti. 1. g 2. a 3. b 4. d 5. f 6. h 7. c 8. e **B. La famiglia di Dina.** 1. vero 2. falso 3. vero 4. vero 5. falso 6. falso 7. falso **C. La famiglia di Sandra.** 1. famiglia 2. marito 3. figlio 4. figlia 5. cugino 6. nipote 7. genitori 8. nipoti **D. L'albero genealogico di Martina. Parte prima.** *(Note: Answers a and b may be reversed; answers g and h may also be reversed.)* a. Lina b. Giorgio c. Filippo d. Anna e. Giulia f. Armando g. Francesca h. Donatella **Parte seconda.** 1. b 2. c 3. a 4. b 5. a 6. b 7. c **E. La casa di Bianca. Parte prima.** 1. Caterina 2. Marco 3. Adriano 4. Fabio **Parte seconda.** Mara va all'università a Pisa, 23 anni; Caterina studentessa, 13 anni; Luisa studentessa, 15 anni; Roberto ingegnere, 29 anni; Fabio fa economia e commercio, 22 anni. **G. Tocca a te!** *Answers will vary.*

Strutture

4.1 Com'è tua madre? Possessives with family members

A. Come si scrive? 2. la 3. i 5. le 6. la 8. i 9. le **B. La famiglia di Alessandra. Parte prima.** 1. La mia 2. I miei 3. Mio 4. la mia, mia 5. Mio 6. Le mie 7. I nostri 8. Il nostro **Parte seconda.** 1. falso 2. vero 3. falso 4. falso 5. vero 6. vero **C. Le cose che faccio...** *True/false answers will vary.* 1. i miei 2. i miei 3. mia 4. i miei 5. mio 6. la mia **D. Quale possessivo?** 1. Le sue 2. La mia 3. Vostro 4. I nostri 5. Il suo 6. Tua 7. Mio 8. I loro

4.2 Quanti anni hai? Interrogatives quanto (how much) and quale (which)

A. Qual è? Parte prima. 1. d 2. c 3. g 4. f 5. a 6. e 7. b **Parte seconda.** 2. Con chi esci? 3. Perché studi l'italiano? 4. Dove andate? 5. Che cosa prendi? 6. Quali film preferisci? 7. Quanto costa? **B. Qual è la parola giusta?** 1. Dove 2. Che cosa 3. Quando 4. Con chi 5. Quanta 6. Quale 7. Quanto 8. Qual è **D. Le domande.** *Answers to questions will vary.* 1. Quale 2. Quanto 3. Quante 4. Quale 5. Quanti 6. Quale 7. Quanti 8. Qual **E. Un nuovo semestre. Parte prima.** 1. quali 2. quanti 3. A che ora 4. quali 5. Chi **Parte seconda.** 1. a 2. b 3. c 4. a 5. b **F. Scrivi la domanda!** 1. A che ora andiamo/andate al ristorante? 2. Dove abita tua sorella? 3. Con chi usciamo/ uscite? 4. Quanti libri hai nello zaino? 5. Dove vanno a studiare? 6. Qual è il tuo sport preferito?

4.3 Sai sciare? More irregular verbs

A. Tanti verbi irregolari! Parte prima. 1. sono 2. ha 3. sa 4. escono 5. stanno 6. fanno 7. vanno 8. dà **Parte seconda.** 1. falso; Gabriele ama giocare a calcio. 2. vero 3. falso; Il venerdì sera Nicola e Gianpiero stanno a casa con Gabriele. 4. vero 5. falso; La nonna dà un po' di soldi ai ragazzi. **B. *Conoscere o sapere?*** *Answers to questions will vary.* 1. Conosci 2. Sai 3. conosce 4. Sai 5. Sai 6. conosce 7. conoscono 8. Sai **C. Un weekend a Parigi.** 1. conosce 2. conosco 3. so 4. sa 5. sanno 6. conosce 7. sanno 8. so **E. Cosa sai fare? Parte seconda.** 1. La nonna sa dipingere. 2. So parlare un po' d'italiano. 3. Mio marito ed io sappiamo ballare. 4. Gaia sa suonare il pianoforte. 5. Sai nuotare bene.

4.4 L'italiano è più bello di... The comparative

A. Quale aggettivo? 1. grande 2. vecchia 3. lenta 4. forte 5. veloce 6. facile **B. *Più o meno?*** 1. Un viaggio in Africa è più esotico di un viaggio in Europa. 2. Un corso di francese è meno difficile di un corso di arabo. 3. Un padre è più vecchio di un figlio. 4. Una festa è più divertente di una lezione di matematica. 5. Un cane è meno grande di un elefante. 6. Un film comico è meno noioso di un documentario. 7. Due studentesse che non fanno i compiti sono meno serie di due studentesse che studiano molto. **C. Chi è più alto?** 1. Elisa è più pigra di Sandra. 2. Marco è più giovane di Gino. 3. Anna Maria è più impegnata di Patrizia. 4. Fabiana è meno stressata di Michele. 5. Guido è più lento di Alberto. 6. Silvia è più libera di Valentina. 7. Stefano è meno attivo di Beatrice. **E. Vediamo!** 1. Marcello è meno anziano di Pietro. 2. Vanessa è più allegra di Luigi. 3. Gigi è meno veloce di Riccardo. 4. Susanna è meno stanca di Roberto. 5. Sofia è meno nervosa di Amanda.

Cultura

Ascoltiamo!

A. Com'è la famiglia? 1. vero 2. vero 3. vero 4. falso **B. Una famiglia moderna o tradizionale?**
1. tradizionale 2. tradizionale 3. moderna 4. moderna 5. moderna

Leggiamo!

A. Recognizing cognates. 1. fiorentina 2. finanziarie 3. mercanti 4. principali **B. False cognates.** 1. c 2. d 3. b 4. a **Lettura. A. Skimming.** 1. nipote 2. figlio 3. nonno 4. padre
B. Scanning. 1. a 2. b **C. Understanding cultural conventions.** 1. millequattrocentoquarantanove
2. millequattrocentonovantadue **D. Dopo la lettura.** Any five of the following: attivo, creativo, giovane, grande, intelligente, ricco

In Italia, Culture a confronto, Un po' di cultura e Regioni d'Italia

1. vero 2. falso; Veneto 3. vero 4. falso; calcio 5. vero 6. falso; venti

Capitolo 5

Strategie di comunicazione

A. Grazie, ma non posso. 1. b 2. a 3. d 4. c **B. *Ti piacerebbe* o *Le piacerebbe*?** 1. b 2. b 3. a 4. c

Pronuncia

La lettera *g* Pronunciation of the letter *g*

Dettato. Parte prima. 1. g 2. g 3. g 4. g 5. gh 6. g 7. g 8. gh 9. g 10. g **Parte seconda.**
1. formaggio 2. fagiolo 3. aghi 4. genitori 5. giocare 6. mangiate 7. ghianda 8. guardare
9. gelo 10. laghi

Lessico

Tutti a tavola! Restaurant terms and items on an Italian menu

A. Mangiamo! 1. f 2. d 3. a 4. b 5. e 6. e 7. f 8. c 9. b 10. g 11. c 12. a **D. Il coperto.**
1. tovagliolo 2. forchetta 3. piatto 4. coltello 5. cucchiaio 6. bicchiere **E. Che tipo di cibo è?**
1. falso; è un antipasto 2. falso; sono un primo 3. vero 4. vero 5. vero 6. falso; il conto 7. falso;
è un secondo 8. falso; un tipo di contorno **F. Di che è l'ordinazione? Parte seconda.** *Answers will vary
but may include:* 1. Vorrei la torta al cioccolato e un caffè per favore. 2. Vorrei il pollo, i funghi e una birra
per favore. **G. Che mangi?** 1. carne 2. pomodoro 3. naturale 4. arrosto 5. dolce 6. mozzarella
7. funghi 8. secondo 9. contorno **H. Tocca a te! E tu, che cosa ordineresti?** *Answers will vary.*

Strutture

5.1 Il più buono! The superlative

A. I fatti del mangiare. 1. Gli spaghetti 2. I fagiolini 3. L'acqua minerale 4. Il tiramisù 5. La
mozzarella 6. La verdura 7. Le patate fritte **B. È il migliore o il peggiore?** 1. i 2. i 3. e 4. e
5. i 6. e 7. e **D. Parole in disordine!** 1. L'insalata è il contorno più leggero. 2. Gli affettati misti
sono l'antipasto più comune. 3. Il salmone è il secondo meno grasso. 4. L'Italia ha il migliore gelato
del mondo. 5. I piselli sono la verdura meno amata dai bambini. **E. Gli amici di Gianni.** 1. è la più
ricca 2. è il più socievole 3. sono le più tranquille 4. sono i più sportivi 5. sono i più studiosi
F. Secondo te... *Answers will vary.*

5.2 Vuoi mangiare qualcosa? Verb + infinitive

A. Che decisioni! 1. c 2. a 3. c 4. b 5. c **C. Che vuoi fare stasera?** 1. vuoi 2. Voglio 3. posso 4. dobbiamo 5. puoi 6. vuoi 7. posso 8. puoi **E. Cosa vogliamo fare?** *Answers will vary but may include:* 1. vuole andare a Roma. 2. vogliono andare in chiesa. 3. vogliono andare al ristorante. 4. vogliono un caffè. 5. vuole prendere un gelato. 6. *Answers will vary.* **F. Cosa dobbiamo fare?** *Answers will vary but may include:* 1. Deve stare a letto. 2. Dovete studiare molto. 3. Deve lavorare. 4. Devono pulire la casa. 5. Deve andare a Parigi in treno.

5.3 Andiamo al ristorante Prepositions

A. Quale preposizione? 1. da 2. in 3. a 4. per 5. di 6. su 7. con **B. Espressioni con *a* e *in*.** 1. Va in biblioteca. 2. Vanno in piscina. 3. Va a letto. 4. Va a Napoli. 5. Va in montagna. **C. La preposizione giusta.** 1. nello, di 2. alle, a 3. con, sul 4. a 5. della 6. con 7. a, A, all' 8. in, con 9. da **D. Ancora le preposizioni.** 1. in 2. dalle 3. alle 4. al 5. con 6. al 7. in 8. a 9. a 10. a 11. alle 12. di 13. da **E. Tante domande! Parte prima.** 1. A che ora vai a letto ogni sera? 2. A quale sport ti piace giocare? 3. Dove prendi il caffè di solito? 4. Preferisci studiare a casa o in biblioteca? 5. Con chi parli spesso al telefono? 6. A chi scrivi molte e-mail?

5.4 Compro del pane The partitive

A. Vuoi il latte? 1. della 2. dello 3. del 4. delle 5. dell' 6. degli 7. dei 8. della 9. dei 10. del **B. La lista della spesa di Marco. Parte prima.** salmone, dolci, mozzarella, bottiglie d'acqua minerale, pane **Parte seconda.** del salmone, dei dolci, della mozzarella, delle bottiglie d'acqua minerale, del pane **D. Cosa compra la nonna?** 1. delle zucchine 2. dei peperoni 3. dei pomodori 4. dei funghi 5. dei fagiolini 6. delle patate 7. dei meloni **E. Tocca a te! Una bella cena.** *Answers will vary.*

Cultura

Ascoltiamo!

A. Cosa dicono? 1. d 2. b 3. a 4. c

Leggiamo!

Strategie di lettura. Relating graphics and text. 3 **A. Vero o falso?** 1. falso 2. vero 3. vero 4. falso **B. Non solo musica.** 1. splendido; tropicale 2. cool 3. ottimi 4. esperti **C. Ti piace il funk?** 1. giovedì 2. venerdì

In Italia, Culture a confronto, Un po' di cultura e Regioni d'Italia

1. vero 2. falso; tutti 3. falso; informale 4. vero 5. falso: (l'università di) Bologna 6. vero

Capitolo 6

Strategie di comunicazione

A. Mi puoi… ? / Mi può… ? 1. d 2. c 3. a 4. e 5. b **B. Scusa/Scusi, posso… ?** 1. Posso entrare 2. Posso studiare 3. posso fumare 4. Posso provare 5. Posso parlare

Pronuncia

La lettera *z* Pronunciation of the letter *z*

Dettato. Parte prima. 1. z 2. zz 3. z 4. zz 5. z 6. zz 7. Z 8. z, z 9. z 10. z **Parte seconda.** 1. zanzara 2. pazienza 3. pranzare 4. Piacenza 5. iniziate 6. alza 7. azione 8. mozzarella 9. Venezia 10. Arezzo

Lessico

Cosa porti? Describing your clothes

A. I vestiti e gli accessori. 1. la maglietta, la borsa da spiaggia, il costume da bagno, i pantaloncini 2. l'impermeabile, la felpa, gli stivali, il maglione, i pantaloni **B. Cosa portano?** 1. b 2. b 3. a 4. b 5. a 6. a **C. Il rebus. Quale parte del corpo è?** Gamba, dito, mano, naso, bocca, pancia, occhio, piede, orecchio. La risposta: ginocchio. **G. Che cos'è?** 1. la sciarpa 2. l'impermeabile 3. i calzini 4. il maglione 5. i jeans 6. le scarpe da tennis 7. stilisti 8. i pantaloncini 9. sfilata **H. Adesso tocca a te!** *Answers will vary.*

Strutture

6.1 Lo stilista dà il vestito alla modella   Direct and indirect objects

A. Qual è? 1. complemento diretto 2. soggetto 3. complemento indiretto 4. complemento diretto 5. complemento indiretto 6. soggetto 7. complemento diretto 8. complemento indiretto 9. soggetto **B. Complemento diretto o indiretto?** 1. a 2. b 3. b 4. a 5. b 6. b 7. a **D. Un po' di creatività.** *Answers will vary but may include:* 1. la casa 2. la cena 3. un bel voto 4. a Emanuela 5. la radio 6. un caffè 7. un vestito 8. a Federico

6.2 Che stai facendo?   Present progressive

B. Il verbo giusto. 1. stanno mangiando 2. stiamo nuotando 3. stiamo pulendo 4. sto apparecchiando 5. sta giocando 6. sta provando 7. sta cantando **C. Ma che state facendo?!** 1. sta guardando 2. stanno giocando 3. sta scrivendo 4. stanno ascoltando 5. sta mangiando 6. stanno finendo 7. sta bevendo **D. Tocca a te!** *Answers will vary.*

6.3 Cosa mi metto oggi?   Reflexive verbs

A. La mattina di Mauro. Parte prima. 1. si sveglia 2. si alza 3. si rade 4. si lava 5. si veste 6. si mette 7. si annoia **B. La coniugazione dei verbi riflessivi. truccarsi** (*to put on makeup*): mi trucco, ti trucchi, si trucca, ci trucchiamo, si truccano; **svegliarsi** (*to wake up*): mi sveglio, si sveglia, ci svegliamo, vi svegliate, si svegliano; **sentirsi:** mi sento, ti senti, ci sentiamo, vi sentite, si sentono; **arrabbiarsi** (*to get angry*): ti arrabbi, si arrabbia, ci arrabbiamo, vi arrabbiate, si arrabbiano; **divertirsi** (*to have fun*): mi diverto, ti diverti, si diverte, ci divertiamo, vi divertite **C. La giornata di Roberta. Parte seconda.** *Answers will vary but may include:* 1. Si alza alle otto meno dieci. 2. Si trucca. 3. Si diverte con le amiche. 4. Si lava i capelli e parla al telefono. 5. Si arrabbia con il cane. 6. Si mette il pigiama e guarda la TV. **D. È riflessivo o no?** 1. vi svegliate 2. chiamo 3. Ti senti 4. svegliano 5. si trucca 6. veste 7. mi lavo 8. senti **E. Tocca a te!** *Answers will vary.*

6.4 Parlo bene l'italiano!   Adverbs

A. Aggettivo o avverbio? 1. raramente 2. gentile 3. immediatamente 4. veloce 5. lentamente 6. puntuale **B. Una bella giornata. Parte prima.** 1. oggi 2. Sinceramente 3. ieri 4. subito 5. tardi **Parte seconda.** 1. falso; Vuole vedere le nuove collezioni per l'inverno. 2. falso; Vuole fare qualcos'altro. 3. vero 4. falso; No, perché spesso ci sono dei bei ragazzi in giro. 5. vero **C. Guarda bene! Parte prima. aggettivi:** 1. gentile 2. immediato 3. onesto 4. puntuale 5. veloce; **avverbi:** 1. bene 2. male 3. presto 4. raramente 5. sinceramente **Parte seconda.** 1. gentilmente 2. immediatamente 3. onestamente 4. puntualmente 5. velocemente **D. Scrivi bene!** *Answers will vary.*

Cultura

Ascoltiamo!

C. Trova la categoria giusta! Stilisti: Prada, Armani, Dolce e Gabbana; **Accessori e gioielli:** collana, occhiali da sole, cintura, scarpe, orrechini; **Abiti:** maglietta, giacca

Leggiamo!

Come si dice... ? 2. partecipazioni e inviti   4. affitto sala per ricevimento   5. decorazione dei tavoli
7. ripresa video   8. abito (da) sposa   9. guanti (da) sposa   10. velo (da) sposa   12. abito (da) sposo
13. accessori dello sposo   14. biglietti di ringraziamento   15. viaggio di nozze

In Italia, Culture a confronto, Un po' di cultura e Regioni d'Italia

1. vero   2. vero   3. vero   4. falso; sfilate   5. falso; (a) Milano   6. falso; Napoli

Capitolo 7

Strategie di comunicazione

A. Cosa dici? 1. a   2. d   3. b   4. c   5. e   **B. Cos'è successo?** 1. b   2. d   3. a   4. c

Pronuncia

La combinazione *sc*   Pronunciation of *sc*

Dettato. Parte prima. 1. sc   2. sch   3. sc   4. sch   5. sc   6. sch   7. sc   8. sc   **Parte seconda.** 1. usciamo
2. conoscete   3. schiamazzo   4. esci   5. scudo   6. moschea   7. maschera   8. riuscire   9. scelgo

Lessico

Il mio weekend   Talking about your weekend activities

A. Il weekend di Paola. 1. c   2. c   3. a   4. b   5. a   6. c   7. b   8. c   **B. Ogni quanto?** 1. una volta
alla settimana   2. una volta al mese   3. Non può mai fare feste a casa.   4. una volta alla settimana
5. una volta all'anno   6. Non fa mai sport.   7. ogni tanto   8. Cena sempre a casa.   9. una volta al
mese   **D. In che ordine? Parte seconda.** 1. Fa il letto.   2. Pulisce l'appartamento.   3. Fa il bucato.
4. Cucina.   5. Va a trovare le sue amiche.   6. Va al cinema a vedere un film con il suo ragazzo.
E. Tocca a te! *Answers will vary.*

Strutture

7.1 Che hai fatto questo weekend?   The present perfect of regular verbs

A. Chi l'ha fatto? 1. Non si sa.   2. Francesca   3. Francesca   4. Non si sa.   5. Francesca   6. Non si sa.
7. Non si sa.   8. Francesco   9. Non si sa.   10. Francesco   **B. Chi parla? Parte prima.** 1. a   2. d   3. b
4. c   5. a   6. d   7. b   8. c   **C. I verbi al passato prossimo. andare:** sono andato/a, sei andato/a,
è andato, è andata, siamo andati/e, siete andati/e, sono andati, sono andate; **ballare:** ho ballato, hai
ballato, ha ballato, ha ballato, abbiamo ballato, avete ballato, hanno ballato, hanno ballato; **capire:** ho
capito, hai capito, ha capito, ha capito, abbiamo capito, avete capito, hanno capito, hanno capito;
partire: sono partito/a, sei partito/a, è partito, è partita, siamo partiti/e, siete partiti/e, sono partiti,
sono partite; **uscire:** sono uscito/a, sei uscito/a, è uscito, è uscita, siamo usciti/e, siete usciti/e, sono
usciti, sono uscite.   **E. Le nostre vacanze. Parte prima.** 1. siamo andati   2. siamo partiti   3. abbiamo
visitato   4. ho fatto   5. ha mangiato   6. siamo partiti   7. è andato   8. sono tornata   **Parte seconda.**
1. Sono andati a Roma.   2. Sono partiti da Milano alle   8.15.   3. Hanno visitato la Basilica di San
Pietro e i Musei Vaticani.   4. Rita ha fatto shopping ogni giorno. Lucio ha mangiato un gelato ogni
giorno.   5. Sono partiti per Milano domenica mattina alle   10.30.   6. Lucio è tornato al lavoro lunedì
mattina e Rita è tornata al lavoro mercoledì.   **F. Che ha fatto la famiglia Marini venerdì scorso?**
Answers wil vary but may include: Franco ha guardato la televisione. Barbara e Luca hanno giocato a
carte. Giulia ha cucinato. Susanna è uscita. Giuliano è andato al lavoro.

7.2 Ieri abbiamo vinto la partita   The present perfect of irregular verbs

A. Regolare o irregolare? 1. regolare; festeggiare   2. irregolare; vedere   3. irregolare; scegliere
4. regolare; entrare   5. irregolare; offrire   6. regolare; arrivare   7. irregolare; dire   8. irregolare; scrivere
C. E per te? *True/false answers will vary.* 1. Sono rimasto/a   2. Ho bevuto / Ho preso   3. sono andato/a
4. Ho visto   5. Ho perso   6. Ho fatto   7. Ho scritto   8. Ho preso   9. Ho vinto   **E. Tocca a te! Che
hai fatto lo scorso weekend?** *Answers will vary.*

7.3 Non studio mai dopo mezzanotte!   Negative expressions

A. E tu? 1. nessuno   2. più   3. niente   4. mai   5. nessuno   6. mai   7. più   8. niente   **B. Il negativo.**
1. Non ho visto nessuno a casa di Giacomo sabato sera.   2. Io e Natalia non abbiamo comprato niente
a Roma l'anno scorso.   3. I miei genitori non hanno visto nessuno ieri sera.   4. Non vedo mai i miei
compagni in biblioteca.   5. Non lavoro più al negozio dopo le lezioni.   6. Non ho speso niente ieri
mattina.   7. Laura e Matteo non parlano mai al telefono la sera.   **D. Cosa c'è scritto?** 1. Non ha mai
bevuto la birra.   2. Anna non ha più lavorato in quella gelateria.   3. Non è mai venuta a casa mia.
4. Non ha mai preso l'aereo.   5. Non ho più visto i miei amici dopo le vacanze / Dopo le vacanze
non ho più visto i miei amici.

Cultura

Ascoltiamo!

A. Come finisce? 1. il librettista   2. Milano   3. leggera   4. Sanremo   5. ballare in discoteca

Leggiamo!

Using contextual cues to tense. present: è, si innamorano, vedono, è, devono, vengono (decapitati),
danno, riesce, vede, si innamora, risolve, vuole, deve, vuole, propone, ordina, dice, dice, si chiama, ha,
canta, guardi, tremano, è; **past:** si è innamorata   **A. La storia.** 1, 5, 3, 2, 6, 4   **B. Un lieto fine.** 1. crudele
2. infuriata   3. disperata   4. innamorata

In Italia, Culture a confronto, Un po' di cultura e Regioni d'Italia

1. vero   2. falso; Ligabue   3. falso; (in dialetto) napoletano   4. falso; (a) Verona   5. falso; (di) Verdi
6. vero

Capitolo 8

Strategie di comunicazione

A. Rivediamo! 1. b   2. b   3. b   4. a   **B. Tanti auguri!** 1. Buon compleanno!   2. Buon Natale!
3. Buon viaggio!   4. Buon appetito!   5. Buon anniversario!

Pronuncia

La combinazione *gli*   Pronunciation of *gli*

Dettato. Parte prima. 1. gli   2. ll   3. gli   4. gli   5. ll   6. gli   7. ll   8. ll   **Parte seconda.** 1. figlia   2. dalla
3. bello   4. maglione   5. giallo   6. vogliamo   7. scegliete   8. sorelle   9. palla   10. taglia

Lessico

Buone feste!   Talking about Italian and American holiday celebrations

A. Che cos'è? 1. la vigilia   2. il carbone   3. i dolcetti   4. i regali   5. 50 anni   6. il sei gennaio   7. compiamo
8. l'albero   **B. Quando è?** 1. dicembre, gennaio   2. gennaio   3. marzo, aprile   4. febbraio   5. gennaio
6. dicembre   7. luglio   8. marzo   9. novembre   **F. Tocca a te!** *Answers will vary.*

Strutture

8.1 Ci vediamo domani!   Reciprocal verbs

A. Cose che si fanno in due. 1. e 2. g 3. f 4. d 5. c 6. b 7. a   **B. Reciproco o no?** 1. amano 2. ci scriviamo 3. vedete 4. capiscono 5. si telefonano 6. salutano 7. ci facciamo   **C. Due che si innamorano. Parte seconda.** *Answers will vary but may include:* Si incontrano in piazza. Si scrivono i messaggini. Si baciano. Si sposano.

8.2 Ci siamo visti ieri   The present perfect of reflexive and reciprocal verbs

A. Di chi parla? 1. b 2. c 3. a 4. d 5. a 6. c 7. b 8. d   **B. A che ora ti sei alzato?** 1. è, -a 2. siamo, -i 3. sono, -e 4. sei, -a; sono, -a 5. sono, -e 6. siamo, -i 7. sono, -i   **C. La giornata di Luciana e Giovanni.** 1. si sono alzati 2. si è lavato 3. si è messa 4. sono usciti 5. si è arrabbiato 6. sono andati, si sono divertiti   **D. Quando io e Lorenzo ci siamo conosciuti... Parte prima.** 2. vedersi 4. separarsi 7. chiedere 9. incontrarsi 11. finire   **Parte seconda.** 2. ci siamo visti 3. ci siamo innamorati 4. non ci siamo separati 5. abbiamo bevuto 6. abbiamo parlato 7. ha chiesto 8. ci siamo baciati 9. ci siamo incontrati 10. ci siamo messi insieme 11. è finita 12. ci siamo sposati   **E. Tocca a te!** *Answers will vary.*

8.3 L'amore è bello   The use of definite and indefinite articles

A. Decisioni! 1. una 2. La 3. un 4. la 5. la 6. un 7. Il 8. La 9. il   **B. L'articolo giusto. Parte prima.** 1. il 2. una 3. il 4. l' 5. un 6. il, il 7. gli 8. le   **Parte seconda.** 1. a 2. e 3. b 4. d 5. e 6. c 7. d 8. b   **C. Quale articolo?** 1. la 2. un, il 3. Il, un 4. la, il 5. Il, il 6. i 7. un, la 8. la, Il   **D. Adesso scrivi tu!** *Answers will vary.*

8.4 Non vado in macchina! Vado a piedi!   The prepositions **in** and **a**

A. Dove andiamo? Parte prima. 1. a 2. f 3. b 4. c 5. e 6. d 7. h 8. g   **B. Che giornata!** 1. in 2. in 3. in 4. al 5. al 6. A 7. a 8. a 9. in 10. in   **C. Come vai?** 1. Vado in treno. 2. Andiamo in aereo. 3. Vado in bicicletta. 4. Vado in macchina. 5. Vado a piedi.

Cultura

Ascoltiamo!

A. Come finisce? 1. a 2. b 3. b 4. a 5. b

Leggiamo!

A. Relating graphics and text. c.   **B. Deriving word meaning from context.** 1. b 2. c 3. b
C. Putting it all together. *Answers will vary but may include:* Sono eventi speciali per donne.

In Italia, Culture a confronto, Un po' di cultura e Regioni d'Italia

1. vero 2. falso; (festiggiano) la Befana 3. falso; celesti/azzurri 4. vero 5. vero 6. falso; meno (giovane)

Capitolo 9

Strategie di comunicazione

A. Cosa fai? / Cosa vuoi fare? 1. a 2. b 3. a 4. a 5. b   **C. Com'era? / Com'erano?** 1. Com'erano 2. Com'era 3. Com'erano 4. Com'erano 5. Com'era?   **D. Com'era Sandro?** 2. a 3. e 4. b 5. c 6. d   **E. Un colloquio di lavoro.** 1. sono andato 2. Ho preso 3. sono arrivato 4. ho visto (ho veduto)

Pronuncia

La combinazione *gn*   The combination *gn*

Dettato. Parte prima. 1. nn   2. nn   3. gn   4. gn   5. nn   6. gn   7. gn   8. nn   9. gn   10. gn
Parte seconda. 1. ingegno   2. Annamaria   3. diagnosi   4. manna   5. ognuno   6. Giovanni
7. ignorante   8. nonna   9. ignoti   10. panna

Lessico

Siamo studenti!   Talking about education and professions

A. Le professioni. 1. b   2. a   3. b   4. a   5. a   6. a   7. b   8. b   9. b   **C. Chi sono? Parte seconda.**
a. l'ingegnere   b. il medico   c. la dirigente / la manager   d. la fotografa   e. la scienziata   f. l'attrice
D. Le professioni. 1. l'attrice   2. la professoressa   3. la scrittrice   4. la veterinaria   5. la giornalista
6. l'ingegnere   7. la psicologa   8. l'insegnante   9. la dirigente   **E. Chi chiami?** 1. il medico
2. l'architetto / l'operaio/a   3. il veterinario   4. l'avvocato   5. il poliziotto   6. l'infermiere
7. la commessa   8. il cameriere   **G. Tocca a te!** *Answers will vary.*

Strutture

9.1 C'era una volta...   The imperfect

A. I verbi all'imperfetto. Parte prima. 1. d   2. e   3. f   4. b   5. a   6. c   **Parte seconda. dormire:**
dormivo, dormivi, dormiva, dormivate, dormivano; **giocare** (*to play*): giocavo, giocavi, giocavamo,
giocavate, giocavano; **capire** (*to understand*): capivo, capivi, capiva, capivamo, capivano; **volere** (*to want*):
volevo, voleva, volevamo, volevate, volevano; **bere** (*to drink*): bevevo, bevevi, beveva, bevevate, bevevano;
essere (*to be*): ero, eri, era, eravamo, eravate; **fare** (*to do, to make*): facevi, faceva, facevamo, facevate,
facevano   **D. Da bambino... Parte prima.** 1. ero   2. andavamo   3. vivevano   4. avevano   5. aiutavamo
6. era   7. cucinava   8. stavamo   9. faceva   10. giocavamo   11. andavamo   12. leggeva   **Parte seconda.**
1. Vivevano in campagna in una fattoria.   2. A Giacomo piaceva mangiare a casa dei nonni perché la
nonna cucinava molto bene.   3. Stavano in casa nel pomeriggio perché faceva caldo.   4. Andavano
a letto presto perché erano stanchi.   **E. L'infanzia di nonno Pietro. Parte prima.** ascoltare, dovere,
esserci, essere, guardare, leggere, potere, sposarsi, viaggiare, vivere   **Parte seconda.** 1. era   2. c'erano
3. viaggiava   4. guardavamo   5. ascoltavamo   6. leggevamo   7. potevano   8. dovevano   9. si sposavano
10. vivevano   **Parte terza.** 1. falso   2. vero   3. falso   4. falso   5. falso   **F. Che dovevi fare?** *Sentence
completion answers will vary:* 1. dovevi   2. doveva   3. dovevate   4. dovevano   5. dovevo   6. dovevamo
G. Tocca a te! *Answers will vary.*

9.2 Cosa facevi?   The imperfect versus the present perfect

A. Il passato prossimo o l'imperfetto? A. 1. abbiamo lavorato   2. voleva   3. ha fatto   4. aiutavo
5. aveva   6. si è licenziata   7. siamo andati   8. ha vinto   **C. Mentre studiavo...** 1. guardava
2. è andata   3. facevo   4. è tornata   5. leggevano   6. preparava   7. ci siamo laureati/e   **D. La mia
vita in America. Parte prima.** 1. facevo   2. andavo   3. era   4. parlavano   5. mangiavo   6. costava
Parte seconda. 1. falso   2. falso   3. vero   4. falso   **E. Dove va? Parte prima.** 3. tutti i giorni
4. di solito   5. mentre   8. ogni estate   10. il lunedì   11. sempre   **Parte seconda.** *Answers will vary.*
F. Un giorno al mare. Parte prima. 1. avevo   2. giocavamo   3. hanno deciso   4. siamo arrivati
5. abbiamo iniziato   6. abbiamo nuotato   7. giocavamo   8. ha visto   9. volevamo / siamo voluti
10. avevamo   11. siamo tornati   **Parte seconda.** 1. falso   2. vero   3. vero   4. vero   5. falso

9.3 Cosa stavi facendo?   The past progressive

A. Che cosa stavano facendo? Parte prima. 1. stava   2. stavate   3. stavano   4. stavamo   5. stava
6. stava   7. stavi   **Parte seconda.** 1. stavano pranzando   2. stava dormendo   3. Stavi aiutando

4. stavate bevendo   5. stava scrivendo   6. stavamo cercando   **B. L'estate di Valentina.** *Answers will vary but may include:* 1. Stava leggendo una rivista.   2. Stava ascoltando la conversazione.   3. Stava mangiando la pasta al ristorante.   4. Stava ascoltando la musica e stava cantando.   5. Stava cucinando. 6. Stava lavorando al negozio.   **C. Dall'imperfetto al passato progressivo.** 1. stava nuotando 2. stavano parlando   3. stavo pulendo   4. Stavi parlando   5. stavamo facendo   6. stavate mangiando **D. Tocca a te! E tu, cosa stavi facendo... ?** *Answers will vary.*

Cultura

Ascoltiamo!

A. Come finisce? 1. a   2. a   3. b   4. a   5. a

Leggiamo!

A. L'idea principale. 1. b   2. c   **B. Hai capito? Parte prima.** 1. vero   2. falso   3. falso   **Parte seconda.** a

In Italia, Culture a confronto, Un po' di cultura e Regioni d'Italia

1. falso; (scuola) materna   2. vero   3. vero   4. vero   5. falso; (i) carabinieri   6. vero

Capitolo 10

Strategie di comunicazione

A. Peccato! 1. d   2. a   3. b   4. c   **B. Cosa dici?** 1. a   2. a   3. b   4. b

Pronuncia

L'accento   Stress

L'accento. Parte prima. 1. giocano   2. maniera   3. abita   4. Però   5. così   6. alibi   7. perdere 8. abitiamo   9. automobile   10. cioè   **Parte seconda.** 1. gi<u>o</u>cano   2. ma<u>ni</u>era   3. <u>a</u>bita   4. Pe<u>rù</u> 5. co<u>sì</u>   6. <u>a</u>libi   7. <u>per</u>dere   8. abi<u>tia</u>mo   9. auto<u>mo</u>bile   10. cio<u>è</u>

Lessico

Le attività, gli hobby e il benessere   Activities, hobbies, and well-being

A. Cosa fai? 1. b   2. b   3. a   4. b   5. b   **C. L'intruso.** 1. c   2. b   3. b   4. b   5. a   6. c   **D. Che hobby hai?** 1. c   2. a   3. d   4. b   **F. Tocca a te!** *Answers will vary.*

Strutture

10.1 Che fai questo weekend?   Using the present to talk about the future

B. Quando lo fai? 1. fra   2. prossimo   3. prossimo   4. fra   5. fra   6. dopodomani   **C. Ma quante domande!** *Answers will vary.*

10.2 Andremo tutti in Italia!   The future

A. I verbi al futuro. camminare: camminerò, camminerai, cammineremo, camminerete, cammineranno; **perdere** (*to lose*): perderò, perderai, perderà, perderete, perderanno; **dimagrire** (*to lose weight*): dimagrirò, dimagrirai, dimagrirà, dimagriremo, dimagrirete; **ammalarsi** (*to get sick*): ti ammalerai, si ammalerà, ci ammaleremo, vi ammalerete, si ammaleranno; **andare** (*to go*): andrai, andrà, andremo, andrete, andranno; **avere** (*to have*): avrò, avrai, avrà, avremo, avranno; **essere** (*to be*): sarò, sarai, saremo, sarete, saranno; **mangiare** (*to eat*): mangerò, mangerà, mangeremo, mangerete, mangeranno; **pagare:** pagherò, pagherai, pagherà, pagheremo, pagherete   **B. Che verbo è? Parte prima.** 1. essere   2. cercare   3. sapere

4. rimanere 5. vedere 6. prendere 7. lavorare 8. cominciare **C. Che farai l'estate prossima?**
Parte prima. 1. visiteremo 2. Andremo 3. vedremo 4. andremo 5. farò 6. dovremo 7. dormiremo
8. farà 9. usciremo 10. andremo 11. riusciremo **Parte seconda.** 1. Vedranno la Statua della Libertà,
molti musei e un musical. 2. Conoscono lo zio e le cugine di Andrea. 3. Dormiranno a casa dello
zio di Andrea. 4. Andranno al mare perché farà caldo. 5. Andranno con le cugine di Andrea.
D. Che cosa farà la famiglia di Paola il prossimo inverno? 1. mangerà 2. faremo 3. vi ammalerete
4. giocheranno 5. mi manterrò **E. Come sarà la mia vita?** **Parte seconda.** *Answers will vary but may
include:* 2. Avrà tre bambini. 3. Troverà un bel lavoro in una grande città. 4. Alla fine diventerà
molto ricca e farà sempre shopping. 5. Si sposerà con un bell'uomo.

10.3 Se farà bel tempo domani...   Hypotheticals of probability

A. Se andrai in palestra... 1. c, d 2. f 3. d, e 4. a 5. b 6. c, d, e **C. Quante scelte! Parte prima.**
Answers will vary. **Parte seconda.** *Answers will vary.*

Cultura
Ascoltiamo!

A. Come finisce? 1. tifosi 2. agonistico 3. rosa 4. emblema 5. nove

Leggiamo!

Identifying types of texts. Parte prima. 1. c 2. b 3. a **Parte seconda.** 1–4: *All answers are correct.*

In Italia, Culture a confronto, Un po' di cultura e Regioni d'Italia

1. falso; più (alta) 2. vero 3. falso; (fatto da) Leonardo da Vinci 4. vero 5. falso; (sempre) più 6. vero

Capitolo 11
Strategie di comunicazione

A. Niente di niente! 1. non ho capito niente! 2. non era niente di speciale 3. non c'è niente da
mangiare! **B. Ti dispiace... ? / Le dispiace... ?** 1. c 2. a 3. b

Pronuncia

La lunghezza delle consonanti   Length contrast with consonants

Dettato. Parte prima. 1. sette 2. avvocati 3. impiegate 4. soccorso 5. architetto 6. scusa
7. prossimo 8. immediatamente 9. ossi 10. bocca **Parte seconda.** 1. immondizia 2. freddo
3. solito 4. fretta 5. purtroppo 6. ginocchio 7. gamba 8. scrittori 9. Anna 10. dito

Lessico

Vieni a casa mia   Describing Italian houses and furniture

A. A che cosa serve? 1. b 2. a 3. b 4. a 5. b 6. b 7. a 8. b **B. Le stanze.** 1. g 2. c 3. f
4. d 5. e 6. b 7. a **D. In quale stanza si trovano?** 1. la poltrona 2. il televisore 3. il frigorifero
4. il forno 5. l'armadio 6. il letto 7. la vasca 8. la doccia **E. Dove sono?** *Answers will vary but
may include:* 1. La lavastoviglie è accanto al lavandino. 2. Il lavandino è accanto alla cucina. 3. La
cucina è sotto il forno a microonde. 4. Il tavolo è a sinistra della sedia. 5. La sedia è a destra del
tavolo. **F. Qual è la camera di Francesco? Parte seconda. Nella camera a:** 1. Ci sono due sedie.
2. C'è un tappeto. 3. C'è un televisore. 4. Ci sono due quadri. **G. Tocca a te!** *Answers will vary.*

Strutture

11.1 Eccoci! Object pronouns

A. Diretto o indiretto? 1. diretto 2. indiretto 3. diretto 4. diretto 5. indiretto 6. diretto 7. indiretto 8. indiretto **B. In altre parole.** 1. a 2. a 3. b 4. b 5. b 6. a 7. a 8. b **D. Una frase più semplice. Parte prima.** 1. Lo vogliamo mangiare stasera. / Vogliamo mangiarlo stasera. 2. Gli vuole dire dove si incontreranno. / Vuole dirgli dove si incontreranno. 3. La guardano insieme ogni martedì. 4. Gli vuole molto bene. 5. Li farà lunedì mattina. 6. Le telefona una volta al mese. 7. Le compreremo il mese prossimo. **Parte seconda.** 1. Le 2. le 3. L' 4. Lo 5. gli 6. Le 7. Li 8. la

11.2 Invitiamo tutti alla festa! Indefinite pronouns

A. Scegli il pronome giusto! 1. a 2. b 3. a 4. b 5. b 6. a 7. a 8. b **B. Soggetto o complemento? Parte prima.** 1. qualcuno; complemento 2. Tutti; soggetto 3. Qualcosa; soggetto 4. tutto; complemento 5. tutto; complemento **D. Tutti i giorni la stessa cosa...** 1. Tutte 2. tutti 3. tutta 4. tutto 5. tutti 6. tutta 7. tutto **E. Tocca a te!** *Answers will vary.*

11.3 Conosco una persona che parla tre lingue! The relative pronoun **che**

A. Quale casa vogliamo? 1. c 2. e 3. f 4. a 5. d 6. g 7. b **C. La cosa che... Parte prima.** 1. e 2. c 3. a 4. g 5. d 6. f 7. b **Parte seconda.** *Answers will vary.* **D. Tu che ne dici?** *Answers will vary.*

Cultura

Leggiamo!

Predicting information. *All answers are correct.* **Quale informazioni hai trovato?** 1, 2, 4, 6, 7, 9 **Dici a me?** 1. tutti e due 2. la persona anziana 3. tutti e due 4. lo studente 5. lo studente 6. tutti e due

In Italia, Culture a confronto, Un po' di cultura e Regioni d'Italia

1. falso; più 2. falso; Pochi 3. falso; Murano 4. vero 5. vero 6. falso; (piuttosto) alti

Capitolo 12

Strategie di comunicazione

A. Secondo te... / Secondo Lei... 1. a 2. b 3. a 4. b 5. b **B. Quale secolo?** 1. d 2. e 3. c 4. a 5. b

Pronuncia

Come si scrive? Spelling words using names of famous cities

Dettato. Parte prima. 1. Memmolo 2. Vecchietti 3. Dirienzo 4. Antinone 5. Dibaggio 6. Urbani 7. Saffo

Lessico

La città e il paese di provincia Talking about Italian cities and towns

A. La casa di Enrico e Patrizia. 1. metropoli 2. paese 3. caotico 4. banche 5. quartiere 6. verde 7. costose 8. rumore **C. I pro e i contro di città e paesi. Centro urbano:** 1. a 2. f 3. g 4. h 5 j; **Paese di provincia:** 6. b 7. c 8. d 9. e 10. i **E. La frase nascosta.** 1. panificio 2. tabaccaio 3. moderno 4. libreria 5. trasporto 6. abitanti 7. posta 8. religioso 9. ufficio postale 10. monumenti 11. divertente 12. caotico 13. stressante 14. urbano 15. tranquillità; Mi piace vivere in città. **F. Tocca a te!** *Answers will vary.*

Strutture

12.1 Chi fu?   The past absolute

A. Che forma è? Parte prima. 1. noi 2. tu 3. loro 4. lui/lei 5. io 6. voi 7. tu 8. io 9. loro 10. lui/lei **Parte seconda.** 1. andare 2. parlare 3. lavare 4. vedere 5. frequentare 6. aprire 7. essere 8. avere 9. partire 10. ballare **B. La forma giusta.** 1. c 2. a 3. b 4. a 5. a 6. b 7. a 8. b **C. Al passato prossimo...** 1. ha preso 2. ha lavorato 3. hanno avuto 4. è arrivato/a 5. hanno cambiato 6. è morto/a 7. sono usciti/e 8. hanno accettato 9. ha offerto 10. sono entrati/e **D. Qual è il verbo? Parte prima.** 1. fece 2. costruirono 3. andarono 4. nacque 5. scrisse 6. vinse 7. dipinse **Parte seconda.** 1. ha fatto 2. hanno costruito 3. sono andati 4. è nato 5. ha scritto 6. ha vinto 7. ha dipinto **E. Giuseppe dimenticò tutto! Parte prima.** 1. domandò, ha domandato 2. uscì, è uscito 3. arrivò, è arrivato 4. decise, ha deciso 5. comprò, ha comprato 6. andò, è andato 7. vide, ha visto 8. iniziarono, hanno iniziato 9. andò, è andato 10. comprò, ha comprato 11. tornò, è tornato 12. disse, ha detto 13. rispose, ha risposto 14. si arrabbiò, si è arrabbiato 15. andò, è andato **Parte seconda.** 1. falso; Il padre disse a Giuseppe di comprare il pesce. 2. falso; Giuseppe andò all'edicola e al panificio. 3. vero 4. vero 5. vero

12.2 Chi fu? Com'era?   The past absolute versus the imperfect

A. Il sogno di Arianna. Parte prima. **I verbi al passato remoto:** iniziò, Chiuse, riaprì, sentì, entrarono, dissero, chiesero, si svegliò; **I verbi all'imperfetto:** C'era, amava, aveva, leggeva, era, parlavano, Era **Parte seconda.** 1. iniziare 2. chiudere 3. riaprire 4. sentire 5. entrare 6. dire 7. chiedere 8. svegliarsi **B. L'imperfetto e il passato remoto. Parte prima.** 1. era 2. viveva 3. guardavano 4. lavorava 5. aveva 6. parlava 7. sapeva **Parte seconda.** 2. ha scritto 3. ha dimenticato 4. ha finito 5. ha conosciuto 6. è nato 7. ha detto

12.3 Dove si vive meglio?   The irregular comparative

A. Aggettivo o avverbio? 1. migliore 2. peggio 3. meglio 4. migliori 5. peggiori 6. migliore 7. peggiori 8. peggio **B. Le opinioni di Silvia e Matteo. Parte prima.** 1. peggio 2. peggiori 3. meglio 4. migliori 5. meglio **C. Singolare o plurale?** 1. -e 2. -e 3. -i 4. -i 5. -e 6. -e 7. -i **D. Che ne pensi?** 1. L'acqua minerale frizzante è migliore/peggiore dell'acqua minerale naturale. 2. Gli occhiali sono migliori/peggiori delle lenti a contatto. 3. Il lavoro è migliore/peggiore delle vacanze. 4. Il cinema è migliore/peggiore del teatro. 5. Gli gnocchi sono migliori/peggiori della pasta. 6. La psicologia è migliore/peggiore della sociologia. 7. La cucina cinese è migliore/peggiore della cucina messicana.

12.4 A Silvia piacciono le scarpe   More about the verb **piacere**

B. A chi piace? 1. a 2. b 3. a 4. b 5. a 6. b 7. b **C. A chi piacciono?** 1. gli 2. le 3. gli 4. le 5. gli 6. gli **D. Mi piace...** 1. Ai bambini piacciono i dolci. 2. A mio fratello piace la letteratura. 3. A Sandra e Michela piacciono i film. 4. A Claudia piace la pasta. 5. A Gianni e Marcella piacciono le macchine sportive. 6. Alla mia amica Daria piace l'arte. **E. Gli piace...** 1. Gli 2. Le 3. Gli 4. Gli 5. Gli 6. Le **F. Cosa gli piace?** *Answers will vary but may include:* 1. Ad Alessia piace la pizza. 2. A Marco piace la frutta. 3. Allo zio piace dipingere. 4. Ad Alessia e Marina piace nuotare. 5. Alla nonna piace guardare la TV.

Cultura

Ascoltiamo!

A. Come finisce? 1. fertili 2. mite 3. al trasporto delle merci 4. la difesa 5. la fondazione

Leggiamo!

A. Identifying text type. 1 **B. Identifying the topic sentence.** 3 **C. Predicting information.** *All answers are correct.* **Quali informazioni hai trovato?** 1. a 2. e 3. b 4. c 5. c 6. d 7. f

1. vero   2. falso; (in) tabaccheria   3. vero   4. vero   5. vero   6. falso; Venezia

Capitolo 13

Strategie di comunicazione

A. Suggerimento o desiderio? 1. b   2. a   3. b   4. a   5. b   **B. Come finisce la frase?** 1. c   2. e   3. b
4. a   5. d

Pronuncia

Le lettere *qu*   Pronunciation of the sound [kw]

Dettato. 1. quattro   2. liquidi   3. quindici   4. cinque   5. acquisti   6. quelli   7. acquarello   8. doposcuola
9. cinquanta   10. frequentare

Lessico

Dove vai in vacanza?   Talking about vacations

B. Che fai quest'anno? 1. g   2. i   3. b   4. h   5. a   6. e   7. c   8. d   9. f   **C. Il lago nascosto.** 1. godersi
2. lamentarsi   3. noleggiare   4. partire   5. prenotare   6. organizzare   7. riposarsi; (il lago di) Como
D. Quale località è? Parte seconda. *Answers will vary.*   **E. Come hanno passato le vacanze?** *Answers
will vary but may include:* 1. Vera ha preso il sole sul lettino; Renata ha giocato sotto l'ombrellone.
2. Riccardo e Mauro hanno fatto rock climbing. / Sono andati in montagna.   3. Rosa e Alfredo sono
andati in barca a un'isola.   4. I signori Colantonio hanno fatto una gita organizzata in pullman.

Strutture

13.1 Vorrei andare in Italia   The present conditional

A. I verbi al condizionale. organizzare (*to organize*): organizzeresti, organizzerebbe, organizzeremmo,
organizzereste, organizzerebbero; **decidere** (*to decide*): deciderei, decideresti, deciderebbe, decideremmo,
deciderebbero; **finire:** finirei, finirebbe, finiremmo, finireste, finirebbero; **rilassarsi** (*to relax*): mi rilasserei,
ti rilasseresti, ci rilasseremmo, vi rilassereste, si rilasserebbero; **essere** (*to be*): sarei, saresti, sarebbe,
sareste, sarebbero; **fare** (*to do, to make*): farei, faresti, farebbe, faremmo, fareste; **dovere** (*to have to,
must*): dovrei, dovrebbe, dovremmo, dovreste, dovrebbero; **noleggiare:** noleggerei, noleggeresti,
noleggerebbe, noleggeremmo, noleggerebbero; **dimenticare** (*to forget*): dimenticheresti, dimenticherebbe,
dimenticheremmo, dimentichereste, dimenticherebbero   **B. Cosa farebbero?** 1. a   2. b   3. b   4. c
C. Cosa vorresti fare? Parte prima. 1. vorresti   2. piacerebbe   3. vorrebbe   4. dovrei   5. Vorrei   6. Potrei
7. costerebbe   **Parte seconda.** 1. Vorrebbe affittare una casa in Sardegna.   2. Deve risparmiare soldi e
ha un paio di esami da preparare.   3. Potrebbe andare dagli zii in Calabria.   4. No, non hanno deciso
che cosa faranno per le vacanze.   **D. Il verbo giusto.** 1. sarebbe   2. potrebbero   3. andrebbe   4. Studierei
5. smettereste   6. cambierebbero   7. prenoteremmo   8. Dovresti   **E. In modo più gentile.** 1. Diego,
mi daresti € 5?   2. Ragazzi, potreste parlare piano, per favore?   3. Vorrei un bicchiere di vino rosso.
4. Riccardo, mi faresti un favore?   5. Potresti cucinare tu stasera?   6. Vorresti venire a cena con me?
F. Cosa dovrebbe fare Cinzia? *Answers will vary but may include:* 1. Dovrebbe telefonare a Gianna.
2. Dovrebbe comprare un vestito nuovo.   3. Dovrebbe fare l'esame oggi.   4. Dovrebbe prendere l'aereo.
5. Dovrebbe ordinare una pizza.   6. Dovrebbe dire a Stefano che non vuole più uscire con lui.   **G. Tocca
a te!** *Answers will vary.*

13.2 Dimmi tutto!   The informal imperative

A. Che cosa dicono? 1. c   2. e   3. f   4. a   5. b   6. g   7. d   **C. In cucina!** a. 3, Aggiungete   b. 6,
Spolverate   c. 4, Mettete   d. 2, Aggiungete   e. 5, Bagnate   **D. Ti dispiacerebbe... ?** 1. guidare più
lentamente   2. pulire la tua camera   3. farmi un favore   4. giocare con tua sorella   5. preparare la

cena stasera   6. telefonarmi domani   **E. Dai, vieni!** 1. venite   2. parlare   3. apri   4. Girate   5. fai/fa'
6. Stai/Sta'   7. dammi   8. mangiare   **F. Cosa gli dice?** *Answers will vary but may include:* 1. Mangia gli
spinaci!   2. Uscite con noi!   3. Dammi il libro d'italiano.   4. Prendi i soldi!   5. Lava la macchina!
6. Ascoltate!

13.3 Mi dica!   The formal imperative

A. Dove vanno gli imperativi? formale: 1. Chiuda la finestra!   2. Finisca subito!   3. Mi dica!   4. Parli,
per favore!   5. Si accomodi!; **informale:** 1. Apri la porta!   2. Bevi l'acqua!   3. Dammi la valigia!
4. Mangia!   5. Vai a casa!   **B. Situazioni diverse.** 1. b   2. a   3. b   4. a   5. b   6. b   7. a   **C. Formale o
informale?** 1. a.   2. b.   3. a.   4. a.   5. b.   **E. Dall'informale al formale.** 1. Ripeta il Suo nome.   2. Legga
questo.   3. Mi ascolti, per favore.   4. Parli piano.   5. Vada diritto, poi a destra.   **F. All'imperativo.**
1. Mi dia il Suo numero di telefono.   2. Mi dica qual è il problema.   3. Metta la Sua firma.   4. Aspetti
qui per una quindicina di minuti.   5. Mi organizzi un viaggio in Inghilterra per quest'estate.

Cultura

Ascoltiamo!

A. Come finisce? 1. un mese   2. quattro   3. agosto   4. affollatissimi   5. al mare

Leggiamo!

A. Quale luogo? 1. Hotel Terme   2. La Valle   3. La Valle   4. Hotel Terme / La Valle   5. Hotel Terme /
La Valle   **B. Puoi identificare il pubblico? Parte prima.** 1. La Valle   2. Hotel Terme / La Valle
3. La Valle / Hotel Terme   4. Hotel Terme   5. La Valle   **Parte seconda.** 1. tutta la famiglia…   2. tennis,
minigolf, bocce / box per cavalli…   3. parco per pic-nick / 200.000 mq di parchi…   4. nuoto e
ginnastica riabilitativa…   5. cucina romagnola

In Italia, Culture a confronto, Un po' di cultura e Regioni d'Italia

1. falso; (il) Nord   2. falso; (in) auto(mobile), macchina   3. vero   4. falso; (Le isole) Eolie   5. vero   6. vero

Capitolo 14

Strategie di comunicazione

A. Cosa si fa? / Come si fa? 1. c   2. d   3. e   4. f   5. b   **B. Qual è l'ordine giusto?**   **Question 1:** a. 5
b. 2   c. 1   d. 3   e. 4   **Question 2:** a. 1   b. 5   c. 2   d. 3   e. 4

Pronuncia

Le lettere *r* e *rr*   Pronunciation of the sounds [r] and [rr]

Dettato. 1. rosso   2. carriera   3. corsi   4. arrivederci   5. cameriera   6. dire   7. arrivare   8. Rimini
9. corrono   10. marrone

Lessico

La società italiana oggi   Talking about Italian society today

A. I problemi sociali. 2, 3, 6, 9, 10   **B. Le coppie di contrari.** 1. a, f   2. b, h   3. c, l   4. d, o   5. e, g
6. i, k   7. j, m   8. n, p   **C. I titoli di giornale. Parte prima.** 1. c   2. e   3. b   4. f   5. a   6. d
E. La società moderna. 1. tasso   2. età   3. disoccupati   4. noia   5. tasse   6. emigra   7. solitudine
8. problema   **F. Criptogramma.** 1. povertà   2. immigrati   3. sposarsi   4. vecchiaia   5. nascita
6. prezzi   7. cittadini   8. pace; amicizia

Strutture

14.1 Si può? Si + verb

A. Singolare o plurale? 1. si studiano 2. si trovano 3. si cena 4. si va 5. si fanno 6. Si gioca 7. si mangiano **D. Quale verbo si usa?** 1. si leggono 2. si conoscono 3. si esce 4. si vota 5. si va 6. si fa 7. si cambia 8. si mettono. **E. Tante cose!** *Answers will vary but may include:* 1. Si fa la torta. 2. Si studia. 3. Si va al mare. 4. Si fa il sugo. 5. Si fa trekking. 6. Si scrive. **F. Cosa si fa?** *Answers will vary but may include:* 1. Si va in montagna. 2. Si compra un regalo. 3. Si pranza all'una. 4. Si va al mare. 5. Si studia molto. 6. Si lavora molto.

14.2 Penso che sia giusto così The present subjunctive

A. Le forme giuste. studiare (*to study*): studi, studi, studiamo, studiate, studino; **leggere:** legga, legga, legga, leggiamo, leggiate; **aprire** (*to open*): apra, apra, apra, apriate, aprano; **pulire** (*to clean*): pulisca, pulisca, puliamo, puliate, puliscano; **avere** (*to have*): abbia, abbia, abbia, abbiamo, abbiano; **essere** (*to be*): sia, sia, siamo, siate, siano; **fare** (*to do, to make*): faccia, faccia, faccia, facciamo, facciate; **noleggiare** (*to rent*): noleggi, noleggi, noleggiamo, noleggiate, noleggino; **uscire** (*to go out*): esca, esca, usciamo, usciate, escano **B. Che ne pensi?** 1. b 2. a 3. a 4. b 5. a 6. a **D. I verbi giusti.** 1. si ammali 2. si lamentino 3. sia 4. prenoti 5. organizzino 6. cresca 7. creda **E. Penso che...** 1. escano 2. so 3. vadano 4. inizi 5. Hanno 6. Usciamo **Parte seconda. congiuntivo:** escano, vadano, inizi; **indicativo:** so, Hanno, Usciamo **F. Credo che...** *Answers will vary.*

14.3 È bello che tu impari l'italiano Verbs and expressions followed by the subjunctive

A. Ma che fa Sandro? Parte prima. 1. b 2. f 3. d 4. c 5. d 6. a 7. e **Parte seconda.** 1. Tra un mese Sandro sarà disoccupato. **B. Ascolta bene! Parte prima.** 1. Credo che 2. Pare che 3. Dubito che 4. È importante che 5. È possibile che **Parte seconda.** 1. arrivi 2. prenoti 3. vada 4. sognino 5. si godano **C. Che ne dici tu?** *Answers will vary but may include:* 1. Sembra che... 2. Penso che... 3. Spero che... 4. Pare che... 5. Mi sembra che... 6. È possibile che... 7. Credo che... **D. Non lo voglio fare!** *Answers will vary.* **E. Tocca a te! Parte prima.** 1. c 2. e 3. b 4. d 5. a **Parte seconda.** *Answers will vary.*

Cultura

Ascoltiamo!

A. Come finisce? 1. anziani 2. immigrazione 3. a sessantacinque 4. la terza 5. aumentare

Leggiamo!

A. Hai capito? 1. b 2. *All answers are correct.* **B. La risposta di Andrea.** 1. a 2. b 3. a

In Italia, Culture a confronto, Un po' di cultura e Regioni d'Italia

1. falso; (due) giornali / quotidiani 2. falso; (alla) salute 3. vero 4. vero 5. falso; repubblica 6. falso; (Palazzo) Chigi

Capitolo 15

Strategie di comunicazione

A. Sai/Sa? 1. c 2. e 3. d 4. a 5. b **B. Quale dialetto si parla?** 1. a 2. b 3. c 4. a 5. c

Pronuncia

Dittonghi e trittonghi Diphthongs and triphthongs

Dettato. 1. grazie 2. bei 3. più 4. tuoi 5. hai 6. vuole 7. aiutare 8. puoi 9. fai 10. Siena

Lessico

Le lingue d'Italia   The languages of Italy

A. Vero o falso? 1. falso   2. vero   3. falso   4. falso   5. vero   6. falso   7. vero   **C. Un po' di geografia.**
Italia Settentrionale: Milano, Verona, Torino; **Italia Centrale:** Firenze, Roma, Perugia; **Italia Meridionale:**
Lecce, Napoli, Palermo   **D. Le barzellette. Parte seconda.** 1. d   2. b   3. a   4. c   **E. L'anello di**
fidanzamento. 1. ho litigato   2. ha fatto   3. hai risposto   4. discutere   5. sentire   **F. Tocca a te!** *Answers*
will vary.

Strutture

15.1 Penso che sia andata in vacanza   The past subjunctive

A. Le forme giuste. avere: abbia avuto, abbia avuto, abbia avuto, abbiamo avuto, abbiano avuto; **essere**
(to be): sia stato/a, sia stato/a, siamo stati/e, siate stati/e, siano stati/e; **andare** *(to go)*: sia andato/a, sia
andato/a, siamo andati/e, siate andati/e, siano andati/e; **leggere:** abbia letto, abbia letto, abbia letto,
abbiamo letto, abbiano letto; **raccontare** *(to tell)*: abbia raccontato, abbia raccontato, abbiamo raccontato,
abbiate raccontato, abbiano raccontato; **nascere** *(to be born)*: sia nato/a, sia nato/a, siamo nati/e, siate
nati/e, siano nati/e; **alzarsi** *(to get up)*: mi sia alzato/a, ti sia alzato/a, si sia alzato/a, ci siamo alzati/e,
vi siate alzati/e   **B. *Avere o essere? Parte prima.*** 1. siano   2. abbia   3. abbiano   4. sia   5. abbiate
6. abbia   **Parte seconda.** 1. abbia   2. sia   3. abbiano   4. abbia   5. siano   6. abbia   **C. Il verbo giusto.**
1. abbia prenotato   2. sia nata   3. sia andato   4. abbia cucinato   5. abbia fatto   6. si sia sposata   7. sia
arrivato   8. abbia risparmiato   **D. Che cosa ha fatto Marco veramente?** 1. abbia studiato   2. si sia
alzato   3. abbia fatto   4. abbia mangiato   5. sia andato   6. abbia pulito   **E. Tocca a te!** *Answers will vary.*

15.2 Sono sicura che è partita per le vacanze   The subjunctive versus the indicative

A. Congiuntivo o indicativo? 1. congiuntivo   2. indicativo   3. indicativo   4. congiuntivo   5. indicativo
6. congiuntivo   7. congiuntivo   8. indicativo   **B. Qual è il verbo giusto?** 1. è   2. comprino   3. continui
4. piace   5. passi   6. abbia   7. studia   8. guadagna   **D. L'espressione giusta.** 1. È chiaro che   2. Temiamo
che   3. È ovvio che   4. Spero che   5. È essenziale che   6. Si sa che   7. Credo che   **E. Problemi in**
città. 1. congiuntivo; sia   2. indicativo; sono   3. congiuntivo; risparmino   4. congiuntivo; aumenti
5. indicativo; si lamentano   6. congiuntivo; diventino   7. indicativo; si trasferiscono   **F. Tocca a te!**
Answers will vary but will take the indicative or subjunctive as indicated: 1. indicativo   2. congiuntivo
3. congiuntivo   4. indicativo   5. congiuntivo   6. indicativo

15.3 Se vincessi un viaggio...   Hypotheticals of possibility

A. Se avessi € 100.000... 1. e   2. g   3. a   4. d   5. b   6. c   7. f   **C. Le coniugazioni.** 1. -ssi, -ei   2. -sse,
-ebbe   3. -ebbero, -ssi   4. -sse, -ebbero   5. -ebbe, -e   6. -sse, -ebbe   7. -ssi, -ei   **D. Che farebbe Giulio?**
Parte prima. 1. andasse   2. potrebbe   3. Potrebbe   4. Potrebbe   5. vorrebbe   6. risparmiasse
7. sarebbe   8. regalassi   9. pagassi   10. capirebbe   **Parte seconda.** 1. Potrebbe insegnare l'italiano.
2. Potrebbe vivere con i suoi amici a New York e lavorare con loro al ristorante.   3. Dovrebbe risparmiare
un po' di soldi.   4. Vuole partire subito dopo l'università.   5. Vorrebbe regalargli il biglietto aereo.
E. Cosa farebbe Eleonora? Parte prima. *Answers will vary.*   **Parte seconda.** *Answers will vary.*

Cultura

Ascoltiamo!

A. Come finisce? 1. romanze   2. parlato   3. fiorentino   4. l'unificazione   5. nel Nord-Est

Leggiamo!

Hai capito? 1. c   2. b   3. c   4. a   5. b

In Italia, Culture a confronto, Un po' di cultura e Regioni d'Italia

1. falso; tre (gruppi)   2. vero   3. vero   4. vero   5. vero   6. falso; (ad) accettare

Capitolo 16

Strategie di comunicazione

A. È un buon consiglio? 1. c   2. b   3. e   4. a   5. d

Lessico

I personaggi storici   Talking about historical people and events

A. Doppio puzzle. Parte prima. a. Giuseppe Garibaldi   b. Dante Alighieri   c. Alessandro Volta
d. Alessandro Manzoni   e. Guglielmo Marconi   f. San Francesco   g. Enrico Fermi   h. Leonardo Da
Vinci   i. Galileo Galilei; Cristofero Colombo   **Parte seconda.** 1. b   2. c   3. f   4. e   5. i   6. a   7. h
8. g   9. d   **B. Le associazioni di idee.** a. la poesia, il romanzo, scrivere, il sonetto   b. comporre, i
musicisti, l'orchestra, il teatro   c. l'affresco, *l'ultima cena,* il quadro, dipingere   d. i rappresentanti,
la senatrice, la deputata, la politica   **D. La professione nascosta.** 1. S   2. C   3. I   4. E   5. N   6. Z
7. I   8. A   9. T   10. I; scienziati   **E. Donne italiane famose.** 1. fu   2. scrisse   3. fecero   4. si laureò
5. ebbe   6. pubblicò   **F. Tocca a te!** *Answers will vary.*

Strutture

⟳ Torniamo all'inizio!   The infinitive and present indicative

A. Le desinenze giuste. 1. -ano, –iscono   2. -a, -e   3. -ano, -iscono   4. -ate, -ite   5. -o, -a   6. -e, -i
B. I verbi al presente. 1. affittano   2. ci trasferiamo   3. risparmiano   4. chiacchierano   5. si lamentano
6. cresce, cercano   **C. La vita di Giuseppe. Parte prima.** 1. è   2. si laurea   3. deve   4. discutono
5. litigano   6. vuole   7. vivere   8. fare   **Parte seconda.** 1. La sua ragazza studia ancora all'università.
2. Il tasso di disoccupazione sta aumentando molto.   3. Non vuole che Giuseppe vada a vivere in
un'altra città.   4. *Answers will vary.*   **D. Tocca a te!** *Answers will vary.*

⟳ L'abbiamo già studiato!   The present perfect

A. Ha senso? 1. d   2. f   3. e   4. g   5. a   6. b   7. h   8. c   **C. *Essere o avere*? Parte prima.** essere:
andare, arrabbiarsi, nascere, rimanere, rompersi; **avere:** dimenticare, governare, noleggiare, organizzare,
scherzare   **Parte seconda.** 1. è nata   2. si è rotto   3. sono andati   4. ha dimenticato   5. siamo rimasti
6. vi siete arrabbiati/e   7. ha organizzato   8. hanno noleggiato   **D. Chi fu Gaspara Stampa? Parte
prima.** nacque, si trasferirono, iniziarono, frequentarono, ebbe, scrisse, morì, furono   **Parte seconda.**
1. nacque, è nata   2. si trasferirono, si sono trasferiti   3. iniziarono, hanno iniziato   4. frequentarono,
hanno frequentato   5. ebbe, ha avuto   6. scrisse, ha scritto   7. morì, è morta   8. furono, sono state
E. Mario e Luisa. Parte prima. avere: hanno incontrato, hanno preso, hanno cercato, ha dormito, ha
guardato; **essere:** sono usciti, sono andati   **Parte seconda.** 1. Sono usciti di casa alle 6.30.   2. Sono
andati in un bar prima di andare a teatro.   3. Hanno incontrato i loro amici Giacomo e Lisa.   4. Ha
dormito durante l'opera.   5. Ha guardato tutto.   **F. Tocca a te!** *Answers will vary.*

⟳ Era così bello!   The imperfect

A. Che facevano? Parte prima. 1. b   2. e   3. f   4. a   5. c   6. d   **Parte seconda.** *Answers will vary but
may include:* 2. Io ero sempre ammalato.   3. Giuseppina era molto generosa.   4. Tu eri molto studioso/a.
5. Io e Diego eravamo molto divertenti.   6. Stefano e Gabriele erano molto sportivi.   **B. Perché è
all'imperfetto?** 1. b   2. d   3. c   4. a   5. c   6. a   **C. Il verbo giusto.** 1. era, lavorava   2. andava,
affittavano   3. emigravano   4. voleva, si arrabbiava   5. prendevamo   6. dava   7. faceva, guardava
Answers will vary.   **E. L'imperfetto o il passato prossimo?** 1. passato prossimo; hanno cambiato
2. imperfetto; facevate   3. imperfetto; Erano   4. passato prossimo; è andata   5. imperfetto; Nevicava
6. imperfetto; avevamo   7. passato prossimo; si sono licenziate   8. imperfetto; era   **F. La storia di
Valeria. Parte prima.** 1. era   2. aveva   3. era   4. aveva   5. giocava   6. si interessava   7. suonava
8. ha cominciato   9. si sentiva   10. conosceva   11. correva   12. ha visto   13. giocavano   14. si è fermata
15. hanno chiesto   16. voleva   17. Faceva   18. hanno giocato   19. si sono divertite   **Parte seconda.**
Answers will vary

Lo vedo e gli parlo   Object pronouns

A. Complemento diretto o indiretto? 1. complemento diretto   2. complemento indiretto   3. complemento diretto   4. complemento indiretto   5. complemento diretto   6. complemento diretto   7. complemento indiretto   8. complemento indiretto   **B. Di chi parla?** 1. ti = Roberta; l' = una sciarpa di lana   2. li = Michele e Roberta   3. lo = il vino   4. la = Alice   5. le = delle bellissime gonne   **C. In altre parole.** 1. b   2. a   3. a   4. b   5. b   6. a   7. a   **E. Rispondi tu.** 1. Sì, li lascio con mia madre questo weekend. / No, non li lascio con mia madre questo weekend.   2. Sì, le do gli orecchini per il suo compleanno. / No, non le do gli orecchini per il suo compleanno.   3. Sì, gli compro un regalo. / No, non gli compro un regalo.   4. Sì, lo vogliamo prendere per andare in campagna domani. / No, non lo vogliamo prendere per andare in campagna domani.   5. La (L') affitto per un anno / due anni.   6. Gli scrivo un'e-mail oggi/domani.   7. Sì, le leggo quando viaggio. / No, non le leggo quando viaggio.

Cultura

Ascoltiamo!

A. Quale movimento? 1. d   2. e   3. b   4. c   5. a

Leggiamo!

A. Identifying the audience. b   **B. Identifying the author's purpose and point of view.** 1. a   2. b
C. Identifying the major points of an argument. 1. vero   2. falso   3. vero   4. vero   5. vero

In Italia, Culture a confronto, Un po' di cultura e Regioni d'Italia

1. vero   2. falso; (la pila) elettrica   3. vero   4. falso; *Commedia*   5. falso; (come) Michelangelo   6. falso; (in) medicina

Per saperne di più

Capitolo 1

1.1 Gender

A. Maschile o femminile? maschile: l'attore, il cinema, il problema, il professore, il programma, il sistema; **femminile:** la bici, la dottoressa, la mano, la pittrice, la radio, la studentessa   **C. Lui o lei?**
1. attore   2. studentessa   3. pittore   4. professoressa   5. dottore

1.3 Number

B. I plurali irregolari. 1. le crisi   2. le amiche   3. i re   4. i cinema   5. gli alberghi   6. le barche
7. le targhe   8. i laghi   9. gli psicologi   **C. Come finisce?** 1. -ci   2. -chi   3. -ci   4. -chi   5. -chi   6. –ci
D. La forma giusta. 1. baci   2. valigie   3. viaggi   4. figli   5. province   6. studi   7. bugie   8. spiagge
E. Tutti insieme. 1. il programma   2. i medici   3. lo zio   4. le mani   5. l'arancia   6. le camicie
7. lo sci   8. gli uomini

Capitolo 2

2.1 Adjectives

A. I plurali irregolari. Parte prima. 1. barche larghe   2. cani stanchi   3. ragazze simpatiche   4. amici italiani   5. vestiti larghi   **Parte seconda.** 1. professoresse simpatiche   2. gatti bianchi   3. amiche americane   4. zaini larghi   5. uomini simpatici   **B. Il singolare. Parte prima.** 1. un'amica bella 2. una via larga   3. un gioco nuovo   4. un bambino simpatico   5. un dialogo lungo   **Parte seconda.** 1. amico giovane   2. cane simpatico   3. libro lungo   4. porta bianca   5. macchina larga   **D. *Questo e quello*.** 1. Questa, quella   2. Questo, quello   3. Questo, quella   4. Queste, quelle   5. Questi, quelli 6. Queste, quelli   **E. È bello o buono? Parte prima.** 1. un; un buon   2. una; una buona   3. un'; una buon'   4. un; un buon   **Parte seconda.** 1. il; il bel   2. la; la bella   3. l'; il bell'   4. lo; il bello   **F. *Bello e buono*.** 1. due buoni libri   2. una buon'amica   3. due buone birre   4. due buoni dizionari   5. una bella ragazza   6. due bei corsi   7. due begli sport   8. un bel/buon film

2.2 The verbs essere (*to be*) and avere (*to have*)

A. Hai ragione! 1. Ha voglia di   2. hanno paura di   3. ha torto   4. ha bisogno di   5. ha ragione

Capitolo 3

3.4 Irregular verbs

A. I verbi irregolari. venire (*to come*): vengo, vieni, viene, venite, vengono; **rimanere** (*to stay, to remain*): rimani, rimane, rimaniamo, rimanete, rimangono; **scegliere** (*to choose*): scelgo, scegli, sceglie, scegliamo, scegliete   **C. Quale verbo irregolare?** 1. vengono   2. Rimangono   3. sono   4. scegli   5. vai   6. Vado 7. venite   8. vai   9. ho   10. andiamo

Capitolo 4

Lessico

Suffixes

A. Tante parole! Parte prima. 1. naso; grande   2. ragazzo; cattivo   3. fratello; piccolo   4. esame; grande 5. sorella; piccolo   6. libro; cattivo   7. regalo; piccolo   8. donna; piccolo   **Parte seconda. cattivo/brutto:** 1. parolaccia   2. tempaccio; **grande:** 1. librone   2. macchinona   3. ragazzone; **piccolo/caro:** 1. finestrina 2. manina   3. nasino   4. ragazzina   **B. Parole diverse.** 1. -oni   2. -ina   3. -ino   4. -ina   5. -acci 6. -ine   **C. Trasformazioni.** 1. una macchinona   2. un regalino   3. una parolaccia   4. un esamino 5. il tempaccio   6. un fratellino

4.4 The comparative

A. La parola giusta. 1. che   2. di   3. di   4. che   5. di   6. che   7. che   8. di   **B. *Di* o *che*?** 1. di 2. che   3. che   4. di   5. che   6. di   7. che   8. di   **D. Ma sei così bello!** 1. Antonio è più piccolo di Renato.   2. La storia è (così) interessante come la filosofia. / Un corso di storia è (tanto) interessante quanto un corso di filosofia.   3. Un'italiana è meno stressata di un'americana.   4. Daniela è più magra di Giulia.   5. Gli hamburger sono (così) buoni come la pasta. / Gli hamburger sono (tanto) buoni quanto un piatto di pasta.   6. Una chitarra è meno grande di un pianoforte.   7. Mio padre è (così) simpatico come mio zio. / Mio padre è (tanto) simpatico quanto mio zio.

Capitolo 5

5.3 Prepositions

A. Quale preposizione? 1. di   2. di   3. di   4. da   5. di   6. da   7. da   8. di   **B. Da o di?** 1. di   2. da   3. dalla   4. di   5. del   6. di   7. da   8. dal   **C. Mini-dialoghi.** 1. ci   3. ci   6. C'   7. c'

Capitolo 6

6.4 Adverbs

Molto and poco

A. Sei molto bravo! 1. pochi   2. molto   3. poco   4. molte   5. molto   6. pochi   7. molto   8. molto
B. Come si scrive? 1. -o   2. -o   3. -a   4. -o   5. -e   6. -o; -o   7. -o   8. -i

Buono/cattivo versus bene/male

A. Mangia bene! È buono! 1. bene; avverbio   2. buona; aggettivo   3. male; avverbio   4. cattivo; aggettivo   5. bene; avverbio   6. cattiva; aggettivo   7. male; avverbio   8. buona; aggettivo   **B. Scrivi il contrario.** 1. poche   2. male   3. cattiva   4. bene   5. molti   6. molto

Capitolo 7

7.1 The present perfect

Sapere and conoscere

A. Sapere o conoscere? 1. ha conosciuto   2. ha saputo   3. Ho conosciuto   4. hanno saputo   5. avete conosciuto   6. Abbiamo saputo   7. Hai saputo   **B. Chi hai conosciuto?** 1. ha conosciuto   2. ho conosciuto   3. ha saputo   4. avete conosciuto   5. hanno saputo   6. Hai conosciuto   7. ha saputo

Piacere

A. Mi è piaciuto. Parte prima. 1. d   2. a   3. b   4. c   5. a   6. b   7. c   8. d   **B. A Laura è piaciuto...** 1. A Laura è piaciuto cantare.   2. A Mario è piaciuto studiare.   3. A Stefania e Gessica è piaciuto lavorare.   4. A Marco è piaciuto suonare.   5. A Carla è piaciuto scrivere.   6. A Luigi e Pietro è piaciuto fare un giro in bici.   **C. Ti è piaciuto?** 1. Sì, mi è piaciuto. (No, non mi è piaciuto.)   2. Sì, mi è piaciuta. (No, non mi è piaciuta.)   3. Sì, mi sono piaciuti. (No, non mi sono piaciuti.)   4. Sì, mi è piaciuta. (No, non mi è piaciuta.)   5. Sì, mi sono piaciute. (No, non mi sono piaciute.)

7.3 Negative expressions

Other negative expressions

A. Gli esami. 1. non... ancora, niente   2. Non... né... né   3. Non... più   4. non... niente   5. Non... mai   **B. Tutto al negativo.** 1. Non ho mai telefonato a Emanuela.   2. Non abbiamo mangiato né gli gnocchi né le lasagne.   3. Filippo non ha mangiato niente a pranzo.   4. La nonna non ha ancora preparato il tiramisù.   5. Non hanno suonato né la chitarra né il pianoforte.   **C. Non hai ancora finito?** 1. Non ho studiato né italiano né matematica questo weekend.   2. Giacomo non ha mai lavato la sua macchina.   3. Non abbiamo ancora fatto i compiti per domani.   4. Non devo più andare a comprare il pane per la nonna.   5. Non siamo ancora andati al mercato oggi.   6. Non hanno mangiato né la frutta né la verdura oggi a pranzo.

Capitolo 8

⟳ The present perfect

The present perfect of *dovere, potere,* and *volere*

A. Quale verbo metti? Parte prima. 1. b 2. a 3. a 4. b 5. a 6. b **Parte seconda. 2.** Ieri sera Marco e Lorenzo sono dovuti partire alle 8.00. 3. Lunedì io e Gessica siamo voluti/e andare al bar prima di tornare a casa. 4. A che ora hai potuto mangiare sabato sera? 5. Marco si è sentito male e giovedì non è potuto uscire. 6. Io e Marta ieri sera abbiamo dovuto studiare a casa di Giacomo fino alle 11.00. **B. Dove sei dovuto andare?** 1. è voluto 2. ho potuto, ho dovuto 3. siete potuti 4. ha voluto, siamo dovuti 5. è potuta, ha dovuto 6. hai voluto 7. sono dovuti

⟳ Prepositions

The pronoun *ne*

A. Ne hai? 1. f 2. e 3. a 4. c 5. d 6. b **C. Ne mangi?** 1. Sì, ne bevo un po'. (No, non ne bevo un po'.) 2. Sì, ne ho molti. (No, non ne ho molti.) 3. *Answers will vary but may include:* Ne ho (tre). (Non ho fratelli.) 4. Sì, ne ho paura. (No, non ne ho paura.) 5. Sì, ne ho voglia. (No, non ne ho voglia.) 6. Sì, ne ho molti. (No, non ne ho molti.) 7. *Answers will vary but may include:* Ho... anni. (Ne ho [ventuno].)

Capitolo 9

9.2 The imperfect versus the present perfect

da/per + expressions of time

A. L'uno o l'altro. Parte prima. 1. per 2. da 3. da 4. per 5. da **Parte seconda.** 1. ha parlato 2. escono 3. ci vediamo 4. sono andata 5. esci **B. Da o per?** 1. per 2. per 3. da 4. per 5. da 6. da 7. per 8. da **C. E tu?** *Answers will vary but may include:* 1. Studio da... 2. Ho studiato per... 3. Studio all'università da... 4. Ho guardato la televisione per... 5. So usare il computer da...

Sapere and *conoscere*

A. Al passato prossimo o all'imperfetto? conoscere: 1. a 2. b 3. a 4. b; **sapere:** 1. b 2. a 3. b 4. a **B. *Conoscere* o *sapere*?** 1. Conoscevi 2. ho conosciuto 3. sapevo 4. ho saputo 5. Sapevi 6. sapevo

Capitolo 10

10.2 The future

The future of probability

A. Dove sarà? 1. b 2. a 3. a 4. b 5. a 6. a 7. b **B. Che ne dici tu?** *Answers will vary.*

Capitolo 11

11.1 Object pronouns

Object pronouns and the present perfect

A. Chi l'ha visto? 1. le, -e 2. le, -e 3. l', -a 4. li, -i 5. li, -i 6. l', -a 7. le, -o 8. gli, -o 9. le, -o 10. gli, -o **B. Tante frasi.** 1. Marco li ha messi sul tavolo. 2. Federico le ha scritto una lettera. 3. Chiara le ha date a Marcello stamattina. 4. Valeria e Giancarlo le hanno inviato un SMS.

5. La mamma li ha preparati per cena.   6. Alberto le ha messe nel soggiorno.   7. Elisa l'ha spedita dalla Sicilia.   8. I genitori le hanno telefonato con il telefonino.

11.2 Indefinite pronouns

Indefinite adjectives

A. L'aggettivo indefinito giusto. 1. alcuni   2. alcuni   3. qualche   4. Alcune   5. alcuni   6. alcuni 7. qualche   **B. Singolare o plurale? Parte prima.** 1. a   2. b   3. a   4. b   5. b   **Parte seconda.** 1. La signora Parodi ha visto alcune borse al mercato.   2. Stefania ha qualche corso difficile all'università questo semestre.   3. Comprerai alcune bottiglie di vino quando andrai in Toscana?   4. Io e Lorenzo studieremo con qualche compagno di classe per l'esame di biologia.   5. La mia ragazza ha visto qualche collana che vuole quest'anno per Natale.   **C. *Alcuni, alcune* o *qualche*?** 1. qualche   2. alcuni 3. alcuni   4. qualche   5. alcune

11.3 The relative pronoun *che*

The relative pronoun *cui* (whom/which)

A. *Che* o *cui*? 1. con cui   2. che   3. a cui   4. di cui   5. che   6. che   7. a cui   **B. Decidi tu!** 1. di cui 2. che   3. con cui   4. che   5. a cui   6. che   7. che

Capitolo 12

Object pronouns

Double object pronouns

A. In un altro modo. Parte prima. 1. complemento diretto: i biglietti; complemento indiretto: Mi 2. complemento diretto: un regalo; complemento indiretto: ad Antonello   3. complemento diretto: il pane; complemento indiretto: vi   4. complemento diretto: la cena; complemento indiretto: per i bambini   5. complemento diretto: le tue matite; complemento indiretto: Ti   6. complemento diretto: questi biscotti; complemento indiretto: vi   **Parte seconda.** 1. a   2. c   3. c   4. b   5. c   6. b   **B. I pronomi giusti. Parte prima.** 1. gliele   2. Te la   3. glieli   4. ce lo   5. me li   6. Ve lo   **Parte seconda.** 1. Gianna e Valeria gliele hanno comprate.   2. Te l'ho preparata io ieri sera.   3. Laura glieli ha restituiti ieri sera. 4. La nonna ce l'ha portato a Natale.   5. Marco me li ha regalati per il mio compleanno.   6. Ve l'abbiamo preso noi.   **C. Che ne dici?** 1. glieli presta   2. non glielo scriveremo   3. glielo preparo   4. non glielo serviranno   5. glielo prende tutti i giorni   6. non gliel'hanno fatta   7. gliele ho comprate   8. non gliele abbiamo comprate

Capitolo 13

13.1 The present conditional

The past conditional

A. L'ausiliare giusto. 1. a   2. b   3. a   4. a   5. a   6. b   7. b   8. a   9. b   10. b   **B. Avrei dovuto…** 1. avrebbe voluto   2. sareste dovuti   3. avremmo dovuto   4. avrebbero voluto   5. sarei potuto/a / sarei dovuto/a   6. avresti dovuto   7. sarebbe dovuto   8. avrebbe dovuto / avrebbe voluto   9. sarebbero dovuti / sarebbero potuti / sarebbero voluti   **C. Cosa avresti fatto tu?** *Answers will vary.*

Capitolo 14

14.2 The present subjunctive

More irregular verbs in the subjunctive

A. I verbi irregolari. bere: beva, beva, beviamo, beviate, bevano; **dire** (*to say*)**:** dica, dica, dica, diciamo, diciate; **potere** (*to be able, can, may*)**:** possa, possa, possiamo, possiate, possano; **volere** (*to want*)**:** voglia, voglia, voglia, vogliamo, vogliano; **venire** (*to come*)**:** venga, venga, veniamo, veniate, vengano **C. Qual è la forma al congiuntivo?** 1. possa 2. bevano 3. venga 4. facciano 5. dobbiate 6. sia 7. stiano 8. sappia **D. Quale verbo?** 1. voglia 2. dia 3. piaccia 4. facciano 5. beva 6. usciate 7. abbiano 8. sia

14.3 Verbs and expressions followed by the subjunctive

a/di + infinitive

A. A o *di*? 1. di 2. a 3. a 4. di 5. di 6. a 7. di **B. Preposizione o no?** 1. a 2. b 3. b 4. a 5. b 6. a 7. b 8. a **C. Che cosa dicono? Parte prima.** 1. Credi di fare 2. Speri di diventare 3. Riesci a capire 4. Vai a mangiare 5. Pensi di tornare 6. Ti ricordi sempre di telefonare **Parte seconda.** *Answers will vary.*

Capitolo 15

15.2 The subjunctive versus the indicative

Conjunctions followed by the subjunctive

A. Completa le frasi. 1. e 2. d 3. c 4. f 5. b 6. a **B. La congiunzione giusta.** 1. perché 2. sebbene 3. prima che 4. senza 5. purché 6. benché 7. prima di **C. Frasi tue!** *Answers will vary.*

15.3 Hypotheticals of possibility

The imperfect subjunctive

A. L'imperfetto del congiuntivo. cambiare (*to change*)**:** cambiassi, cambiasse, cambiassimo, cambiaste, cambiassero; **discutere** (*to discuss*)**:** discutessi, discutessi, discutesse, discutessimo, discuteste; **costruire:** costruissi, costruissi, costruisse, costruiste, costruissero; **dare** (*to give*)**:** dessi, dessi, dessimo, deste, dessero; **fare** (*to do, to make*)**:** facessi, facesse, facessimo, faceste, facessero. **B. Completa i verbi.** 1. -ssero, -emmo 2. -ebbero, -ssero 3. -ste, -ebbe 4. -ebbe, -assero 5. -ssero, -ebbe 6. -assimo, -emmo 7. -ebbe, -ssero **C. Il verbo mancante.** 1. chiedessero 2. facessimo 3. ascoltassero 4. dicesse 5. foste 6. scherzassimo 7. raccontassero **D. Se tutto fosse possibile...** *Answers will vary.*

Capitolo 16

Object pronouns

Stressed pronouns

A. Con chi? 1. lei 2. voi 3. loro 4. me, te 5. Lei 6. noi 7. lui 8. sé **B. Sono più bravo di te!** 1. me 2. te 3. lui 4. voi 5. loro 6. noi

Pronominal verbs and the idiomatic expressions: *andarsene, farcela, avercela con qualcuno*

B. Perché te ne vai? 1. se ne vanno 2. se ne va 3. ce ne andiamo 4. te ne vai 5. ve ne andate 6. se ne va 7. me ne vado